#389 Inclusión

¿Cómo proyectar y construir una ciudad inclusiva? ¿Cómo integrar en la arquitectura el dialogo entre culturas, disciplinas, especies, géneros y edades? ¿Cómo ha de ser la vivienda que aún no tenemos? ¿Cómo promover una arquitectura hermosa y asequible? ¿Dónde intervenir para reequilibrar lo humano con lo no humano?

How do we design and build an inclusive city? How do we integrate dialogue between cultures, disciplines, species, genders, and ages into architecture? What should the housing we do not yet have be like? How do we promote beautiful and affordable architecture? Where can we intervene to rebalance the human and the nonhuman?

Presentación

Foreword

Sigfrido Herráez, decano / Dean
Colegio Oficial de Arquitectos de Madrid (COAM)

ESP Con gran satisfacción presentamos un nuevo número de la revista *Arquitectura*, el 389 de su centenaria historia y cuarto de esta etapa que comenzamos en el primer semestre de 2023 bajo la dirección de Javier García-Germán y Alejandro Valdivieso, y tras la publicación de los dedicados a los concursos, el territorio y el clima. El hilo conductor es, en esta ocasión, la 'Inclusión', un tema social candente por cuanto supone la integración social de todas las personas, independientemente de cualquier circunstancia, y la contribución que desde la arquitectura y el urbanismo se podría y/o debería asumir para su alcance y con ello la mejora de oportunidades.

Sin duda, y como recoge la revista, en la inclusión cobra un papel esencial el problema del acceso a la vivienda, el derecho a tenerla y a que además sea digna, el cual es, por otra parte, donde mejor se evidencia ese papel de la arquitectura, que es el nuestro, como profesionales comprometidos con los desafíos y demandas habitacionales del siglo XXI. Muchas cuestiones a propósito de este tema se deslizan por sus páginas, como el cambio de paradigmas a la hora de proyectar, la incorporación de aspectos bioclimáticos y de sostenibilidad energética y la accesibilidad.

Tenemos una responsabilidad como arquitectos, pero tanto o más aún las administraciones públicas, que deberían crear procedimientos para asegurar la calidad de las actuaciones residenciales, también las actuaciones privadas, por encima de razones de mercado, así como abrir el debate sobre el mantenimiento de las políticas actuales, en cuanto a normativa, usos híbridos del suelo o metodologías de promoción.

Es un tema apasionante, como todos los que en esta etapa venimos abordando, abiertamente tratados y desde diversas ópticas, incluyendo la mirada a nuestra propia historia contemporánea para aprender de ella, y que aquí los profesores Andrés Cánovas y Carmen Espegel centran en tres periodos, los del Instituto Nacional de la Vivienda (INV), Instituto de la Vivienda de Madrid (IVIMA) y Empresa Municipal de la Vivienda y Suelo (EMVS).

Concluyo agradeciendo, una vez más, a los directores de la revista por dar respuesta con brillantez a este tema y abrir el debate, a los editores invitados, los profesores Tatjana Schneider y Enrique Espinosa, y a todos los que han colaborado en este número, tanto con sus edificantes palabras, como con sus cualificados proyectos.

ENG It is with great satisfaction that we present a new issue of *Arquitectura* magazine, the 389th in its centennial history and the fourth in this phase that we began in the first half of 2023 under the direction of Javier García-Germán and Alejandro Valdivieso, following the publication of issues dedicated to competitions, territory, and climate. The common thread this time is 'Inclusion,' a burning social issue as it entails the social integration of all people, regardless of their circumstances, and the contribution that architecture and urban planning could and/or should make to achieving it and thus improving opportunities.

Without a doubt, as the magazine highlights, the issue of access to housing, the right to housing and the right to decent housing, plays a key role in inclusion. This is, moreover, where the role of architecture, which is ours as professionals committed to the housing challenges and demands of the 21st century, is best demonstrated. Many questions related to this topic are explored in its pages, such as the shift in design paradigms, the incorporation of bioclimatic and energy sustainability aspects, and accessibility.

We have a responsibility as architects, but public administrations have an equal or even greater responsibility, as they should create procedures to ensure the quality of residential projects, including private projects, above market considerations. They should also open the debate on maintaining current policies regarding regulations, hybrid land uses, and promotion methodologies.

It is a fascinating topic, like all those we have been addressing at this stage, openly discussed and from various perspectives, including a look at our own contemporary history to learn from it, and here professors Andrés Cánovas and Carmen Espegel focus on three periods: those of the National Housing Institute [Instituto Nacional de la Vivienda (INV)], the Madrid Housing Institute [Instituto de la Vivienda de Madrid (IVIMA)], and the Municipal Housing and Land Company [Empresa Municipal de la Vivienda y Suelo (EMVS)].

I conclude by once again thanking the journal's editors for their brilliant response to this topic and for opening the debate, the guest editors, Professors Tatjana Schneider and Enrique Espinosa, and all those who have contributed to this issue, both with their edifying words and their qualified projects.

[TRANSLATION BY *ARQUITECTURA*.]

Omniarquitectura*

Omni-architecture*

Junta de Gobierno / Governing Board
Colegio Oficial de Arquitectos de Madrid (COAM)

ESP Iniciado ya el segundo cuarto del siglo XXI, miramos al no tan lejano e inalcanzable año 2050 con el convencimiento de que la vida entonces será más parecida a la actual que a la que el cine nos había anticipado en películas de los años ochenta del siglo XX tan icónicas como *Blade Runner*. Ridley Scott nos llevaba a un futuro de ciudades sin zonas verdes, donde las viviendas eran mínimas y estaban situadas en enormes edificios tipo colmena. El espacio público era insalubre y escaso. La gente no parecía disfrutar de la vida y los avances tecnológicos no ayudaban a la creación de nuevas y buenas formas de vida ni de felicidad. Asumiendo entonces que las nuevas formas de movilidad y de vida serán relativamente similares a las actuales, es necesario que pensemos cómo mejorar los modelos de ciudad que tenemos, siendo conscientes, tanto de las fórmulas que han funcionado como de aquellas que llevan a un deterioro de una convivencia ordenada y sostenible.

La metrópoli por excelencia del siglo XX, Nueva York, no es ya una referencia en las discusiones sobre la ciudad del futuro. Pionera en el crecimiento desregulado —dando lugar a una heterogeneidad de barrios y escalas donde Central Park y los parques satélites funcionaban como elementos urbanos de descongestión—, la gran metrópoli del siglo pasado se ha convertido en un ejemplo de cómo un crecimiento desmedido basado en los principios del libre mercado puede convertir una ciudad en una megalópolis deshumanizada y hostil.

Durante el siglo XX, ciudades como Viena, por ejemplo, fueron expandiéndose desde su centro urbano sabiendo combinar y mezclar tipologías edificatorias y usos, haciendo convivir en los mismos barrios viviendas libres y de protección social en alquiler, de manera que no se especulaba con la vivienda pública y se garantizaba que las personas con menos recursos y renta no tuvieran que ser desplazados constantemente a las periferias. Ya en este siglo, la ciudad de Almere en Holanda es uno de los ejemplos más destacados de cómo la vivienda pública puede integrarse en nuevos desarrollos urbanos y convivir, con éxito, junto a equipamientos públicos, zonas verdes y viviendas libres. Es uno de tantos ejemplos que nos estimula y aleja de la nostalgia por la arquitectura de otra época.

Madrid y el resto de las urbes en su entorno están a tiempo de aprender de estas buenas prácticas y contener la inercia expansiva desmedida para controlar sus zonas de crecimiento. En nuestra comunidad ya se ha hecho antes. Se pueden seguir generando oportunidades de vivienda pública que garanticen unos barrios equilibrados demográficamente, dando ejemplo de cómo un desarrollo sostenible pude generar riqueza y equidad social. Los editores de este nuevo número de la revista *Arquitectura* nos recuerdan que Madrid ha estado a la vanguardia de la producción de vivienda pública en España gracias a las épocas de concursos abiertos de ideas convocados —actualmente muy escasos— desde las diferentes sociedades de vivienda pública. Observamos con desazón como, en otras comunidades (Cataluña, Baleares, Comunidad Valenciana), la administración sí ha buscado en los últimos años recurrir al talento mediante este tipo de concursos. Todo ello con el objetivo de encontrar alternativas de vivienda adaptadas a los nuevos modos de vida, sin dejar de lado la importancia de la inclusión social en favor de una convivencia equilibrada y en igualdad capaz de englobar todo tipo de sensibilidades, condiciones y pensamientos.

Desde el Colegio Oficial de Arquitectos de Madrid (COAM) animamos a las empresas de vivienda de los municipios de Madrid y a la Agencia de la Vivienda de la Comunidad a convocar concursos abiertos de ideas para que la ciudad-región vuelva a ser la referencia de la vivienda pública en España. Los tres concursos organizados por el COAM en colaboración con la Empresa Municipal de la Vivienda de Madrid (EMVS) y el organizado junto con el Ayuntamiento de Fuenlabrada —financiado parcialmente por la Comisión Europea— demuestran cómo las mejores ideas y propuestas son el resultado de este tipo de convocatorias. Sale ganado la arquitectura y, sobre todo, la sociedad.

*Arquitectura para todos/as.
Architecture for everyone.

ENG As we enter the second quarter of the 21st century, we look to the not-so-distant and unattainable year of 2050 with the conviction that life then will be more like today's than to what cinema had anticipated in iconic films of the 1980s such as Blade Runner. Ridley Scott took us to a future of cities without green spaces, where housing was minimal and located in enormous beehive-like buildings. Public space was unhealthy and scarce. People did not seem to enjoy life, and technological advances did not contribute to the creation of new and positive ways of life or happiness. Assuming then that new forms of mobility and life will be relatively similar to those of today, we need to consider how to improve our current city models, being aware of both the formulas that have worked and those that lead to a deterioration of orderly and sustainable coexistence.

The quintessential metropolis of the 20th century, New York City, is no longer a reference point in discussions about the city of the future. A pioneer in deregulated growth —giving rise to a heterogeneity of neighborhoods and scales where Central Park and its satellite parks functioned as urban decongestion relief— the great metropolis of the last century has become an example of how unbridled growth based on free-market principles can transform a city into a dehumanized and hostile megalopolis.

During the 20th century, cities like Vienna, for example, expanded from their urban centers, knowing how to combine and blend building typologies and uses, combining free and social housing for rent in the same neighborhoods. This avoided speculation about public housing and ensured that people with fewer resources and incomes did not have to be constantly displaced to the outskirts. Already in this century, the city of Almere in the Netherlands is one of the most outstanding examples of how public housing can be integrated into new urban developments and successfully coexist alongside public facilities, green spaces, and free housing. It is one of many examples that stimulates us and distances us from nostalgia for the architecture of another era.

Madrid and the rest of the surrounding cities still have time to learn from these good practices and contain the excessive expansionary inertia to control their growth zones. This has already been done in our region. Public housing opportunities can continue to be generated to guarantee demographically balanced neighborhoods, setting an example of how sustainable development can generate wealth and social equity. The editors of this new issue of Arquitectura magazine remind us that Madrid has been at the forefront of public housing production in Spain thanks to the eras of open ideas competitions —currently very rare— held by the various public housing companies. We observe with dismay how, in other regions (Catalonia, the Balearic Islands, the Valencian Community), the administration has sought to tap into talent through these types of competitions in recent years. All of this with the goal of finding alternatives adapted to new ways of life, without neglecting the importance of social inclusion in favor of a balanced and equal coexistence capable of encompassing all types of sensibilities, conditions, and thoughts.

From the Colegio Oficial de Arquitectos de Madrid (COAM), we encourage housing companies in the municipalities of Madrid and the Community Housing Agency to launch open ideas competitions so that the city-region can once again become the benchmark for public housing in Spain. The three competitions organized by the COAM in collaboration with the Municipal Housing Company of Madrid [Empresa Municipal de la Vivienda de Madrid (EMVS)] and the one organized jointly with the City Council of Fuenlabrada —partially funded by the European Commission— demonstrate how the best ideas and proposals are the result of these types of competitions. Architecture and, above all, society benefit.

[TRANSLATION BY *ARQUITECTURA*.]

Inclusión

Inclusion

Javier García-Germán y Alejandro Valdivieso
Directores / Editors-in-Chief, *Arquitectura*

ESP Con el advenimiento de los debates intelectuales posmodernos, la cultura arquitectónica pasó décadas enfrascada en cuestiones excesivamente disciplinares, centrándose en una búsqueda formal desprovista de contenido social que acabó por confirmar la primacía de la teoría frente a la historia.[1] Su presunta imposibilidad para disponer de un programa político y social, tal y como anunció Manfredo Tafuri en su libro *Progetto e utopia: architettura e sviluppo capitalistico* (1973),[2] dio paso a una cultura arquitectónica que anteponía la autonomía del espacio a las contingencias políticas y sociales, abandonando toda crítica histórica. Desde finales de los sesenta y hasta finales de siglo, se sucedieron una serie de discursos narrativos —desde la neovanguardia y el deconstructivismo (o, incluso, el 'Star Sytem')— que conformaron la máxima expresión de una exploración formal alejada de cualquier intento por construir una sociedad más inclusiva a través de la arquitectura.

La llegada de la crisis financiera en el año 2008 terminó por confirmar un viraje profundo en el discurso arquitectónico, aún enfrascado en una aparente dialéctica entre la forma abstracta y la experiencia y, en apariencia, alejado de las necesidades reales de la sociedad.[3] Esa fecha marca el inicio de un renovado interés de la arquitectura y del urbanismo por la sostenibilidad y la justicia social. De manera parecida a la teoría del constructivismo social, se ha asumido que la arquitectura no es una disciplina ajena de las prácticas sociales y culturales, sino que se origina en el seno de la sociedad y, por tanto, debe responder a ella. De este modo, la arquitectura evoluciona conforme lo hace la sociedad —su origen es natural y cualitativo (a través del dominio del fuego)— pero su razón de ser es social.

El presente número, de título *Inclusión*, es el primero dedicado a las cuestiones sociales —de acuerdo con las directrices de la New European Bauhaus (sostenibilidad, inclusión y belleza)— tras los números dedicados a Territorio y Clima. Para la Organización de las Naciones Unidas, la inclusión social es el proceso que garantiza que todas las personas, independientemente de su origen, capacidades, género, edad o cualquier otra característica, tengan la oportunidad de participar plenamente en la sociedad. Esto implica no solo el acceso a servicios básicos como la educación, la salud y el empleo, sino, también, la eliminación de barreras que puedan excluir a ciertos grupos. Así, se trata de crear un entorno donde todos los ciudadanos se sientan valorados y puedan contribuir al bienestar común.[4]

Como resultado de la crisis posfordista, uno de los principales problemas a los que se enfrentan las ciudades —siendo Madrid una muestra muy significativa— reside en los cambios que ha traído consigo el paso de su condición de productoras hacia una definitiva y dramática conversión en producto. De la producción en la ciudad, de su turistificación y gentrificación, de su mercantilización y financiarización, y de sus consecuencias, su segregación y exclusión, habla en detalle Jorge Dioni en el libro *El Malestar de las Ciudades* (2023), donde narra cómo el modelo neoliberal que ha logrado reflotar la economía de las ciudades ha sido, también, un motor que está provocando su hundimiento y destrucción al atacar su esencia misma: poner a la gente en común. "La ciudad," señala, "no es un espacio, sino lo que sucede en ese espacio, las relaciones sociales, culturales, políticas y económicas. El problema de la disolución de la comunidad urbana es que se pone en cuestión nuestro modo de reproducción social porque somos una cultura urbana."[5] Todos estos temas están tratados a lo largo del presente número, contando con la participación de nuestros coeditores invitados, Tatjana Schneider y Enrique Espinosa.

La consecuencia más palpable es la dificultad de acceso a la vivienda. Un problema que afecta directamente a nuestra profesión, pues es una materia en la que tenemos competencias exclusivas. Por este motivo, este número de la revista *Arquitectura* le dedica buena parte de sus contenidos, mostrando no solo varios proyectos de vivienda colectiva, sino un conjunto de conversaciones y artículos críticos que analizan la situación actual. Todo ello con el objetivo de encontrar, desde la profesión, salidas a la alarmante crisis que afecta al alojamiento. Este análisis arranca, en clave histórica, a través de un texto de Andrés Cánovas y Carmen Espegel en el que se recorren los momentos estelares de la vivienda pública en Madrid. Es necesario comenzar este recorrido por las estadísticas, comparando el número de viviendas sociales construidas en décadas pasadas con el actual; comparativa que explicita, en parte, el origen del problema. Lamentablemente, la calidad arquitectónica de la vivienda es directamente proporcional a la cantidad. Queda patente que los mejores ejemplos de promoción de vivienda pública —en los años cincuenta a través de, entre otras actuaciones, los Poblados Dirigidos; desde los años ochenta con el impulso inicial del Instituto de la Vivienda de Madrid (IVIMA); y, a partir de la última década del siglo pasado, mediante la actividad promovida por la Empresa Municipal de la Vivienda y Suelo (EMVS)— tuvieron lugar

1. Si bien se ha acentuado cuánto la cultura arquitectónica del último cuarto del siglo pivotó entre la búsqueda de la forma sin utopía, por un lado, y en un incesante escudriñamiento de respuestas sobre la base teórica de disquisiciones ajenas que terminaron por conformar una serie de paradigmas —de la fenomenología a la teoría lingüística, entre otras— capaces de afirmar la primacía de la teoría frente a la historia, por otro; lo cierto es que emergieron, en paralelo, importantes discusiones acerca de su rol social. Muchas de ellas procedían de la propia disciplina y de la discusión sobre su condición autorreferencial [recuérdese, por ejemplo, el texto de Bernard Tschumi "Architecture and Trangression" publicado en la 'disciplinar' *Oppositions* (7, 1976)], así como de los propios ecos heideggerianos y de unas emergentes agendas de marcado componente político y ético parcialmente derivado de un nuevo contrato social entre lo natural y lo artificial.

2. Como él mismo afirmó en el prólogo, *Progetto e utopia* no era sino una reelaboración actualizada de las hipótesis inicialmente planteadas en su texto "Per una critica dell'ideologia architettonica" originalmente publicado en el primer número de la revista *Contropiano* en 1969. A su vez, estas estaban contenidas en su libro *Teorie e storia dell'architettura* (1968).

3. Ya por entonces se había reafirmado la absorción de la disciplinariedad por parte de un proyecto crítico que asumió la condición de la arquitectura como hecho cultural y, también, su distintiva autonomía. Véase: Somol, Robert y Whiting, Sarah, "Notes around the Doppler Effect and Other Moods of Modernism", *Perspecta* n. 33, 'Mining Autonomy' (2002), págs. 72-77.

4. La Declaración de Marrakech sobre la Inclusión Social fue organizada por la Organización de las Naciones Unidas (ONU) y se llevó a cabo durante la Conferencia Internacional sobre la Inclusión Social en Marrakech, Marruecos (2018).

5. Dioni López, Jorge, *El Malestar de las Ciudades*, Arpa Editores, Madrid, 2023, pág. 168.

cuando hubo un auténtico empeño desde las administraciones por construirla. Así está ocurriendo hoy, por ejemplo, en Cataluña, a través del Instituto Metropolitano de Promoción de Suelo y Gestión Patrimonial (IMPSOL) dependiente del Área metropolitana de Barcelona (AMB): ha sido la perseverancia de una promotora pública por construir vivienda social de calidad lo que ha posibilitado un renovado tejido urbano ordenado por edificios sobresalientes.[6]

Aparte de los modelos tradicionales de construcción de vivienda mediante la iniciativa tanto pública como privada, es necesario concebir nuevos modelos de promoción. Este es el caso de las cooperativas de viviendas construidas en solares de titularidad pública en las que se asigna el derecho de uso de la vivienda a sus habitantes por un periodo de tiempo determinado. Este modelo, alternativo a la propiedad privada, prioriza el valor de uso frente al valor de cambio, evitando su especulación, tal y como prueba, entre otros, el trabajo de sAtt publicado en estas páginas. Con todo, no hablamos únicamente de la necesidad de buscar modelos de promoción alternativos tan necesarios hoy en día, sino, incluso, de replantear las normativas urbanísticas para encontrar fórmulas que pongan a disposición de los ciudadanos más metros cuadrados edificables. Frente al modelo tradicional urbanizador que coloniza el territorio, deben plantearse iniciativas como aumentar la edificabilidad del suelo urbano —densificando las ciudades— o permitir tipologías híbridas —posibilitando que en suelos dotacionales, terciarios o industriales se puedan añadir a las funciones productivas nuevos usos habitacionales y de vivienda—. Sin embargo, se trata de algo que, habitualmente los planes generales impiden. Estos temas son tratados en la conversación que, en torno al problema de la vivienda, planteando fórmulas que puedan resolver su escasez, hemos mantenido con representantes públicos y técnicos de las ciudades de Barcelona, Madrid y Rotterdam.

El número también aborda otros asuntos vinculados al tema de la inclusión. Además de los relacionados con la diversidad y la equidad, nos ha parecido relevante dedicar parte del número a las cuestiones interespecie. Las esferas de lo 'no humano' y lo 'más allá de lo humano' entran dentro del tema de la inclusión porque buscan dar voz y representación a otras formas de existencia y a sus intereses, y esto incluye no solo a otras especies vivas, sino a cuerpos como la atmósfera. Así se han incluido, precedidos por un texto de María Auxiliadora Gálvez, varios proyectos de infraestructuras que fomentan una mayor comprensión y respeto por la biodiversidad y por los derechos de los animales. Tal es el caso de la Ecotower de Manuel Collado y Diego García-Setién o del refugio de aves y mamíferos y depósito de agua de Temperaturas Extremas y Adelino Magalhaes en Luxemburgo. Además de a la escala arquitectónica, es necesario señalar que estas cuestiones son fundamentales a la escala de los procesos urbanizadores y a los ciclos de extracción, producción y transporte de los materiales de construcción, por afectar a lugares donde la presencia de lo no humano es más importante. También disponemos aquí los arquitectos de un agenciamiento que es necesario visibilizar.

Otro tema tratado en el número está vinculado con los llamados conceptos DEI (diversidad, equidad e inclusión) en torno a las cuales la arquitectura y el urbanismo tienen todavía mucho camino por recorrer. El diseño puede y debe contribuir de manera decisiva a construir un espacio público que integre a los ciudadanos con independencia de su género, edad, raza, o condición social y cultural. Esto es algo que se puede abordar de manera decidida desde la arquitectura: la innovación tipológica y la mezcla de usos pueden resultar en nuevos programas —como, por ejemplo, los 'co-living' o los modelos de vivienda intergeneracionales— que pueden resolver problemas de exclusión social como las familias monoparentales, o la soledad y el aislamiento de la tercera edad, siendo este último especialmente relevante en nuestro país por el envejecimiento acelerado de la población. Proyectos como el Beyond-The-Family Kin de Ignacio G. Galán y OF Architects, las viviendas de NOMOS Architects en Lancy (Ginebra), o las propuestas presentadas al concurso SHARE en Fuenlabrada (Madrid) insisten en todas estas cuestiones. Yendo de lo tipológico a lo espacial, en proyectos innovadores como los conformados a través de estancias idénticas sin pasillos, la falta de jerarquía y homogeneidad garantiza una equidad espacial que ha demostrado ser muy efectiva al diluir las diferencias de género.

A pesar de que, no en pocas ocasiones, ha terminado por confirmarse su futilidad —quizás debido a que se trataba de buscar la manera de colaborar, en vez de enunciar problemas y resolverlos a través de la arquitectura—, es necesario tratar brevemente el tema del diseño colaborativo y de la participación ciudadana. Se trata de una de las herramientas de diseño más interesantes de cara a garantizar un entorno construido más equitativo, porque permite que todas las voces de la comunidad sean escuchadas y consideradas en la toma de decisiones. Cuando las personas participan activamente en los procesos de diseño se fomenta un sentido de pertenencia, generándose soluciones más efectivas y representativas de las necesidades de la comunidad, tal y como demuestran las iniciativas prepandemia de Elii (Uriel Fogué Eva Gil y Carlos Palacios) para los espacios públicos de Madrid o el trabajo de Zuloark en el Campo de Cebada, entre otros proyectos publicados.

Así y todo, el reto es lograr que la calidad del entorno construido no disminuya, haciendo conciliar todas aquellas propuestas derivadas del constructivismo social y del activismo —probablemente insuficientes, por sí mismas, para resolver los retos planteados por cuestiones de gran complejidad como el cambio climático y la cruzada neoliberal contra lo común— con propuestas arquitectónicas consistentes que abandonen lo estrictamente discursivo para adentrarse en la compleja realidad.[7] ¿No son, acaso, los mejores ejemplos de arquitectura social aquellos edificios que, aparentemente alejados de cierta inflación discursiva —y desde una arquitectura que ejerce su profesión— ofrecieron y ofrecen una respuesta crítica que ha contribuido a alumbrar, un poco más, el mermado rol de la disciplina?

6. Promociones como las 85 Viviendas en Cornellà de Llobregat de Peris-Toral, constituyen la punta de Lanza, habiendo recibido galardones tan importantes como el Premio Internacional del Royal Institute of British Architects (RIBA) 2024.

7. Las opiniones expresadas en los artículos que conforman este número corresponden a sus autores, y han sido escritos con independencia de los editores. Esto se ha hecho con el ánimo de ofrecer distintos puntos de vista y fomentar un debate plural y abierto en el seno de la profesión.

ENG With the arrival of postmodern intellectual debates, architecture spent decades excessively immersed in disciplinary issues. It focused on a formal search devoid of social content, which ultimately confirmed the primacy of theory over history.[1] It's supposed inability to develop a political and social program, as Manfredo Tafuri announced in his book *Progetto e utopia: architettura e sviluppo capitalistico* (1973)[2], gave way to an architectural culture that prioritized the autonomy of space over political and social contingencies, abandoning all historical critique. From the seventies until the end of the century, a series of narrative discourses followed —ranging from neo-avant-garde and deconstructivism to the star system— that represented the peak of formal exploration, far removed from any attempt to build a more inclusive society through architecture.

The arrival of the financial crisis in 2008 ended up confirming a profound shift in architectural discourse, still caught up in an apparent dialectic between abstract form and experience and, apparently, far removed from the real needs of society.[3] That date marks the beginning of a renewed interest in sustainability and social justice within architecture and urbanism. Similarly to the social constructivism theory, it is nowadays assumed that architecture is not an isolated discipline disconnected from social and cultural practices but rather originates within society and must respond to it. Architecture evolves as society does —its origin is natural and qualitative (through the mastery of fire)— but its *raison d'être* is social.

This issue, titled *Inclusion*, is the first one dedicated to social questions —according to the guidelines of the New European Bauhaus (sustainability, inclusion and beauty)— following the two preceding, focused on Territory and Climate. For the United Nations, social inclusion is the process that guarantees that all people, regardless of their background, abilities, gender, age, or any other characteristic, could fully participate in society. This involves not only access to basic services such as education, health, and employment but also the removal of barriers that may exclude certain groups. Thus, it aims to create an environment where all citizens feel valued and can contribute to the common well-being.[4]

As a result of the post-Fordist crisis, one of the main problems faced by cities —with Madrid being a very significant example— lies in the changes brought about by the shift from their condition as producers to a definitive and dramatic transformation into a product. Jorge Dioni discusses in detail in his book *El Malestar de las Ciudades* (2023) how the neoliberal model that has revitalized the urban economy has also been a driving force causing their decline and destruction by attacking their very essence: bringing people together. "The city," he points out, "is not a space, but what happens within that space; the social, cultural, political, and economic relations. The problem with the dissolution of the urban community is that it questions our way of social reproduction because we are an urban culture."[5] All these topics are addressed throughout this issue, featuring the participation of our guest co-editors, Tatjana Schneider and Enrique Espinosa.

The most tangible consequence is the difficulty in accessing housing. A problem that directly affects our profession, as it is an area in which architects have exclusive competences. For this reason, this issue of *Arquitectura* dedicates a significant part of its content to this question, showcasing not only various collective housing projects but also a series of conversations and critical articles that analyze the current situation. All of this aims to find, from within practice, solutions to the alarming housing crisis. The discussion begins, from a historical perspective, with a text by Andrés Cánovas and Carmen Espegel that reviews Madrid's key moments as far as public housing is concerned. It is necessary to start this journey with statistics, comparing the number of social housing units built in past decades with the current figures; a comparison that clearly explains the origin of the problem. Unfortunately, the architectural quality of housing is directly proportional to the quantity of those finally built. It is evident that the best examples of public housing development —during the 1950s through initiatives such as the 'Poblados Dirigidos'; from the 1980s with the initial boost from the Madrid Housing Institute [Instituto de la Vivienda de Madrid (IVIMA)]; and from the last decade of the 20th century onward, through activities promoted by Madrid's municipal public housing body [Empresa Municipal de la Vivienda (formerly EMV, currently EMVS)]— occurred when there was a genuine commitment from the authorities to build it. This is happening today, for example, in Catalonia, through the Metropolitan Institute of Land Development and Property Management [Instituto Metropolitano de Promoción de Suelo y Gestión Patrimonial (IMPSOL)], which is dependent on the Barcelona Metropolitan Area (AMB). It

1. While it has been emphasized how much 1970-1990 Architecture Culture pivoted between the search for form without utopia, on the one hand, and an incessant scrutiny of answers based on the theoretical foundations of external disquisitions that ended up forming a series of paradigms —from Phenomenology to Linguistic Theory, among others— that affirmed the primacy of theory over history, the truth is that, in parallel, important discussions emerged about its social role. Many of these came from the discipline itself and from the discussion about its self-referential condition [recall, for example, Bernard Tschumi's text "Architecture and Transgression" published in the 'disciplinary' *Oppositions* (7, 1976)], as well as from Heideggerian echoes themselves and from emerging agendas with a marked political and ethical component partially derived from a new social contract between the natural and the artificial.

2. As he himself stated in the preface, *Progetto e utopia* was nothing more than an updated reworking of the hypotheses initially presented in his essay "Per una critica dell'ideologia architettonica," originally published in the first issue of the magazine *Contropiano* in 1969. In turn, these were contained in his book *Teorie e storia dell'architettura* (1968).

3. By then, the absorption of disciplinary boundaries had already been reaffirmed by a critical project which embraced architecture as a cultural phenomenon and recognized its distinctive autonomy. See: Somol, Robert and Whiting, Sarah, "Notes around the Doppler Effect and Other Moods of Modernism," *Perspecta* n. 33, 'Mining Autonomy', 2002, pages 72-77.

4. The Marrakech Declaration on Social Inclusion was organized by the United Nations (UN) and took place during the International Conference on Social Inclusion in Marrakech, Morocco (2018).

5. Dioni López, Jorge, *El Malestar de las Ciudades*, Arpa Editores, Madrid, 2023, page 168.

has been through the determination of a public developer to build quality social housing, that has led to a collection of outstanding social housing buildings.[6]

Apart from the traditional models of housing construction through both public and private initiatives, it is necessary to conceive new models of residential development. This is the case of housing cooperatives built on publicly owned lots, in which the rights of use are assigned to their dwellers for a specific period. This model, an alternative to private property, prioritizes use value over exchange value, something which prevents speculation from happening. This has been proven, among others, by the work of sAtt, which is published in these pages. However, we are not only talking about the need to look for alternative promotion models that are so necessary today, but also about rethinking urban planning regulations to find formulas which make more buildable square meters available to citizens. Faced with the traditional urbanization model, it is necessary to propose new initiatives, such as increasing the buildability of urban land —densifying cities— or allowing hybrid typologies —permitting to combine residential uses with productive ones such as institutional, commercial or industrial. However, this is something that urban planning usually does not consider. These issues are discussed in the conversation that we have had with the public and technical representatives of the cities of Barcelona, Madrid and Rotterdam around the problem of housing, proposing new formulas that can solve these problems.

This issue also addresses other themes related to the topic of inclusion. In addition to those related to diversity and equity, it was relevant to dedicate part of the issue to interspecies questions. Concepts such as 'non-human' and 'more-than-human' fall within the topic of inclusion because they seek to give voice and representation to other forms of existence and their interests, and this includes not only other living species, but physical bodies such as the atmosphere. Thus, several infrastructure projects that promote greater understanding and respect for biodiversity and animal rights, preceded by a text by María Auxiliadora Gálvez, have been included. Such is the case of the Ecotower by Manuel Collado and Diego García-Setién or the bird and mammal refuge and water tank of Temperaturas Extremas and Adelino Magalhaes in Luxembourg. In addition to the architectural scale, it is necessary to point out that these questions are fundamental at the scale of urbanization processes and the cycles of extraction, production and transportation of construction materials, as they affect places where the presence of non-human is more important.

Another theme discussed is linked to the so-called DEI concepts (diversity, equity and inclusion) around which architecture and urban planning still have a long way to go. Design can and should contribute decisively to building a public realm that integrates citizens regardless of their gender, age, race, or social and cultural condition. And this is something that can also be addressed decisively from architecture: typological innovation and the mixture of uses can result in new programs —such as, for example, co-living or intergenerational housing models— that can solve problems of social exclusion (single-parent families, loneliness and the isolation of the elderly, the latter being especially relevant in our country due to the accelerated aging of the population). Projects such as the Beyond-The-Family Kin by Ignacio G. Galán and OF Architects, the housing scheme by NOMOS Architects in Lancy (Geneva), or the proposals submitted to the SHARE competition in Fuenlabrada (Madrid) insist on all these questions. And going from the typology to the spatial, in innovative projects such as those which rely on identical rooms without corridors, the lack of hierarchy and homogeneity guarantees spatial equity, an architectural strategy which has proven to be very effective in diluting gender differences.

Although on many occasions, its futility has ended up being confirmed —perhaps because it was more about finding new ways to collaborate, than about finding problems and solving them through architecture— it is necessary to briefly address the question of collaborative design and citizen participation. It is one of the most interesting design tools to ensure a more equitably built environment because it allows all community voices to be heard and considered in decision-making. When people actively participate in the design processes, a sense of belonging is fostered, generating more effective and representative solutions of the community's needs, as demonstrated by the pre-pandemic initiatives of Elii (Uriel Fogué Eva Gil and Carlos Palacios) for public spaces in Madrid or the work of Zuloark in Campo de Cebada, among other published projects.

Even so, the challenge is to ensure that the quality of the built environment does not decrease, reconciling all those proposals which derive from social constructivism and from social activism —probably insufficient by themselves to resolve the challenges posed by highly complex issues such as climate change and the neoliberal crusade against the common— with brave and bold architectural proposals that abandon the strictly discursive to delve into the complex reality.[7] Perhaps, aren't the best examples of social architecture those buildings that, apparently far from a certain discursive inflation —and through an architecture that practices its profession— offered and still offer a critical response that has contributed to shedding light on the diminished role of the discipline?

[TRANSLATION BY *ARQUITECTURA*.]

6. Social housing projects like the 85 Units built in Cornellà del Llobregat by Peris-Toral represent the forefront, having received important awards such as the Royla Institute of British Architects (RIBA) International Award 2024.

7. The opinions expressed in the articles included in this issue are those of their authors and were written independently of the editors. This was done with the aim of offering diverse points of view and fostering open and diverse debate within the profession.

Coyunturas críticas

Critical Junctures

Tatjana Schneider

Este texto trata sobre arquitectura y futuros posibles. Sin embargo, no trata de la arquitectura tal como la hayas estudiado, tal como la hayas aprendido, tal como aún la discutes con amigos o colegas, tal como se presenta en los medios de comunicación más convencionales: edificios escolares, edificios residenciales, torres de oficinas, salones de actos, aeropuertos, estaciones de tren, puentes, infraestructuras. Antes de que preguntes: sí, todo esto puede ser arquitectura. Y sí, los objetos arquitectónicos siguen siendo importantes. Pero los edificios son solo un aspecto notablemente pequeño de lo que es la arquitectura, de qué está hecha y por quién: poder y política, trabajo y cultura, materiales y consumo.

ESP La arquitectura es *Betongold* y *Buy-To-Rent*, clubes de élite y grupos de presión, desperdicio y obsolescencia. Esto no es ningún secreto. De hecho, se han escrito innumerables artículos sobre estas dimensiones de la arquitectura en revistas y otros medios, informando sobre los procesos de producción no regulados, la inmensidad de las emisiones de CO2 en ciertos sectores y los incumplidos eslóganes que prometen reducciones: "Pandora papers: biggest ever leak of offshore data exposes financial secrets of rich and powerful" ['Papeles de Pandora: la mayor filtración de datos offshore de la historia expone los secretos financieros de ricos y poderosos'];[1] "Behind the Scenes. Uncovering a Kazakh oligarch's Spanish idyll" ['Entre bambalinas. Descubriendo el idilio español de un oligarca kazajo'];[2] "The Petrocracy Underfoot" ['La petrocracia bajo los pies'];[3] "Cementing Imperialism: Material Exports and the Uneven Politics of Construction" ['Consolidando el imperialismo: las exportaciones de materiales y las políticas desiguales de la construcción'];[4] "Climate change is speeding toward catastrophe. The next decade is crucial, U.N. panel says" ['El cambio climático se acerca rápidamente a la catástrofe. La próxima década es crucial, afirma un panel de la ONU'].[5] A pesar de todo esto, a pesar de todo lo que se escribe y se habla sobre el colapso climático y sus vínculos directos e indirectos con el campo de la arquitectura, y a pesar de las muchas palabras pronunciadas sobre los desafíos de ser arquitecto y hacer arquitectura en un mundo que se acerca cada vez más a un daño planetario irreversible, no hay una acción coherente: muy pocos dicen que no. No se cuestiona lo suficiente a los clientes dudosos y, tampoco, aquellos materiales empleados.

1. Guardian investigations team et al., "Pandora Papers: Biggest Ever Leak of Offshore Data Exposes Financial Secrets of Rich and Powerful", *The Guardian* (3 de octubre de 2021), sec. News. En línea: https://www.theguardian.com/news/2021/oct/03/pandora-papers-biggest-ever-leak-of-offshore-data-exposes-financial-secrets-of-rich-and-powerful
2. Garcia Rey, Marcos, "Uncovering a Kazakh Oligarch's Spanish Idyll", International Consortium of Investigative Journalists – ICIJ (21 de enero de 2025). En linea: https://www.icij.org/investigations/caspian-cabals/uncovering-a-kazakh-oligarchs-spanish-idyll/
3. Weiner, Martin, "The Petrocracy Underfoot", *Failed Architecture* (blog), 15 de mayo de 2024. En línea: https://failedarchitecture.com/the-petrocracy-underfoot/
4. Pivo, Vyta, "Cementing Imperialism: Material Exports and the Uneven Politics of Construction", *Architectural Theory Review* 28, n. 3 (1 de septiembre de 2024), págs. 401-424. En línea: https://doi.org/10.1080/13264826.2025.2459937./
5. Plumer, Brad, "Climate Change is Speeding Toward Catastrophe. The Next Decade Is Crucial, U.N. Panel Says", *The New York Times* (20 March 2023), sec. Climate. En línea: https://www.nytimes.com/2023/03/20/climate/global-warming-ipcc-earth.html

Las condiciones bajo las cuales se produce la arquitectura —la energía y los materiales utilizados, el territorio sobre el que se construye (y la propiedad de este)—, son todos ellos aspectos relevantes para el debate sobre la ciudad. Una ciudad para todos que busca responder a las demandas contemporáneas de espacios y lugares más inclusivos y diversos y, en particular, al debate sobre uno de los temas más urgentes de nuestro tiempo: la cuestión de la vivienda o, más bien, de la vivienda social, inextricablemente ligada a dónde y a cómo vivimos. De hecho, la vivienda vuelve a estar en el centro de estos debates, junto con discusiones sobre el aumento constante del precio de los alquileres, la gentrificación, la 'turistificación' y la 'airbnbficación'. A pesar de la innegable urgencia del problema, la actual crisis de la vivienda no sorprende en absoluto. En Alemania, por ejemplo, sus orígenes se remontan —al menos— a finales de la década de los ochenta, cuando los democratacristianos (CDU/CSU) y los liberales (FDP), bajo la dirección del canciller Helmut Kohl, pusieron fin a un programa de subvenciones que hasta entonces había apoyado el desarrollo de la vivienda social mediante exenciones fiscales. En aquel momento, se argumentó que el país había superado la escasez de vivienda de la posguerra y que la ley vigente había generado considerables pérdidas fiscales; esgrimiendo el gobierno su futilidad. La Ley de Transferencia de Viviendas No Lucrativas al Mercado General de la Vivienda abolió la Ley de Viviendas No Lucrativas, lo que significó que todas las asociaciones de vivienda no lucrativas perdieron sus privilegios fiscales. Hay un amplio consenso acera del cambio de paradigma generado tras aquel acontecimiento: a partir de entonces, y a pesar de las considerables protestas, la provisión de vivienda quedó en manos del libre mercado. Los problemas actuales están vinculados a estas decisiones que algunos cambios políticos posteriores —desde los democristianos hasta los socialdemócratas— no abordaron. La implacable privatización del espacio, incluida la venta de terrenos y activos públicos, ha llevado a una situación en la que el margen de acción parece ser extremadamente limitado.

Con todo, los problemas actuales van mucho más allá de la mera política. Estos están profundamente entrelazados con una posición profesional privilegiada que, inadvertidamente, relega las preocupaciones sociales a un estatus exclusivo —asociado al mercado del lujo—; ya que los edificios y espacios son encargados y financiados por clientes que se dedican a la arquitectura por dinero y ganancias a corto plazo. Esta dinámica subraya una tensión significativa dentro de la disciplina y su campo de acción, donde los ideales de impacto social y responsabilidad comunitaria a menudo se ven comprometidos por las exigencias imperiosas de las fuerzas del mercado. Arquitectos y urbanistas, a pesar de ser conscientes de los problemas sociales apremiantes, a menudo se ven limitados por un entorno profesional que prioriza la eficiencia financiera y la conveniencia en lugar de la justicia social a largo plazo. Esta paradoja es desconcertante: si bien muchos en el entorno profesional reconocen y hablan del potencial transformador de la arquitectura para servir a la sociedad, las realidades prácticas de la financiación de proyectos y las reglas imperantes del mercado tienden a relegar estas preocupaciones sociales más amplias. Publicado hace más de 30 años, siendo sorprendentemente actual, el texto seminal de Margaret Crawford sobre los arquitectos y la responsabilidad social se refería, ya entonces, al agudo desajuste entre las preocupaciones personales y la acción profesional, así como a la renuncia tanto de las herramientas como de las aspiraciones ideológicas para abordar dichas preocupaciones.[6]

En tiempos de crisis climática, parece oportuno retomar la promesa que encierra la arquitectura, revitalizar su imaginario político y preguntarnos cómo podemos volver a imaginar su futuro desde una perspectiva verdaderamente inclusiva, lo que nos lleva de vuelta al principio de este texto. La arquitectura, tal como la conocemos, ya no parece viable. Se necesitan otras formas, otras normas, otras herramientas para abordar el *statu quo*: un mundo moldeado por personas que han apostado por el desarrollo por encima de todo, sin importar las pérdidas; un "desastre de diseño" constituido por "estructuras de insostenibilidad".[7] La arquitectura y los arquitectos han sido, y siguen siendo, cómplices de la actual devastación planetaria, impulsada por los regímenes extractivistas y las violentas prácticas excluyentes del oceno-plantacional. Como escribimos en *Architecture is Climate*:

> "Al impulsar la división y segregación del territorio —así como de los recursos naturales, de las especies, del género, de la etnia y de la raza— con el objetivo de generar y maximizar ganancias, el colonialismo es, a la vez, una técnica social y espacial. Para ello, ha empleado la arquitectura y las infraestructuras como instrumentos de desposesión, acumulación y control. Las prácticas espaciales han reforzado, durante mucho tiempo, las relaciones de poder coloniales proyectando recintos, castillos, barracones, plantaciones, ciudades segregadas, fábricas deslocalizadas, zonas de libre comercio y centros de detención: lugares colmados de privilegios que ocultan la injusticia que los originó. Para diseñar estos espacios, los arquitectos han empleado materiales y mano de obra provenientes de tierras saqueadas, lo que ha conllevado devastación a escala local y planetaria".[8]

Arturo Escobar sostiene que estas prácticas deben ser confrontadas y eliminadas, reemplazadas por narrativas y agendas diferentes, otros imaginarios y enfoques sistémicos que aborden y trabajen con las complejas dimensiones económicas, políticas y sociales de la producción del espacio. En este contexto, la cuestión de la inclusión —una ciudad por y para todos— ya no es —y nunca ha sido— una cuestión de un solo edificio o artefacto —una biblioteca, un centro comunitario, una clínica, un invernadero, una plaza...—, por muy hermosa e importante que sea dicha intervención para una comunidad local. En cambio, y ante las crecientes disparidades, los arquitectos necesitan ir más allá, encontrar nuevas maneras de conectar con conocimientos que trascienden su marco disciplinar, sus modos de trabajo y los objetos que se han acostumbrado a diseñar. El conocimiento arquitectónico, en este contexto, no es neutral ni objetivo. Importa con quién trabajamos, con quién y con qué nos conectamos —las alianzas que construimos— y, también, comprender cómo se han construido nuestras formas de conocimiento y por quién. En este sentido, un edificio podría ser solo una parte de un conjunto mucho más amplio de acciones.

A pesar de la complejidad de la tarea, a pesar de la aparente adicción total de la arquitectura a los combustibles fósiles, de su enredo con las élites financieras y políticas o de su completa integración en los sistemas capitalistas, Peter Marcuse argumenta que "el pesimismo no está justificado".[9] Marcuse escribe de movimientos sociales fuertes, de movimientos okupa, de personas sin tierra y sin hogar, o de dinámicas de planificación progresistas u opositoras; de los cuales se puede extraer fuerza para denunciar historias olvidadas u ocultas y utilizarlas para desarrollar posibilidades de futuros diferentes, pero comunitarios. Movimientos que toman decisiones sobre sus clientes, formulan compromisos éticos —no como participaciones voluntarias, sino como firmes compromisos con la justicia— y unen fuerzas para crear nuevas formas de trabajo. Al referirse a The Planners' Network, con sede en Estados Unidos y fundada en la década de 1960, Marcuse destaca la importancia de trabajar con comunidades, grupos de inquilinos y otras personas que luchan contra la injusticia a diario. Este trabajo, argumenta, evita que los planificadores "se vuelvan introspectivos, que vivan en sus propias torres de marfil, en sus círculos cerrados donde solo hablamos con nosotros mismos; y donde olvidamos cuáles son los verdaderos problemas de la gente real. Es una forma de mantener los pies en la tierra, de saber cuáles son los verdaderos problemas que deben abordarse".[10]

Si bien el pesimismo en su concepción normativa podría no ser apropiado —especialmente dada la multitud de prácticas de resistencia existentes—, quiero proponerlo como una herramienta para observar el mundo desde una perspectiva más humilde, utilizándolo para replantear las propias relaciones con las dimensiones planetarias, con los demás, con las redes de conexiones en las que estamos inmersos, con lo material y lo inmaterial.[11] A este respecto, el pesimismo aborda lo que está en juego con más sensibilidad y cuidado, porque reconoce las múltiples críticas a las formas actuales de hacer las cosas —fundamentándolas en sus dependencias—, a la vez que es consciente de las interpretaciones y posibilidades más matizadas que surgen de ellas.

La tarea en cuestión es "volvernos capaces unos con otros", como escribe Donna Haraway, "en todos nuestros tipos de respuesta arrogantes [...] La tarea es crear parentesco en líneas de conexión inventiva como una práctica de aprender a vivir y morir bien unos con otros en un presente denso. Nuestra tarea es crear problemas, suscitar una respuesta potente a eventos devastadores, así como calmar aguas turbulentas y reconstruir lugares tranquilos".[12] Estos futuros, escribe MOULD, "existen en las brechas del presente".[13] No son prácticas, instituciones u organizaciones distantes aún por inventar, sino que ya están aquí. Se trata de renovaciones comunitarias a gran escala y otras reconsideraciones sobre la producción de la vivienda que implican la construcción de redes para el cambio y la transformación de aquellas condiciones laborales poco éticas. Se trata, también, de cómo pensar localmente manteniendo una conexión global, haciendo dialogar los límites planetarios con las necesidades sociales, entendiendo la arquitectura como política y práctica multidisciplinar.[14]

El reto es, entonces, nutrir esos otros imaginarios, construirlos activamente, unirse a redes que rechazan la complicidad con sistemas destructivos, cultivar colaboraciones interdisciplinarias y forjar solidaridades con quienes resisten la injusticia y la exclusión en todas sus formas. Todo ello requiere transformar el rol de la arquitectura: de instrumento de poder a práctica de cuidado, de agente de extracción a catalizador de la acción regenerativa.

¿Qué no se debe hacer? La respuesta clara y contundente es: seguir reproduciendo el *statu quo*. En cambio, contribuir a otros futuros, actuar de otra manera.

[TRADUCCIÓN DE ALEJANDRO VALDIVIESO.]

6. Crawford, Margaret, "Can Architects Be Socially Responsible?", en Ghirardo, Diane (ed.), *Out of Site: A Social Criticism of Architecture*, Bay Press, Seattle, 1991, págs. 27-43.
7. Escobar, Arturo, *Designs for the Pluriverse*, Duke University Press, Durham y Londres, 2018, pág. 6.
8. MOULD, "Foundations—Architecture is Climate", 2024. En línea: https://architectureisclimate.net/foundations/
9. Marcuse, Peter, "What Has to Be Done? The Potentials and Failures of Planning: History, Theory, and Actuality. Lessons from New York", in *Camp for Oppositional Architecture*, AnArchitektur, Berlín, 2005, pág. 37.
10. *Ibidem*.
11. Véase: "Newsroom and Omer, 4.9.2019", in Ngyuen, Louise and Schneider, Tatjana, *How to Make Futures. 13 Observations*, Haus der Statistik, Berlín, 2019.
12. Haraway. Dona J., *Staying with the Trouble: Making Kin in the Chthulucene*, Duke University Press, Durham y Londres, 2016, pág. 1.
13. MOULD, "Foundations—Architecture is Climate", 2024. En línea (consultado el 31 de marzo de 2025): https://architectureisclimate.net/futures/
14. *Ibidem*. En línea (consultado el 31 de marzo de 2025): https://architectureisclimate.net/practices/?view=index

FIG 01. Ahmedabad (India). [Tatjana Schneider.]

FIG 02. Berlín (Alemania). / Berlin (Germany). [Tatjana Schneider.]

FIG 03. Bruselas (Bélgica). / Brussels (Belgium). [Tatjana Schneider.]

FIG 04. Autopista en la India (Bangalore-Mysore NH 275). / Highway in India (Bangalore-Mysore NH 275). [Tatjana Schneider.]

FIG 05. Lisboa (Portugal). / Lisbon (Portugal). [Tatjana Schneider.]

FIG 06. París (Francia). / Paris (France). [Tatjana Schneider.]

This is a text about architecture and possible futures. It is not, however, about architecture as you may have studied it, as you may have learned about it, as you may still discuss it with friends or colleagues, as it is portrayed in more mainstream media: school buildings, residential buildings, office towers, conference centres, airports, railway stations, bridges, infrastructure. Before you ask: yes—all these things may be architecture. And: yes, the objects of architecture remain important. But: buildings are only one remarkably small aspect of what architecture is, what architecture is made of and by whom: power and politics, labour and culture, materials and consumption.

ENG Architecture is *Betongold* and buy-to-rent, elite clubs and lobby groups, waste and obsolescence. This is no secret. In fact, countless articles have been written about these dimensions of architecture, with magazines and other media reporting on the unregulated production processes, the immensity of CO2 emissions in certain sectors, and the slogans that promise reductions but do not deliver: "Pandora papers: biggest ever leak of offshore data exposes financial secrets of rich and powerful";[1] "Behind the Scenes. Uncovering a Kazakh oligarch's Spanish idyll";[2] "The Petrocracy Underfoot";[3] "Cementing Imperialism: Material Exports and the Uneven Politics of Construction";[4] "Climate change is speeding toward catastrophe. The next decade is crucial, U.N. panel says".[5] Despite all this, despite all the writing and talking about climate breakdown and its direct and indirect links to the field of architecture, and despite the many words spoken about the challenges of being an architect and making architecture in a world that is moving ever closer to irreversible planetary damage, there is no coherent action, too little saying no, not enough questioning of dubious clients and the materials they might favour.

1. Guardian investigations team et al., "Pandora Papers: Biggest Ever Leak of Offshore Data Exposes Financial Secrets of Rich and Powerful", *The Guardian* (3 October 2021), sec. News. Online: https://www.theguardian.com/news/2021/oct/03/pandora-papers-biggest-ever-leak-of-offshore-data-exposes-financial-secrets-of-rich-and-powerful

2. Garcia Rey, Marcos, "Uncovering a Kazakh Oligarch's Spanish Idyll", International Consortium of Investigative Journalists – ICIJ (21 January 2025). Online: https://www.icij.org/investigations/caspian-cabals/uncovering-a-kazakh-oligarchs-spanish-idyll/

3. Weiner, Martin, "The Petrocracy Underfoot", *Failed Architecture* (blog), 15 May 2024. Online: https://failedarchitecture.com/the-petrocracy-underfoot/

4. Pivo, Vyta, "Cementing Imperialism: Material Exports and the Uneven Politics of Construction", *Architectural Theory Review* 28, n. 3 (1 September 2024), pages 401-424. Online: https://doi.org/10.1080/13264826.2025.2459937

5. Plumer, Brad, "Climate Change is Speeding Toward Catastrophe. The Next Decade Is Crucial, U.N. Panel Says", *The New York Times* (20 March 2023), sec. Climate. Online: https://www.nytimes.com/2023/03/20/climate/global-warming-ipcc-earth.html

The conditions under and within which architecture is produced, the materials and energy used, the land on which it is built and who owns the land are all relevant to the discussion of architecture and a city for all, a city that seeks to respond to contemporary demands for more inclusive and diverse spaces and places, and in particular to the discussion of one of the most pressing issues of our time: the question of housing, or rather social housing, which is inextricably linked to where and how we live. Indeed, housing is —once again— at the forefront of these debates, flanked by discussions about ever-increasing rents, gentrification, touristification and airbnbfication. Despite the undeniable urgency of the issue, the current iteration of the housing crisis comes by no means a surprise. In Germany, it can be traced back (at least) to the late 1980s, when the Christian Democrats (CDU/CSU) and Liberals (FDP) under Chancellor Helmut Kohl ended a subsidy programme that had until then supported the development of social housing by means of tax exemptions. It was argued at the time that the country had overcome the housing shortage of the post-war period and that the law had led to considerable tax losses. The government argued that the law was no longer needed. The Act on the Transfer of Non-profit Housing to the General Housing Market abolished the Non-profit Housing Act, which meant that all non-profit housing associations lost their tax privileges. This moment is widely seen as a paradigm shift: from then on, the provision of housing was left to the free market, despite considerable protest. Today's problems are linked to these decisions, which subsequent political changes — from Christian to Social Democrat— failed to address. The relentless privatisation of space, including the sell-off of public land and assets, has led to a situation in which the scope for action seems to be extremely limited.

The problems at hand, however, extend far beyond mere politics. They are deeply intertwined with a professional positionality of privilege that inadvertently relegates social concerns to a nice-to-have status, as buildings and spaces are commissioned and bankrolled by clients who are in the architecture game for money and short-term gain. This dynamic underlines a significant tension within the discipline and field, where ideals of social impact and community responsibility are often compromised by the overriding demands of market forces. Architects and urban planners, despite their awareness of pressing social issues, often find themselves constrained by a professional environment that rewards financial efficiency and expediency rather than long-term social justice. This paradox is baffling: while many in the field recognise, and speak of, the transformative potential of architecture to serve society, the practical realities of project funding and the prevailing market rules tend to sideline these broader social concerns. Margaret Crawfords seminal text on architects and social responsibility (published more than 30 years ago), which speaks of the acute mismatch between personal concerns and professional action as well as the surrender of both tools and ideological aspirations to address concerns, remains shockingly timely.[6]

In times of climate breakdown, it seems apt to reengage the promise that architecture holds, to reinvigorate architecture's political imaginary and to ask how the future of architecture can be reimagined along truly inclusive lines. This brings me back to the beginning of this text. Architecture as we know it no longer seems practiceable; other ways, other norms, other tools are needed to address the status quo: a world shaped by people who have gambled on development above all else and regardless of losses; a "design disaster" constituted by "structures of unsustainability".[7] Architecture and architects have been, and continue to be, complicit in the current planetary devastation fuelled by extractivist regimes and the violent exclusionary practices of the plantationocene. As we write in *Architecture is Climate*:

> "Driving divisions across land, natural resources, species, gender, ethnicity, and race, with the goal of generating and maximising profit, colonialism is at once a social and spatial technique. Colonialism employs architecture and infrastructures as an instrument of dispossession, accumulation, and control. Spatial practices have long reinforced colonial power relations: designing enclosures, castles, stowage, barracoons, plantations, segregated cities, offshored factories, autonomous trade zones, and detention centres, as well as places of privilege that all disavow their unjust construction. To design such spaces, architects have specified and used materials and labour from plundered lands, entailing devastation on local and planetary scales."[8]

Such practices, Arturo Escobar contends, need to be confronted and eliminated, and replaced with different narratives and agendas, other imaginaries and systemic approaches which address and work with those complex economic, political and social dimensions of the production of space. In such a setting, the question of inclusion —a city for and by all— is therefore no longer (and has never been) a question of a single building or artefact (a library, a community centre, a clinic, a greenhouse, a square), however beautiful and important such an intervention may be to a local community. Instead, and in the face of rising disparities, architects need to go beyond, find new ways to connect to knowledges beyond their disciplinary framework, modes of working and the objects they have become accustomed to designing. Architectural knowledge, in this context, is neither neutral nor objective. It matters whom we work with, whom and what we connect to, the alliances we build and to understand how our ways of knowing have been constructed and whom by. And —in this spirit— a building might just be one part of a much wider set of actions.

Despite the enormity of the task, despite architecture's seemingly total addiction to fossil fuels, its entanglement with financial and political elites or its complete integration into capitalist systems, Peter Marcuse argues that "pessimism ... is not warranted".[9] He speaks of strong social movements, movements of the squatters, the landless and the homeless, or progressive or oppositional planning movements from which strength can be drawn to speak out about overlooked or hidden histories and to use those to develop possibilities for different, but communal futures. Movements that make choices about clients, formulate ethical commitments (not as opt-ins, but as firm commitments to justice), join forces with others to create new ways of working. Speaking about the US-based The Planners' Network, which has been in existence since the 1960s, he talks about the importance of working with communities, tenant groups and others who are fighting injustice on a daily basis. This work, he argues, prevents planners "from becoming inward looking, from living in our own ivory towers, in our own enclosed circles where we talk only to ourselves; and where we forget what the real problems of real people are. It's a way of keeping one's feet on the ground, of knowing what the actual issues are that need to be dealt with".[10]

What is not to be done? The clear and decisive answer is: stop reproducing the *status quo*. Instead, contribute to other futures, do *otherwise*.

Whilst pessimism in its normative understanding might not be called for (especially given the multitude of existing practices of resistance), I want to propose pessimism as a tool to look at the world and one's own position within it from a more humble perspective, using it to reframe one's own relations to planetary dimensions, to others, to the webs of connections we are embedded in, to the material and immaterial.[11] Pessimism in this sense approaches what's at stake with more sensibility, more care, because it acknowledges the manifold critiques of current ways of doing things —grounding them in their dependencies— while at the same time becoming aware of the more nuanced interpretations and possibilities that emerge from them.

The task at hand is "to become capable with each other", as Donna Haraway writes, "in all of our bumptious kinds, of response... The task is to make kin in lines of inventive connection as a practice of learning to live and die well with each other in a thick present. Our task is to make trouble, to stir up potent response to devastating events, as well as to settle troubled waters and rebuild quiet places."[12] These futures, MOULD writes, "exist in the gaps in the present".[13] They are not some distant, yet to be invented practices, institutions, or organisations—but already here: large scale community retrofits and other remakings of housing production, the building of networks for change as well as the challenging of unethical working conditions, how to think local yet maintain a global connection and intersect planetary boundaries with social needs, architecture as politics and multidisciplinary imaginations.[14]

The challenge, then, is to nurture those other imaginaries, to actively construct, to join networks that reject complicity with destructive systems, to cultivate interdisciplinary collaborations, and forge solidarities with those who resist injustice and exclusion in all its forms. It requires shifting the role of architecture from an instrument of power to a practice of care, from an agent of extraction to a catalyst for regenerative doing.

6. Crawford, Margaret, "Can Architects Be Socially Responsible?", in Ghirardo, Diane (ed.), *Out of Site: A Social Criticism of Architecture*, Bay Press, Seattle, 1991, pages 27-43.
7. Escobar, Arturo, *Designs for the Pluriverse*, Duke University Press, Durham and London, 2018, page 6.
8. MOULD, "Foundations—Architecture is Climate", 2024. Online: https://architectureisclimate.net/foundations/
9. Marcuse, Peter, "What Has to Be Done? The Potentials and Failures of Planning: History, Theory, and Actuality. Lessons from New York", in *Camp for Oppositional Architecture*, AnArchitektur, Berlin, 2005, page. 37.
10. *Ibidem*.
11. See: "Newsroom and Omer, 4.9.2019", in Ngyuen, Louise and Schneider, Tatjana, *How to Make Futures. 13 Observations*, Haus der Statistik, Berlin, 2019.
12. Haraway. Dona J., *Staying with the Trouble: Making Kin in the Chthulucene*, Duke University Press, Durham and London, 2016, page 1.
13. MOULD, "Foundations—Architecture is Climate", 2024. Online (accessed 31 March 2025): https://architectureisclimate.net/futures/
14. *Ibidem*, online (accessed 31 March 2025): https://architectureisclimate.net/practices/?view=indexpractices/?view=index.

Concurso Proyecto SHARE
Fuenlabrada, Madrid 2024
Alojamientos adaptados para personas mayores

SHARE Project Competition
Fuenlabrada, Madrid 2024
Dwellings adapted for the Elderly

Primer Premio
Laetitia
ESTUDIO__ENTRESITIO

Segundo Premio
Light House
EMILIO PEMJEAN MUÑOZ Y SARA RANGEL PARIENTE

Tercer Premio
Spolia
JUAN MATEOS CORONA

Mención Honorífica
Modos de Habitar
RUEDA PIZARRO ARQUITECTOS

Mención Honorífica
Recuerdos de una noche de verano
PEREIRA-ROYO ARQUITECTOS

Mención Honorífica
La casa larga
ESTEBAN SALCEDO, ANTONIO LOZOYA, JUAN MARTÍN MINASSIAN, MATÍAS COELLO Y JAVIER ALEJANDRO MINASSIAN

PROYECTO

LAETITIA

1ER PREMIO

estudio__entresitio

FIG 01. Render Exterior. / Exterior Rendering.

ESP En Fuenlabrada, donde el ladrillo es testigo de la vida, se teje un nuevo modo de habitar. En la franja cedida por el Colegio San Esteban, se despliega un conjunto de viviendas para mayores, un frente continuo pero permeable donde árboles, meriendas y encuentros marcan el ritmo del día. Las galerías elevadas, ligeras y porosas, conectan lo nuevo con lo existente, ofreciendo espacios de tránsito, observación y charla.

El proyecto es un sistema abierto y flexible. Dos tipos de vivienda (A y B) de 51 y 47 m2 se adaptan con distintas orientaciones, posiciones de terrazas y opciones de espacios exteriores, ya sean privados o compartidos. La superposición en simetría genera un conjunto dinámico, de agregación aparentemente informal pero rigurosa.

Aquí, la casa no se encierra en sus límites: la calle es parte del hogar, las terrazas se abren al sol y la vida se entrelaza en saludos y siestas. Tu ladrillo es mi ladrillo.

[DESCRIPCIÓN DE LOS AUTORES.]

ENG In Fuenlabrada, where brick bears witness to life, a new way of living takes shape. On the strip of land ceded by the Colegio San Esteban, a housing complex for seniors unfolds a continuous yet permeable façade where trees, shared meals, and chance encounters set the rhythm of the day. Lightweight, porous elevated galleries bridge the new and the existing, creating spaces for passage, observation, and conversation.

The project is an open, flexible system. Two housing typologies (A and B), measuring 51 and 47 m^2, adapt through varied orientations, terrace positions, and outdoor spaces (some private, others shared). Their symmetrical overlap generates a dynamic ensemble, seemingly informal in aggregation yet rigorously composed.

Here, the home does not retreat behind its walls: the street becomes part of the household, terraces open to the sun, and life intertwines through greetings and afternoon naps. Your brick is my brick.

[DESCRIPTION BY THE AUTHORS, TRANSLATION BY *ARQUITECTURA*.]

FIG 02. Perspectiva egipcia del proyecto. / Hejduk perspective drawing of the project.

FIG 03. Plantas 1 y 2. / Levels 1 and 2 floor plan drawing.

FIG 01. Render de vista general. / General view rendering.

ESP "Modos de Habitar" es un proyecto arquitectónico que reinterpreta la vivienda contemporánea para personas mayores de 60 años. Propone como estrategias principales la regeneración urbana, la interacción con los espacios exteriores, la creación de comunidades activas, nuevos modelos habitacionales y una estrategia sostenible en términos ambientales y energéticos.

La arquitectura de los cuidados estará presente en las áreas comunitarias propuestas fomentando la interacción entre los habitantes del edificio y combatiendo la soledad. Los patios interiores, jardines cubiertos, terrazas perimetrales y espacios compartidos como biblioteca, comedor y salones de juego refuerzan este sentido de comunidad dentro del complejo. El diseño también fomenta la relación de los usuarios con los espacios exteriores al aire libre mediante jardines, balcones, patios, invernaderos y huertos urbanos que funcionan como extensiones domésticas, promoviendo la socialización y el bienestar de los residentes. Estos espacios no solo sirven como zonas recreativas, sino que también integran programas terapéuticos como fisioterapia, enfermería y gimnasia.

[DESCRIPCIÓN DE LOS AUTORES.]

ENG "Modos de Habitar" is an architectural project that reinterprets contemporary housing for people over 60. Its core strategies include urban regeneration, interaction with outdoor spaces, the creation of active communities, innovative housing models, and sustainable environmental and energy practices.

The architecture of care is embedded in the proposed communal areas, fostering interaction among residents and combating loneliness. Interior courtyards, rooftop gardens, perimeter terraces, and shared spaces —such as a library, dining room, and game lounges— reinforce this sense of community within the complex. The design also strengthens residents' connection to outdoor spaces through gardens, balconies, patios, greenhouses, and urban gardens that function as domestic extensions, promoting socialization and well-being. These areas are not just recreational; they also integrate therapeutic programs like physiotherapy, nursing care, and exercise classes.

[DESCRIPTION BY THE AUTHORS, TRANSLATION BY *ARQUITECTURA*.]

MODOS DE HABITAR

MENCIÓN HONORÍFICA

Rueda Pizarro

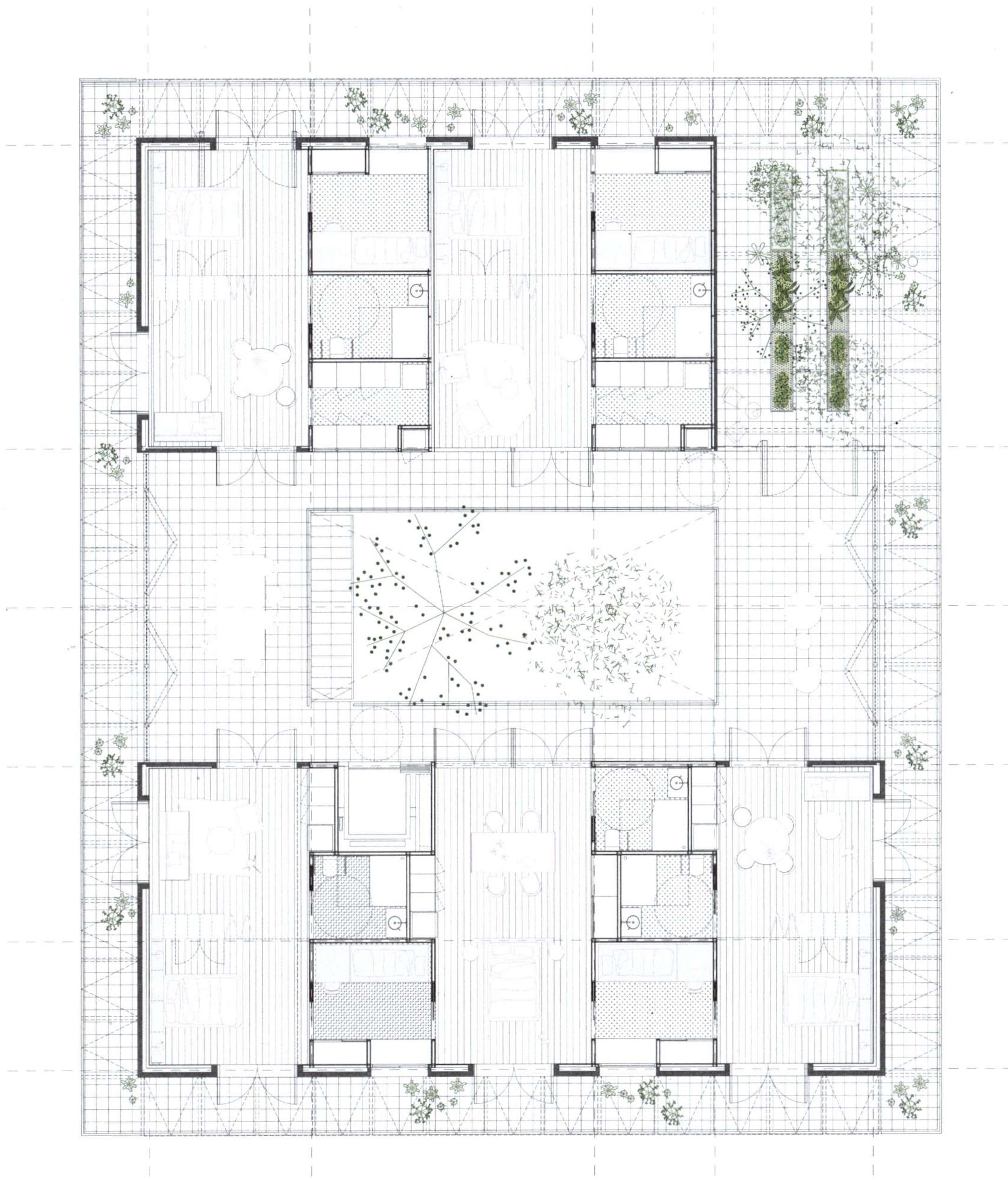

FIG 02. Planta 3 / Level 3 floor plan.

Tatjana Schneider y Enrique Espinosa, en conversación con Javier García-Germán y Alejandro Valdivieso

Tatjana Schneider and Enrique Espinosa, in conversation with Javier García-Germán and Alejandro Valdivieso

Arquitectura publica una versión reducida de la conversación que sus directores mantuvieron con los editores invitados el pasado mes de marzo de 2025. La conversación completa será publicada, en su momento, en otros formatos y en la plataforma de ACTAR Publishers UrbanNEXT. [https://urbannext.net/]

ESP **Otras maneras de hacer (y pensar) arquitectura**

[Alejandro Valdivieso]: Tatjana, en 2011 publicaste junto con Jeremy Till el libro *Spatial Agency. Other Ways of Doing Architecture* (Routledge, Londres). Dicha investigación recopiló decenas de prácticas espaciales que escapan a las etiquetas disciplinares convencionales, así como a los formatos canónicos edificio-plan urbano, e incluye colectivos de arquitectura (muchos vinculados con prácticas activistas y de autoconstrucción) e instituciones o prácticas cuyo trabajo gira en torno a conceptos como 'cohousing' o 'squatting', 'colaboración', 'autoorganización' o 'cultura libre', entre otros. Todos ellos remiten directamente a algunos de los temas que pretendemos abordar en este número de la revista *Arquitectura*. ¿Qué ha pasado desde su publicación, en estos casi quince años atravesados por crisis inmobiliarias y ecológicas?

[Tatjana Schneider]: La investigación que dio origen a *Spatial Agency* comenzó unos años antes, en 2006. Para mí, *Spatial Agency* surgió de una práctica activista con la cooperativa de trabajo Glasgow Letters on Architecture and Space (G.L.A.S.), que cofundé en 2001. Inicialmente, nos reunimos para alzarnos, como arquitectos, contra la desigualdad y la injusticia espacial, para defender las luchas sociales centradas en los edificios y el medio ambiente, y para replantear cómo podríamos construir edificios y ciudades de forma más cooperativa para el beneficio de todos. Esto se dio en respuesta a la implacable privatización del suelo, del parque inmobiliario y del espacio público que sacudió Glasgow hasta sus cimientos, pero que apenas recibió respuesta de arquitectos, urbanistas y docentes. Fue una época en la que comenzaron a surgir demandas globales desde dentro de la arquitectura para un cambio fundamental de la profesión. Cuando analizo las preguntas formuladas entonces —sobre el derecho a la ciudad (en términos de vivienda, servicios, cuidados, etc.)—, estas son tan relevantes hoy como lo fueron entonces. Si bien hoy existen más colectivos y prácticas que hace quizás 15 o 20 años, no veo necesariamente cómo se materializó ese deseo que acabas de describir —el deseo de transformar la democracia y la vida política—. Hay, por supuesto, ejemplos excelentes; pero las estructuras contra las que hemos estado luchando también han crecido, se han consolidado y se han rearmado. Como muestran numerosos informes, nos encontramos en una situación en la que la desigualdad económica crece en la mayoría de los países, donde la riqueza y la política se entrelazan de maneras antes impensables, donde la extrema derecha (con algunas excepciones) avanza con mayor audacia, donde las prácticas excluyentes proliferan en lugar de disminuir. Y luego está el colapso climático, posiblemente uno de los problemas más urgentes, que parece haber desaparecido por completo de las noticias.

[Enrique Espinosa]: La publicación de *Spatial Agency* coincidió temporalmente con los fenómenos populares globales iniciados con la Primavera Árabe de 2010 que se transforman en 2011 en iniciativas ciudadanas como el llamado 15M (España) o Ocuppy (Estados Unidos). En esos años se manifestó un hartazgo ante la crisis global y un deseo de transformar la democracia y la vida política con una implicación inaudita del poder ciudadano. Eso se materializó en diversos movimientos que reclamaron derechos urbanos como la vivienda. *Spatial Agency* ayudó a visibilizar y legitimar ciertas prácticas arquitectónicas como estas, que descentraban asuntos y agentes disciplinares canónicos para precisamente "incluir" otros más frágiles y periféricos. En torno a 2010, con el colapso del sector inmobiliario, muchos colectivos de arquitectura emergentes comenzaron su trayectoria a través de pequeñas prácticas en el espacio público, frecuentemente autoconstruidas o autogestionadas. Vemos en los últimos años un fenómeno paradójico: por un lado, esas oportunidades prácticamente han desaparecido y, por otro, muchos equipos en la parte técnica de las administraciones públicas han aprendido de ciertas prácticas ejemplares y han introducido en sus pautas de diseño urbano tácticas inclusivas y ecológicas.

¿Qué ha sido de estas prácticas en este tiempo, con la pandemia de COVID-19 de por medio?

[TS]: Resulta interesante que la mayoría de las prácticas que mencionas sigan existiendo hoy en día. Sí, algunas se han disuelto o evolucionado, pero en general se mantienen notablemente inalteradas. No puedo decir con certeza por qué, pero una de las razones podría ser que sus ideologías se formaron antes de la crisis financiera y la pandemia no ha cambiado eso. Hay otro aspecto de estas prácticas que cobra protagonismo al hablar de ellas en el contexto de la pandemia. Lo que tienen en común es un enfoque en espacios para el público y el diseño de situaciones de encuentro para todos. Dado que el espacio público continúa privatizándose y, en el proceso, se ha convertido en un bien escaso, a menudo fuertemente regulado por los ayuntamientos, es posible que hayamos llegado a un punto en el que sea necesario radicalizar el concepto de espacio público y hacerlo más allá de las intervenciones temporales.

(Nuevos) modos de hacer vivienda

[Javier García-Germán]: En tu trayectoria, Tatjana, desarrollada entre el Reino Unido y Alemania, destaca un compromiso político que te llevó a presentarte en una candidatura municipal en Braunschweig. En ambos países, en ciudades como Londres y Berlín, la vivienda ilustra una controversia y una crisis urbana que se replica especialmente en Europa. ¿Por qué están colapsando los modos de entender y hacer vivienda pública que fueron básicos —reflejando un modo de hacer democracia y construir ciudad— en la Europa posbélica del siglo pasado?

[TS]: Pasé gran parte de mi vida adulta en el Reino Unido. En las décadas posteriores a la Segunda Guerra Mundial, Inglaterra adoptó una visión amplia del estado del bienestar, que incluía la vivienda pública como medio para fortalecer la democracia garantizando una vivienda digna y asequible para todos. Esto condujo al desarrollo de proyectos de vivienda social a gran escala, muchos con deficiencias significativas, pero muchos otros basados en principios de solidaridad social. El auge de las políticas neoliberales bajo el gobierno conservador de Margaret Thatcher, y sucesivos primeros ministros conservadores, pero también laboristas, lo cambió todo. Situó las fuerzas del mercado en el centro de la provisión de vivienda, fomentó la privatización y redujo el gasto público. Algo similar puede decirse de Alemania, el país donde vivo actualmente, aunque la privatización excesiva del mercado inmobiliario llegó mucho más tarde que en Inglaterra.

[JGG]: Siendo proyectivos, ¿cómo sentar ciertas bases para facilitar otros modelos de vida en común (en Barcelona, por ejemplo, han sido interesantes los modelos de cooperativas de vivienda con cesión de uso de suelo público, pero, quizás existan a nivel europeo otros vectores y ciertas claves transferibles a otros contextos)? ¿Qué alternativas y experiencias iluminadoras de las que nos podáis hablar conocéis cada uno de los dos?

[TS]: Diferentes contextos darán respuestas diferentes. Hay desarrollos interesantes, incluyendo cooperativas de vivienda nuevas y existentes (Mietshäusersyndikat Modell) pero, también, instrumentos como los fideicomisos de tierras comunitarias y las alianzas con inversores éticos y bancos. Pero creo que el mayor desafío es cómo resocializar o colectivizar los millones de unidades de vivienda existentes que se han privatizado, cómo reestablecer el control democrático de la vivienda. En los últimos años, la iniciativa Deutsche Wohnen & Co Enteignen, un movimiento de base con sede en Berlín que busca redefinir las prácticas espaciales, garantizar vivienda asequible y promover barrios socialmente justos, ha cautivado mi imaginación y la de muchos otros.

[EE]: Recientemente, se han reconocido en especial los trabajos en vivienda pública —o, como apuntas, otros mestizos como los proyectos de vivienda cooperativa en los que trabajan agentes como Lacol, La Germinadora o sAtt **[→Véase el proyecto en las págs. 132-135.]**—, tanto en Cataluña con El Instituto Metropolitano de Promoción de Suelo y Gestión Patrimonial (IMPSOL) del Área Metropolitana de Barcelona (AMB) como en Baleares con el Instituto Balear de la Vivienda (IBAVI). Si bien el porcentaje de vivienda pública respecto al total sigue siendo muy bajo si lo comparamos con otros países europeos, debido a las particularidades del modelo inmobiliario español —recuérdese la famosa cita de José Luis de Arrese, ministro de la Vivienda del gobierno franquista a finales de los años cincuenta: "no queremos una España de proletarios sino de propietarios"—, los casos citados, de gran calidad, son esperanzadores: referentes que ayudan a construir nuevos imaginarios habitacionales y que contribuyen a cambiar los modelos aspiracionales de la vivienda hacia otros más inclusivos, comunitarios y sostenibles. En este sentido, ¿qué podemos hacer los arquitectos para recuperar la capacidad de agencia en esos dos mundos, el de la vivienda y el del espacio público, en una escala más próxima que la de las políticas nacionales y municipales?

[TS]: Es crucial, a todas las escalas, trabajar más allá de las fronteras disciplinarias. Por lo tanto, el arquitecto debe unirse a alianzas y redes locales, cooperar con urbanistas, organizaciones sin fines de lucro y activistas locales que posean un conocimiento práctico de los desafíos comunitarios y ya están comprometidos con la promoción de la justicia espacial y ambiental. En definitiva, ser un defensor incansable de decisiones de diseño responsables con el clima.

El debate sobre la vivienda en la universidad

[AV]: Ambos lleváis años vinculados con la universidad y con la formación de los futuros arquitectos —en tu caso, Tatjana, actualmente como directora del Instituto de Historia y Teoría de la Arquitectura y la Ciudad de la Universidad Técnica de Braunschweig en Alemania y, en el tuyo, Enrique, como profesor de proyectos en dos escuelas públicas españolas—. Sin renunciar al valor intrínseco de lo disciplinar, ¿cómo creéis que los programas de los estudios de arquitectura pueden o deben hacerse cargo de las crisis climáticas, ecológicas y sociales contemporáneas, de manera que los futuros arquitectos tengan herramientas para actuar en este complejo contexto?

[TS]: Los programas de arquitectura pueden y deben abordar las numerosas crisis. En Braunschweig, consideramos la visibilización y, por lo tanto, la comprensión de las estructuras de toma de decisiones como una herramienta esencial, si no indispensable, para una producción negociada, transformadora y emancipadora del espacio. Esto es importante porque solo se pueden abordar otras formas de hacer cuando se transparentan cuestiones de privilegio, interés, poder o agencia, y se revelan sus capas discriminantes. El tan debatido derecho a la ciudad, por ejemplo, solo puede realizarse cuando los propios sistemas que producen proyectos y objetos arquitectónicos se convierten en el foco de investigación. Enmarcamos e integramos cuestiones contemporáneas (migración, vivienda, cambio climático o agencia) en debates históricos más amplios, explorando la complejidad de cada tema antes de intentar configurar otros imaginarios.

[EE]: Yo doy clase en Madrid y en Alicante, y tanto aquí — con Colab (junto con Almudena Ribot, Diego García-Setién, Begoña de Abajo y Uriel Fogué)— como allí llevamos varios años trabajando sobre la ciudad existente, en base a conceptos como decrecimiento, obsolescencia urbana o rehabilitación. En concreto, en los dos últimos años hemos trabajado sobre transformaciones de tejidos residenciales con el reto de su adaptación ante la crisis climática. Estos cursos van más allá de la rehabilitación energética o el diseño de tipos como el "refugio climático"; tratando, por un lado, de operar en la ciudad real y, por otro, de construir especulaciones que conecten modos de vida y de construir. Finalmente, tratan de promover relaciones con otros saberes como la ecología o la etnografía, que darán herramientas a los estudiantes para trabajar en el futuro en los equipos multidisciplinares que afrontarán estas emergencias urbanas.

Madrid: ciudad exclusiva

[AV]: De manera acelerada tras la Pandemia de COVID-19, Madrid se ha transformado en una ciudad exclusiva que dista mucho de ser todo aquello de lo que alardean nuestros representantes políticos: amable, acogedora y, en definitiva, inclusiva. La inacción gubernamental resultado de una progresiva falta de confianza en las políticas públicas, la entrada de capital extranjero indiscriminado (principalmente en el sector inmobiliario) y, como consecuencia de ello, la especulación, la turistificación —factores exógenos, poco transparentes y democráticos—, han hecho de ella un lugar cada vez más hostil. Frente a ello, hay voces que apuntan a acelerar su crecimiento hasta convertirla en la más "importante" de las áreas metropolitanas de Europa —antropizando más y más su territorio para construir viviendas en base a patrones insostenibles—, mientras que otras apuestan por todo lo contrario: hacerla decrecer. Al respecto, nos gustaría preguntaros por la investigación que Tatjana realizó con Till sobre la vivienda flexible —publicada en 2007 en forma de libro bajo el título de *Flexible Housing* (Architectural Press, Oxford)—, donde, entre otras cosas, ponen en cuestión el significado del término 'flexible' ("The Rhetoric of Flexibility"), realizando un catálogo de casos no asociados con la idea moderna del progreso. ¿Consideráis que una posible solución a los problemas de alojamiento que tiene una ciudad como Madrid pasa por transformar sus edificios (indistintamente de su programa original), y no tanto por replicar, con la construcción de nuevos edificios basados en modelos caducos, un modelo que genera más y más desigualdad (exclusión)?

[TS]: La respuesta corta es sí: la reconversión de edificios es una opción para abordar la escasez de vivienda. No solo para Madrid, sino para cualquier ciudad con espacios de oficinas parcial o totalmente vacíos. La reconversión de estos espacios en viviendas reaprovecha estructuras, servicios públicos y suministros existentes. Especialmente en un momento en que debemos prestar mucha más atención a la cantidad de nueva construcción necesaria, la reutilización adaptativa prolonga la vida útil de los edificios en lugar de generar demanda de nuevos materiales y un mayor consumo de suelo. Las conversiones de oficinas a viviendas también son interesantes porque permiten diseños y configuraciones diversas, con potencial interés para quienes no desean vivir en espacios diseñados para un usuario específico (por ejemplo, una pareja o una familia con dos hijos), y también pueden favorecer la activación de barrios de uso mixto.

[EE]: El colapso de la burbuja inmobiliaria ha puesto en valor o acelerado prácticas que ya contaban con una trayectoria relevante, un caso obvio es el de Lacaton y Vassal, quienes, desde los años noventa, han apostado por una práctica que opera frecuentemente con lo existente, cuestionando demoler o despilfarrar. Recientemente, han aparecido múltiples prácticas que hablan de circularidad. En el contexto madrileño, el caso de N'Undo es radical y, a nivel continental, es interesante el movimiento HouseEurope! que plantea la renovación sin demolición del entorno construido trabajando desde el marco legislativo y fiscal. Resulta primordial que haya una legislación que impida la especulación, planteando una fiscalidad progresiva que, de facto, haga posible que el derecho a la vivienda pueda ejercerse.

[JGG]: Paradójicamente, Madrid se está "vaciando". A pesar de que, según datos de EUROSTAT, su ciudad-región será la única que crecerá por encima del 20% de entre las grandes ciudades europeas de más de 1 millón de habitantes — aumentando su población en aproximadamente 1,4 millones de habitantes en 25 años—, los madrileños abandonan sus hogares y sus barrios. Lo hacen debido a una multitud de factores como son, entre otros, el alto precio de la vivienda o los efectos del turismo. El valor de uso y la producción han sido fagocitados por el valor de cambio. ¿Creéis que es un camino irreversible? ¿Existen alternativas?

[TS]: Mi yo optimista siempre piensa que hay otra salida. Los ayuntamientos tienen mucho poder para frenar el desarrollo especulativo y lucrativo, tanto en términos de nuevas viviendas, de conversión de espacios vacíos en residencial o de regulación del mercado de alquileres. El control de alquileres es actualmente un instrumento legal muy debatido, aunque no exento de controversias, que permitiría limitar los alquileres residenciales. Pero recuperar la ciudad sin duda requeriría una resistencia coordinada.

[AV]: En su libro *Contra lo común. Una historia radical del urbanismo* (Alianza Editorial, Madrid, 2023), Álvaro Sevilla-Buitrago —quien escribió un texto titulado "Madrid en el siglo XXI: una región en busca de plan" en el número (387) que la revista dedicó a la noción de 'territorio'— insiste a través de una serie muy concreta de casos (los hinterland ingleses, Nueva York y Chicago o el modelo neoliberal en el último cuarto del siglo pasado en Milán) en el rol histórico del urbanismo en la formación y reproducción del capitalismo. Con todo, y frente a ello, plantea la posibilidad de un urbanismo poscapitalista —el urbanismo como proyecto histórico—: "un conjunto de archipiélagos de centralidad entrelazados, (...) donde las instituciones estatales y las élites han perdido gran parte de su autoridad sobre esta red de enclaves, que permanecen parcialmente desligados de dinámicas nacionales y globales más amplias. Sus espacialidades giran en torno a los pequeños detalles y necesidades diarias; las relaciones de mayor escala están estructuralmente subordinadas a ella" (Sevilla-Buitrago, pág. 14). A propósito de todo ello, ¿podría Madrid desligarse, aunque fuera parcialmente, de estas dinámicas transnacionales y globales? ¿Cómo reivindicar, de nuevo, la idea de lo común?

[TS]: Es un error centrarse en las ciudades en lugar de en los principios de los bienes comunes, que pueden fomentarse y nutrirse en todas partes. Si me centrara en una ciudad, inmediatamente querría saber cómo se podría controlar una entidad tan aislada. ¿Quién podría participar en este gran experimento? ¿Cuáles son los criterios de inclusión y exclusión? Entonces, incluso si las ciudades pudieran aislarse —cosa que dudo—, ¿qué propósito tendría ello? Dicho esto, creo que todas las ciudades ofrecen puntos de entrada para reclamar un desarrollo urbano más autónomo y comunitario. Esto podría adoptar la forma de redes económicas localizadas y cooperativas, una planificación más policéntrica, un enfoque en alianzas interurbanas no extractivas, redes de solidaridad con otras redes urbanas y el fomento de interconexiones que sirvan al bienestar planetario en lugar de reproducir las lógicas del capital. ¿Cómo reclamar o, mejor dicho, reivindicar esto? Haciéndolo, uniéndose a iniciativas existentes, difundiendo el mensaje.

[EE]: En este sentido, en Madrid ya existen o han existido proyectos que construyen comunes urbanos, como la red de huertos urbanos; otros casos son frágiles y no cuentan con apoyo municipal, como los centros sociales (okupados) autogestionados, o experiencias como los espacios de compostaje comunitario, impulsados por asociaciones de barrio como las de Hortaleza, y polémicamente privatizados a través de licitaciones. En cualquier caso, coincido con Tatjana en esta necesidad de trascender la visión urbanizadora por otra en la que se respete, cuide y conecte con la ruralidad que tenemos alrededor.

La profesión y la vivienda constitucional

[JGG]: Como colectivo profesional, ¿qué parte de responsabilidad tenemos los arquitectos en la crisis de la vivienda? La pregunta sería no tanto cómo la arquitectura puede hacer frente a la crisis de la vivienda, sino cómo los arquitectos podemos trabajar para revertirla. ¿Somos parte del problema o parte de la solución?

[TS]: Históricamente, la arquitectura a menudo ha sido cómplice en la creación y mantenimiento de estructuras de poder y desigualdad. Encargados y pagados por élites financieras y reales, magnates industriales, oligarcas y gobernantes políticos, los arquitectos diseñaron planes que servían a las ideologías de sus amos. Así que sí, los arquitectos fueron y son parte del problema. En términos de la crisis de la vivienda —tanto una crisis de vivienda social como una crisis de asequibilidad— los arquitectos han estado hasta ahora demasiado contentos diseñando viviendas que simplemente no se necesitan. Convertirse en parte de la solución requerirá un cambio importante, si no una transformación total, de la cultura arquitectónica: una que reconozca que está demasiado cerca de las ideologías patriarcales y de supremacía blanca; una que reconozca que la economía capitalista globalizada en la que está incrustada se basa en industrias extractivistas; una que comience a entender los edificios y el entorno construido no como objetos autónomos sino como un conjunto de relaciones complejas; una que supere las operaciones e ideologías de la colonización y las mentalidades que llevaron a la explotación violenta del conocimiento, la tierra, el trabajo y los recursos indígenas. Reconocer y comprender es el primer paso. Pero luego la profesión debe actuar.

[EE]: Es paradójico que, a veces, podemos incluso ser ninguneados y no ser ni parte del problema ni de la solución. Resulta sangrante, por ejemplo, la realización en nuestra región de concursos de vivienda donde constructoras-promotoras licitan un paquete de proyecto y obra sobre criterios principalmente económicos y no de calidad arquitectónica. Por otro lado, como apuntaba Tatjana anteriormente, tenemos una agencia transformadora en potencia, que quizá no sea mesiánica —nadie va a salvar ningún mundo solo—, pero que sí nos permite formar parte de alianzas sociales, profesionales (transdisciplinares) o académicas donde posicionarnos, ser ejemplares, y ser parte de un progresivo cambio haciendo política y comunidad.

Arquitectura publishes a condensed version of the conversation its directors held with the guest editors last March 2025. The full conversation will be published in other formats and on ACTAR Publishers' UrbanNEXT platform in due course.

[https://urbannext.net/]

ENG Other ways of doing (and thinking) architecture

[Alejandro Valdivieso]: Tatjana, in 2011 you published together with Jeremy Till the book *Spatial Agency: Other Ways of Doing Architecture* (Routledge, London). This research compiled dozens of spatial practices that escape conventional disciplinary labels, as well as canonical building-urban-plan formats. It includes architectural collectives (many of them linked to activist and self-construction practices) and institutions or practices whose work revolves around concepts such as cohousing, squatting, collaboration, self-organization, and free culture, among others. All of them refer directly to some of the themes we aim to address in this issue of *Arquitectura* magazine. What has happened since its publication, in these almost fifteen years marked by real estate and ecological crises?

[Tatjana Schneider]: The research which became *Spatial Agency* began a few years prior, in 2006. For me, Spatial Agency emerged out of an activist practice with the working cooperative Glasgow Letters on Architecture and Space (G.L.A.S.), which I cofounded back in 2001. We initially got together to stand up, as architects, against spatial inequality and injustice, to champion social struggles centered around buildings and the environment and highlight ideas which promoted a rethinking of how we could make buildings and cities in more cooperative ways for the benefit of all who use them. This was in response to the relentless privatisation of land, building stock and public space that shook Glasgow to its core, yet solicited hardly any response from architects, planners, and educators. It was a time when calls began to emerge globally (from within architecture) for a fundamental change of the profession. When I look at the questions formulated then —about the right to the city for all (in terms of housing, services, care, etc.)— these are relevant today as they were back then. While there are more groups, organisations and practices today than there were maybe 15 or 20 years ago, I don't necessarily see how that desire, that you just described —the desire to transform democracy and political life— was materialised. There are, of course, really great examples; but the structures we have been fighting against have also grown, have solidified and armed themselves. As report after report after report shows, we find ourselves in a situation where economic inequality is growing in most countries, where wealth and politics are intertwined in ways that were previously unthinkable, where the far right (with a few exceptions) is making more bold inroads, where exclusionary practices are proliferating rather than diminishing. And then there is climate breakdown, arguably one of the most urgent issues, which seems to have dropped off the news entirely.

[Enrique Espinosa]: The publication of *Spatial Agency* coincided with the global popular movements that began with the Arab Spring in 2010, which transformed in 2011 into citizen initiatives such as the so-called 15M (Spain) and Occupy (United States). During those years, there was a growing discontent with the global crisis and a desire to transform democracy and political life with unprecedented involvement of citizen power. This materialized in various movements demanding urban rights such as housing. *Spatial Agency* helped to make visible and legitimize certain architectural practices like these, which decentered canonical disciplinary issues and agents to precisely "include" others that were more fragile and peripheral. Around 2010, with the collapse of the real estate sector, many emerging architectural collectives began their journeys through small practices in public spaces, often self-built or self-managed. In recent years, we have seen a paradoxical phenomenon: on the one hand, these opportunities have practically disappeared, and on the other, many technical teams in public administrations have learned from certain exemplary practices and have introduced inclusive and ecological tactics into their urban design guidelines. What has become of these practices during this time, with the COVID-19 Pandemic in between?

[TS]: It is interesting that most of the practices you mention still exist today. Yes, some have dissolved and evolved into something else, but overall, these practices are remarkably unchanged. I can't say for sure why that is, but one of the reasons might be that their ideologies were formed long before the financial crisis and the pandemic has not changed that. There is another aspect of these practices that comes to the fore when discussing them in the context of the pandemic. What they have in common is a focus on spaces for publics, and the design of situations for encounters for all. Given that public space continues to be privatised and has, in the process, become a scarce commodity, often heavily regulated by city councils, we might have arrived at a point at which there is a need to radicalise the concept of public space and do so beyond temporary interventions.

(New) ways of making housing

[Javier García-Germán]: Tatjana, in your career, developed between the United Kingdom and Germany, highlights a political commitment that led you to run for municipal office in Braunschweig. In both countries, in cities like London and Berlin, housing illustrates a controversy and an urban crisis that is particularly replicated in Europe. Why are the ways of understanding and creating public housing that were fundamental —reflecting a way of practicing democracy and building cities— in post-war Europe of the last century collapsing?

[TS]: I spent much of my adult life in the UK, which in the decades after the Second World War embraced a broad vision of the welfare state, including public housing, as a means of strengthening democracy by ensuring decent, affordable housing for all. This led to the development of large-scale council housing projects; many with significant flaws, but many others based on principles of social solidarity. The rise of neo-liberal policies under the Conservative government of Margaret Thatcher, consecutive Conservative but also Labour prime ministers, changed all that. It put market forces at the centre of housing provision, encouraged privatisation and reduced public spending. Something similar can be said of Germany, the country I now live in, although the excessive privatisation of the housing market came much later than in England.

[JGG]: Looking forward, how can we lay the groundwork for facilitating other models of communal living (in Barcelona, for example, housing cooperative models with the transfer of public land have been interesting, but perhaps there are other vectors and certain keys at the European level that can be transferred to other contexts)? What alternative and illuminating experiences do you both know and can tell us about?

[TS]: Different contexts will give different responses. There are interesting developments, including new and existing housing co-operatives, the Mietshäusersyndikat Modell, but also instruments such as community land trusts and partnerships with ethical investors and bank. But I think the biggest challenge is how to re-socialise or collectivise the millions of units of existing housing stock that has been privatised, how to bring housing back under democratic control. In recent years, the initiative Deutsche Wohnen & Co Enteignen, a Berlin-based grassroots movement that seeks to redefine spatial practice, ensure affordable housing and promote socially just neighbourhoods, has captured my imagination, and that of many others. In 2021, the initiative won a referendum calling for the expropriation and socialisation of for-profit corporate housing companies with a stock of more than 3,000 units each (a total of 240,000 housing units). The implementation of the referendum would mean the transfer of ownership of these units, which are currently owned and managed by several large housing companies, to a yet-to-be-established institution, which is envisaged as a public law entity for the common good.

[EE]: In recent years, work in public housing has been especially recognized —or, as you point out, other hybrid projects such as cooperative housing projects, in which agents such as Lacol, La Germinadora or Satt work **[→See the project on pages 132-135.]**—, both in Catalonia with the Metropolitan Institute for Land Promotion and Asset Management of the Barcelona Metropolitan Area [Instituto Metropolitano de Promoción de Suelo y Gestión Patrimonial (IMPSOL) del Área Metropolitana de Barcelona (AMB)] and the Balearic Housing Institute [Instituto Balear de la Vivienda (IBAVI)]. Although the percentage of public housing in relation to the total remains very low compared to other European countries, due to the particularities of the Spanish real estate model —recalling the quote by José Luis de Arrese, Minister of Housing in the Franco government in the late 1950s: "We do not want a Spain of proletarians, but of property owners"— the high-quality cases cited are encouraging: references that help build new housing imaginaries and contribute to shifting aspirational housing models toward more inclusive, communal, and sustainable ones. In this sense, what can we architects do to recover our agency in these two worlds, that of housing and that of public space, on a scale closer to that of national and municipal policies?

[TS]: It is crucial on all scales to work beyond disciplinary boundaries. So: join local alliances and networks, cooperate with urban planners, non-profits, and local activists who possess on-the-ground insights into community challenges and are already committed to advancing spatial and environmental justice, and be a relentless advocate for climate responsible design decisions.

The housing debate at the university

[AV]: Both of you have been involved with universities and the training of future architects for years —Tatjana, currently the director of the Institute for the History and Theory of Architecture and the City at the Technical University of Braunschweig in Germany, and Enrique, as a professor of design at two Spanish public schools—. Without renouncing the intrinsic value of the discipline, how do you think architecture curricula can or should address contemporary climate, ecological, and social crises, so that future architects have the tools to operate in this complex context?

[TS]: Architectural programmes can and should talk about the many crises and how architects have contributed to them. In Braunschweig, we see the making visible, and therefore the understanding of decision-making structures, as an essential, if not indispensable, tool for a negotiable, transformative and emancipatory production of space. This is important because other ways of doing only become conceivable when questions of privilege, interest, power or agency are exposed, and their discriminating layers are revealed. The much-discussed right to the city, for example, can only be realised when the very systems that produce architectural projects and objects become the focus of investigation. We frame and embed contemporary issues —migration, housing, climate change or agency— within wider and historic debates, drawing attention to and exploring the complexity of each issue before attempting to configure other trajectories and imaginaries.

[EE]: I teach in Madrid and Alicante, and both here with Colab (together with Almudena Ribot, Diego García Setién, Begoña de Abajo, and Uriel Fogué) and there, we have been working on the existing city for several years, in line with concepts such as degrowth, urban obsolescence, and rehabilitation. Specifically, in the last two years, we have worked on transformations of residential fabrics with the challenge of adapting them to the climate crisis. These courses go beyond energy rehabilitation or the design of types such as "climate shelters." They seek on the one hand, to operate in the real city and, on the other, to construct speculations that connect ways of living and building. Finally, they seek to foster relationships with other fields of knowledge such as ecology and ethnography, which will provide students with tools to work in the multidisciplinary teams that will address these urban emergencies in the future.

Madrid: exclusive city

[AV]: Following the COVID-19 pandemic, Madrid has rapidly transformed into an exclusive city that is far from everything our political representatives boast: friendly, welcoming, and, ultimately, inclusive. Government inaction resulting from a growing lack of confidence in public policies, the indiscriminate influx of foreign capital (mainly in the real estate sector), and, consequently, speculation and touristification —exogenous, opaque, and undemocratic factors— have made it an increasingly hostile place. Faced with this, some voices point to accelerating its growth to the point of making it the most "important" metropolitan area in Europe —increasingly anthropizing its territory to build housing based on unsustainable standards— while others advocate the opposite: reducing its growth. In this regard, we would like to ask you about the research Tatjana conducted with Till on housing —published in 2007 as a book titled *Flexible Housing* (Architectural Press, Oxford)— where, among other things, you question the meaning of the term "flexible" ("The Rhetoric of Flexibility"), compiling a catalog of cases not associated with the modern idea of progress. Do you think a possible solution to the housing problems in a city like Madrid lies in transforming its buildings (regardless of its original program), rather than replicating, with the construction of new buildings based on outdated models, a model that generates more and more inequality (exclusion)?

[TS]: The short answer is yes: the conversion of buildings is an option to address housing shortages. Not just for Madrid, but for any city that has any amount of office space that may be partially or fully vacant. Converting these spaces for housing makes use of existing structures, utilities and public services. Particularly at a time when we need to pay much more attention to how much new building is necessary, adaptive reuse extends the life cycle of buildings rather than creating demand for new materials and additional land consumption. Office-to-residential conversions are also interesting because they can produce varied unit sizes and floor plan configurations, making this attractive to people who do not want to live in spaces that have been designed for a certain user in mind (i.e. a couple, or a family with 2 children), and they might also promote mixed-use neighbourhoods.

[EE]: The collapse of the real estate bubble has highlighted or accelerated practices that already had a significant track record. An obvious example is Lacaton and Vassal, who since the 1990s have championed a practice that frequently operates within the existing environment, questioning demolition or waste. Recently, multiple practices have emerged that speak to circularity. In the Madrid context, the case of N'Undo is radical, and at the continental level, the HouseEurope! movement is interesting, proposing renovation without demolition of the built environment, working within the legislative and fiscal framework. Legislation that prevents speculation is essential, proposing progressive taxation that, de facto, makes it possible to exercise the right to housing.

[JGG]: Paradoxically, Madrid is "emptying out." Even though, according to Eurostat data, its city-region will be the only one to grow by more than 20% among large European cities with more than 1 million inhabitants —increasing its population by approximately 1.4 million in 25 years— Madrid residents are abandoning their homes and neighborhoods. They are doing so due to a multitude of factors, including, among others, the high price of housing and the effects of tourism. Use value and production have been swallowed up by exchange value. Do you think this is an irreversible path? Are there alternatives?

[TS]: My hopeful self always thinks that another way is possible. There is a lot of power in the hands of the city council to curb speculative and profit-driven development, both in terms of new housing, the conversion of vacant space into housing, and the regulation of rental markets. Rent control is currently a much debated, though not uncontroversial, legal instrument that would make it possible to limit residential rents. But reclaiming the city would certainly require coordinated resistance.

[AV]: In his book *Against the Commons, A Radical History of Urban Planning* (University of Minnesota Press, Minneapolis, 2022), Álvaro Sevilla-Buitrago —who wrote a text entitled "Madrid in the 21st Century: A Region in Search of a Plan" in the issue (387) that the magazine dedicated to the notion of 'territory'— insists through a very specific series of cases (the English hinterlands, New York and Chicago, or the neoliberal model in the last quarter of the last century in Milan) on the historical role of urban planning in the formation and reproduction of capitalism. Yet, in the face of this, it raises the possibility of a post-capitalist urbanism —urbanism as a historical project—: "an assemblage of intertwined centrality archipelagos (…) (where) State institutions and elites have lost much of their jurisdiction over this network of settlements, which remain partially delinked from larger national and global dynamics. Their spatialities revolve around the messy minutiae of everyday needs and arrangements; higher-scale relations are structurally subordinate" (Sevilla-Buitrago, page 1). In this regard, could Madrid detach itself, even partially, from these transnational and global dynamics? How can the idea of the common be reclaimed?

[TS]: It's a mistake to concentrate on cities rather than on the principles of the commons, which can be fostered and nurtured everywhere. If I were to focus on a city, I would immediately want to know how such a detached entity would be controlled? Who would be allowed to participate in this big, wonderful experiment? What are the criteria for inclusion and exclusion? So, even if cities could detach themselves —which I doubt— what purpose would it serve? Having said that, I do think that all cities offer entry points for reclaiming a more autonomous, community-based urban development. This could take the form of localised and cooperative economic networks, more polycentric planning, a focus on non-extractive inter-urban alliances, solidarity networks with other urban networks, and the fostering of interconnections that serve planetary well-being rather than reproducing the logics of capital. How to reclaim, or rather claim this? By doing it, joining existing initiatives, spreading the word.

[EE]: In this sense, projects that build urban commons already exist or have existed in Madrid, such as the network of urban gardens; other cases are fragile and lack municipal support, such as self-managed social centers (squats), or experiences like community composting spaces, promoted by neighborhood associations like those in Hortaleza (Madrid) and controversially privatized through public tenders. In any case, I agree with Tatjana on this need to transcend the urbanizing vision for one that respects, cares for, and connects with the surrounding rural areas.

Practice and constitutional housing

[JGG]: As a professional group, how much responsibility do we architects bear in the housing crisis? The question is not so much how architecture can address the housing crisis, but how architects can work to reverse it. Are we part of the problem or part of the solution?

[TS]: Historically, architecture has often been complicit in creating and maintaining structures of power and inequality. Commissioned and paid by financial and royal elites, industrial tycoons, oligarchs and political rulers, architects designed plans that served their masters' ideologies. So yes, architects were and are part of the problem. In terms of the housing crisis —which, it could be argued, is both a social housing crisis and an affordability crisis— architects have (so far) been far so happy to design housing that is simply not needed. Becoming part of the solution will require a major shift, if not a wholesale transformation, of architectural culture: one that recognises that it is far too close to patriarchal and white supremacist ideologies; one that acknowledges that the globalised capitalist economy in which it is embedded is based on extractivist industries; one that begins to understand buildings and the wider built environment not as autonomous objects but as a set of complex relationships; one that overcomes the operations and ideologies of colonisation and the mindsets that led to the violent exploitation of Indigenous knowledge, land, labour and resources. Recognising, acknowledging or understanding is the first step. But then the profession must act.

[EE]: It's paradoxical that, at times, we can even be ignored and be neither part of the problem nor part of the solution. It's striking, for example, that in our region, housing competitions are held, where construction companies and developers put out to tender a package of projects and construction based primarily on economic criteria rather than architectural quality. On the other hand, as Tatjana pointed out earlier, we have a potentially transformative agency, which may not be messianic —no one is going to save any world alone— but which does allow us to be part of social, professional (transdisciplinary), or academic alliances where we can position ourselves, be exemplary, and be part of a progressive change, doing politics and community.

FIG 01. Maqueta del proyecto. / Model of the project. [Emilio P. Doiztúa.]

FIG 02. Render del proyecto / Exterior rendering of the project.

ESP Nuevo concepto de infraestructura de telecomunicaciones sostenible y ecologizada. Se concibe para entornos rurales y afronta los retos de la emergencia climática, contribuyendo a descarbonizar el sector. Se trata de un sistema replicable y configurable que aspira a desplegarse e integrase en una gran variedad de biomas en el contexto continental, formando una red de emplazamientos conectados de alto valor ecológico, paisajístico y cultural.

La ecoTower se entrelaza con los ecosistemas locales promoviendo su biodiversidad. Al capturar agua del ambiente y recogerla en su base, favorece el crecimiento espontáneo de especies vegetales y la proliferación de insectos, los cuales a su vez atraen aves y otros depredadores. Madrigueras artificiales se integran en la berma de su base, mientras que nidos y posaderos para aves se distribuyen a lo largo de su altura. De altura variable para su estructura se recurre a la tensegridad como modelo estructural modular, eficiente y ultraligero. Su modularidad permite la adaptación a las distintas necesidades de cada localización. La elección de la madera laminada como material predominante para la construcción del mástil y de los anillos de compresión, junto a la utilización de materiales reciclados como las redes de pesca y otros tejidos técnicos, contribuye a reducir la huella de carbono de estas infraestructuras, habitualmente basadas en el uso de acero y hormigón.

[DESCRIPCIÓN DE LOS AUTORES.]

ENG New sustainable and ecologized telecommunications infrastructure concept. Designed for rural environments, it addresses the challenges of the climate emergency and helps decarbonize the sector. It is a replicable and configurable system intended to be deployed and integrated across a wide variety of biomes on a continental scale, forming a network of connected sites with high ecological, landscape, and cultural value.

The ecoTower intertwines with local ecosystems, promoting biodiversity. By capturing water from the environment and collecting it at its base, it fosters the spontaneous growth of plant species and the proliferation of insects, which in turn attract birds and other predators. Artificial burrows are integrated into the berm at its base, while bird nests and perches are distributed along its height.

With a variable-height structure, it employs tensegrity as a modular, efficient, and ultra-lightweight structural model. Its modularity allows adaptation to the specific needs of each location. The choice of laminated wood as the primary material for the mast and compression rings, along with the use of recycled materials such as fishing nets and other technical fabrics, helps reduce the carbon footprint of these infrastructures, which traditionally rely on steel and concrete.

[DESCRIPTION BY THE AUTHORS, TRANSLATION BY *ARQUITECTURA*.]

PROYECTO

ECOTOWER

EUROPA, 2022-23

Manuel Collado y Diego García-Setién

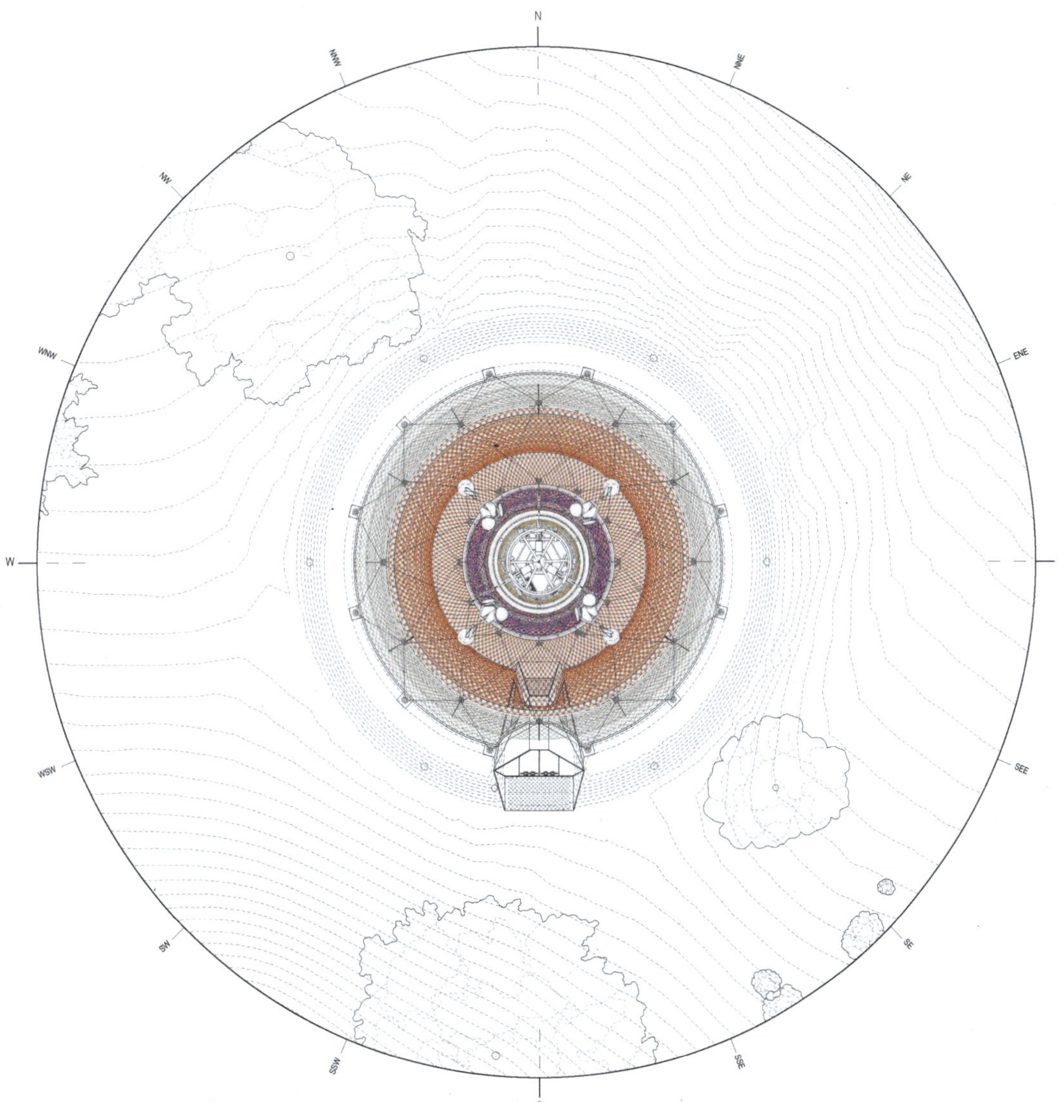

FIG 03. Planta de situación del proyecto / Site plan of the project.

FIG 04. Vista isométricas de conjunto. / General isometric drawing of the project.

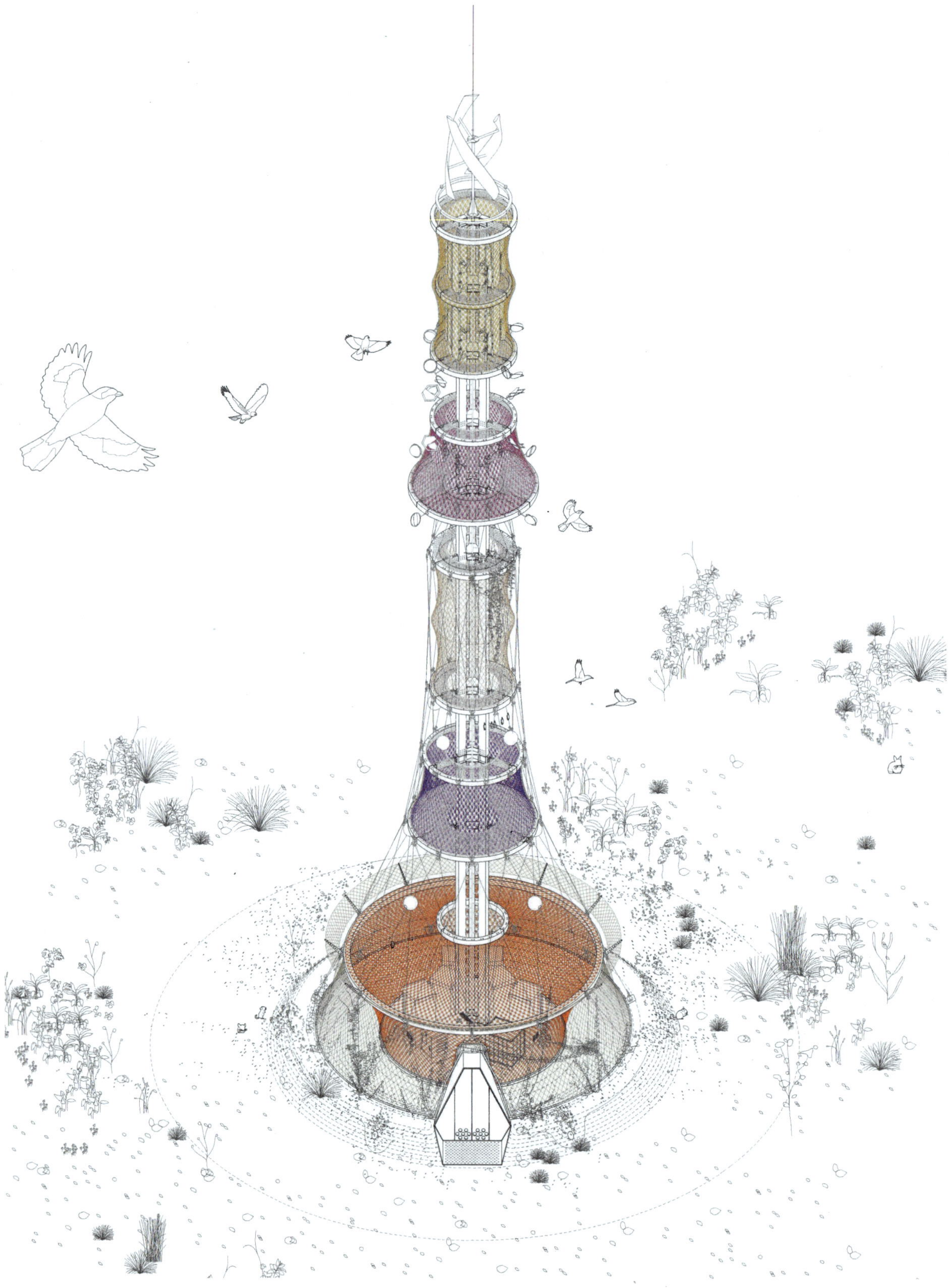

PROYECTO

REFUGIO DE AVES Y MAMÍFEROS Y DEPÓSITO DE AGUA

LUXEMBURGO, 2024

Amann-Cánovas-Maruri y Adelino Magalhaes

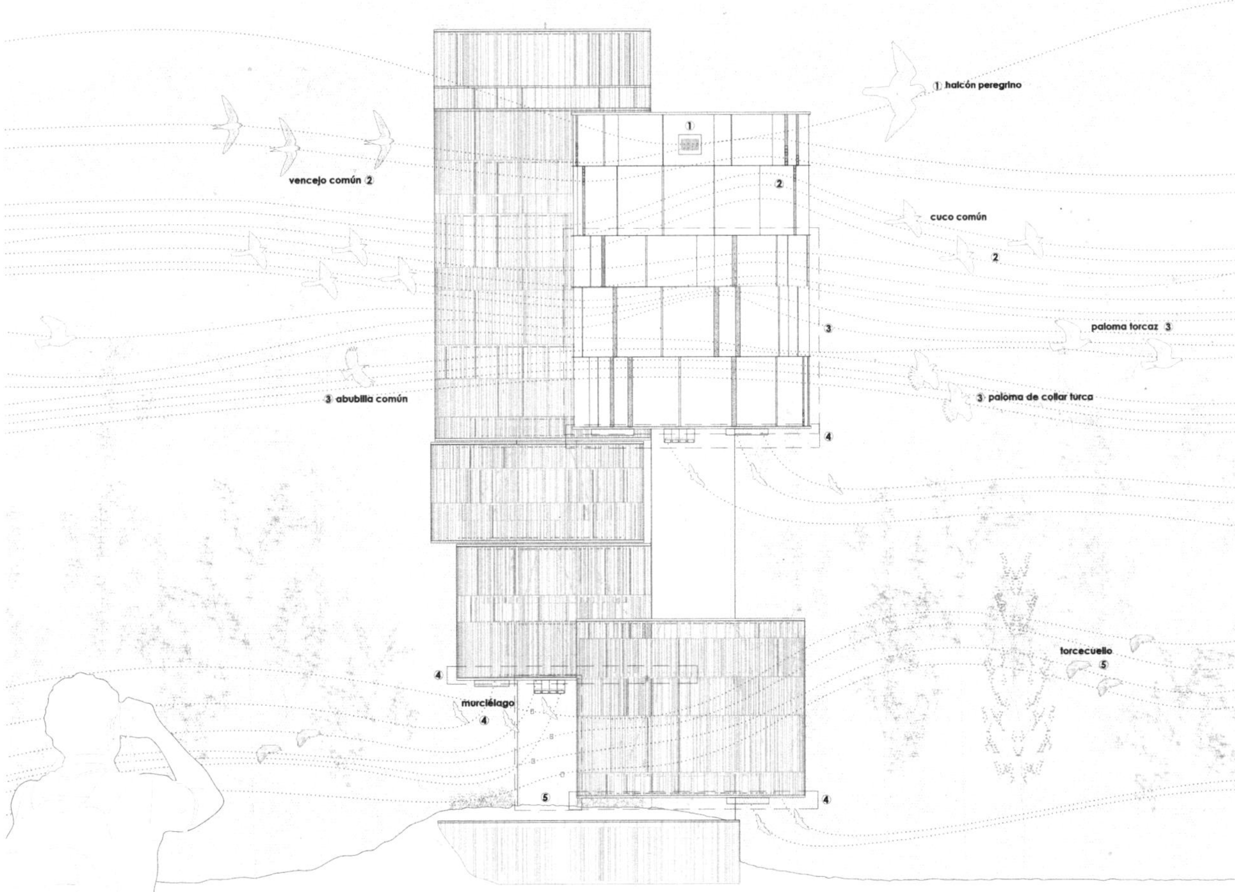

FIG 01. Alzado de distribución de nidos en la propuesta. / Elevation drawing of the nests distribution.

FIG 02 - 03. Fotografías de la integración de la torre en el paisaje. / Photographs of the tower's landscape integration. [Miguel Fernández-Galiano.]

ESP Ubicado en un bosque protegido dentro de la Red Natura 2000 en Luxemburgo, el Refugio de Aves y Mamíferos y Depósito de Agua es un proyecto que combina infraestructura y sostenibilidad. Diseñado para almacenar 1.000 m3 de agua potable, minimiza su impacto ambiental a través de su integración paisajística y el uso de materiales naturales como madera de alerce y corcho. Su fragmentación formal reduce la huella visual, permitiendo que la vegetación lo invada con el tiempo hasta convertirse en un "árbol más" dentro del ecosistema.

Más allá de su función técnica, el proyecto actúa como un hábitat para especies locales y migratorias, incorporando nidos para golondrinas, halcones y murciélagos. Su diseño en colaboración con ornitólogos y ecologistas refuerza su papel en la conservación de la biodiversidad, convirtiéndolo en un modelo de infraestructura responsable, donde arquitectura y naturaleza coexisten en equilibrio.

[DESCRIPCIÓN DE LOS AUTORES.]

ENG Located in a protected forest within the Natura 2000 Network in Luxembourg, the Bird and Mammal Refuge and Water Reservoir is a project that merges infrastructure and sustainability. Designed to store 1,000 m^3 of potable water, it minimizes environmental impact through landscape integration and the use of natural materials such as larch wood and cork. Its fragmented design reduces visual impact, allowing vegetation to gradually overtake it until it becomes "just another tree" within the ecosystem.

Beyond its technical function, the project serves as a habitat for local and migratory species, incorporating nesting spaces for swallows, falcons, and bats. Developed in collaboration with ornithologists and ecologists, its design reinforces its role in biodiversity conservation, making it a model of responsible infrastructure, where architecture and nature coexist in harmony.

[DESCRIPTION BY THE AUTHORS, TRANSLATION BY *ARQUITECTURA*.]

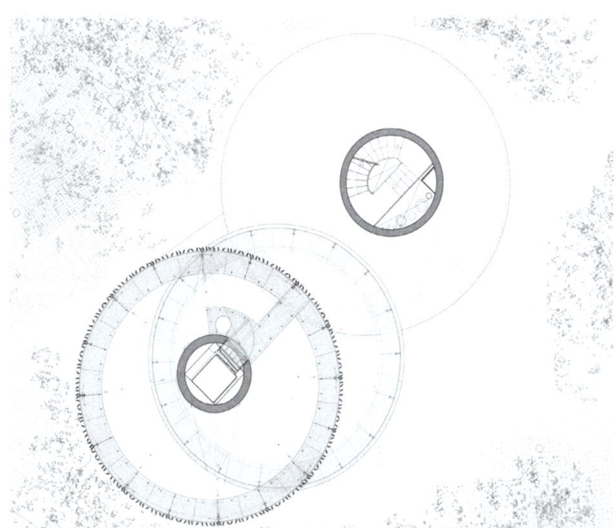

FIG 04. Mapa de migraciones. / Map of migrations.
FIG 05. Planta nivel 1. / Level 1 floor plan drawing.

Interespecies. Un encuentro arquitectónico necesario

Interespecies. A necessary architectural encounter

María Auxiliadora Gálvez

Desde el comienzo del siglo XXI, la idea de que nuestras ciudades deben estar diseñadas para más especies, además de para la nuestra, está cobrando relevancia. ¿Por qué emerge con fuerza esta sensibilidad que transforma de pleno nuestras prácticas arquitectónicas tal y como las veníamos desarrollando? Desde luego, este modo de operar está asociado a la preocupación por la pérdida de biodiversidad, cuestión fundamental imbricada en la crisis climática que nos afecta, pero no solo. Hay toda una corriente que, basada en la empatía y la biofilia con otras especies, afecta a la idea que tenemos de lo vivo y de nosotros mismos, así como al papel que la arquitectura ocupa en los ciclos de vida, pero, sobre todo, al papel que tiene como plataforma de puesta en relación entre seres diversos.

1. Arquitectos como Gokhan Kodalak desarrollan estas tesis para la arquitectura hoy día en el Pratt Institute de Nueva York.
2. Botar, Oliver y Wünsche, Isabel, *Biocentrism and Modernism*, Routledge, Londres, 2011.
3. Geddes, Patrick, *Cities in Evolution. An Introduction to the Town Planning Movement and to the Study of Civics*, Williams & Norgate, Londres, 1915. [*Ciudades en evolución*, KRK Ediciones, 2009, Oviedo. (Traducción de Miguel Moro Vallina).]
4. Publicado originalmente en 1898 bajo el título *To-morrow: A Peaceful Path to Real Reform*, fue reimpreso como *Garden Cities of To-Morrow* en 1902. Véase: Howard, Ebenezer, *Garden Cities of To-Morrow*, The MIT Press, Cambridge (MA.), 1965. [*Ciudades Jardín del mañana*, Ediciones Utopías, Círculo de Bellas Artes de Madrid, Madrid, 2018. (Traducción de David Cruz Acevedo y revision de Mariano Peyrou).]
5. Mc Harg, Ian L., *Design with Nature*, Natural History Press, Garden City, New Jersey, 1969.
6. Duvigneaud, Paul Auguste, *La synthèse écologique: populations, communautés, écosystèmes, biosphère, noosphere*, Ed. Doin, Paris, 1980.
7. Wolch, J. R., West, K., y Gaines, T. E., "Transspecies Urban Theory", *Environment and Planning D* n. 13(6) (1995), págs. 735-760. En línea: https://doi.org/10.1068/d130735

FIG 01. Husos Arquitecturas, Edificio jardín hospedero y nectarífero y otras acciones microcomunales de jardinería. / Host and Nectar Garden Building and other Micro Communal Gardening Actions. Cali, Colombia (2005). [Manuel Salinas.]

ESP Podemos rastrear el origen de esta sensibilidad para nuestras construcciones en las corrientes biocentristas que aparecieron con intensidad entre finales del siglo XIX y comienzos del siglo XX. El organicismo o el neovitalismo, entre otras, se preguntaban acerca de las características de la vida y sus sistemas, pero sobre todo corrientes como el monismo —liderado por Ernst Haeckel, quien acuña el término ecología en 1866— otorgan a la materialidad cualidades del mundo vivo. "El universo consiste en una única materia animada", dirían las tesis monistas siguiendo el linaje de Spinoza y de Goethe.[1] La arquitectura, por tanto, no quedaría excluida de esta consideración. Que esta podía aprender de otras especies quedó claro en las patentes ideadas por Raoul Francé —discípulo de Haeckel— y estas influyeron a arquitectos del movimiento moderno como Mies van der Rohe.[2] Sobre este sustrato proliferaron visiones biológicas para la ciudad. Patrick Geddes es un antecedente importante para este urbanismo habiendo publicado en 1915 *Cities in Evolution*.[3] Los planteamientos urbanos orgánicos cobran fuerza así en Europa desde las propuestas para la ciudad jardín de Ebenezer Howard (1898),[4] pasando en los años veinte por el trabajo de figuras como Leberecht Migge, e implicando a los movimientos organicistas que se extenderán de diversas formas hasta hoy día. Aun así, las especies no humanas residentes en las ciudades ocupaban un segundo plano en su diseño.

Un gran avance se produce con la llegada de la ecología urbana. Esta cuenta con el antecedente de la Escuela de Chicago de sociología que en los años veinte empieza a sentar sus bases y, posteriormente, a través del trabajo de exponentes americanos y europeos como Ian L. McHarg[5] o Paul Duvigneaud,[6] va fraguando una mirada en la que la visibilidad de distintas especies, así como la morfología del espacio urbano, se ven afectadas por lo 'más-que-humano'. Más recientemente, el artículo seminal de la geógrafa y planificadora urbana Jennifer R. Wolch "Transspecies Urban Theory" (1995) marca un hito fundamental.[7] Aquí, Wolch, pone de manifiesto cómo las teorías urbanas son antropocéntricas estudiando el impacto del tejido de la ciudad en los ecosistemas, así como las afecciones animal-humano, o las interacciones con lo salvaje. Wolch configura así las bases de un cierto protocolo para el futuro social trans-especies de nuestras ciudades y de su morfología urbana.

¿Cuántos organismos somos en la ciudad? ¿Para cuántos de ellos diseñamos? Son preguntas importantes e inclusivas. ¿Qué especies tienen voz en el territorio de lo urbano? ¿Cuáles son consideradas?

En la actualidad, arquitectas como Ariane Lourie Harrison desde su oficina Harrison Atelier y el prototipado de superficies asilvestradas tratan de dar respuesta a esa pregunta. La proliferación de los estudios animales acompaña a esta inquietud en arquitectura y contamos ahora sí, con numerosos textos, normas reguladoras y programas arquitectónicos que ponen de relevancia el ecosistema inclusivo que la construcción y el urbanismo interespecies pueden generar. Este ecosistema no es solo biodiverso, sino políticamente transversal superando lo humano. Algunos ejemplos de variada procedencia son los libros *Animals in the City* (2022) editado por Laura A. Reese[8] o *La nueva pérdida del centro* (2024) editado por Fernando Quesada; [9] así como la *Animalesque AA Visiting School* promovida por la Architectural Association (2021);[10] la serie *Built Ecologies (Designing for other species)* del MoMA (2022-2024);[11] o, en terrenos más pragmáticos, la publicación *Fauna silvestre y edificios* de SEO/ BirdLife y el Ministerio para la Transición Ecológica y el Reto Demográfico (2022),[12] que constituye una guía técnica con soluciones constructivas interespecies para llevar a la práctica, entre muchos otros casos.

Los ejemplos publicados **[→Véanse las págs. 38-43.]** son arquitecturas paradigmáticas de estas prácticas. Tanto el Refugio de Aves y Mamíferos y Depósito de Agua del estudio Temperaturas Extremas (Atxu Amann, Andrés Cánovas y Nicolas Maruri) junto con el arquitecto asociado Adelino Magalhaes; como la EcoTower —de telecomunicaciones— de Manuel Collado Arpia (Universidad de Alcalá, UAH) y Diego García-Setién Terol (Universidad Politécnica de Madrid, UPM) proponen estrategias que favorecen la continuidad interespecies en el diseño. Si bien ninguno de estos proyectos se inserta en entornos urbanos, sino más bien rurales y boscosos, sus decisiones arquitectónicas sí son plenamente aplicables a la ciudad. Así, el entorno rural se convierte en punta de lanza de un nuevo modo de pensar en el que se diseña para el continuo mineral-vegetal-animal.

La arquitectura orquesta aquí un ritual de encuentro. Esto afecta a las materialidades propuestas, a las configuraciones espaciales y al diseño multiescalar. En los tres casos, las decisiones tomadas articulan negociaciones entre especies, creando un medio inclusivo. En cuanto al primer aspecto, la materialidad, en ambos proyectos se trabaja de tal forma que, o bien el material paulatinamente se va convirtiendo en terreno colonizado por otros seres — mallas que se cubren de vegetación o hendiduras que físicamente hospedan a aves, murciélagos o pequeños mamíferos y reptiles—, o bien se utiliza de primera mano una materialidad telúrica o viva —las motas de terreno en la base de la Ecotower o las cubiertas vegetales de la base del Refugio de Aves y Mamíferos—. Por su parte las configuraciones espaciales articulan los territorios compartidos o independientes de cada organismo. En el caso de la EcoTower, si bien ésta organiza su espacialidad para ofrecer refugio a las aves, a su vez, delimita lugares en torno a las antenas donde éstas no pueden estar. En el caso del Refugio los humanos acceden mediante pasarelas a algunas zonas, pero otras quedan fuera de su dominio. Finalmente, la multiescalaridad es otro tema fundamental de estas arquitecturas e infraestructuras ya que deben responder a la escala de organismos como insectos o mamíferos terrestres o aves, a la escala de la vegetación silvestre, pero, también, a la escala territorial de las rutas migratorias, las ondas de telecomunicación o el paisaje. Con respecto a este último, ambos proyectos trabajan por ejemplo con la mimesis ecosistémica, incorporando a especies locales —vegetales y animales— como parte de su apariencia; o con la mimesis perceptiva, utilizando paletas de color cambiantes según las ubicaciones geográficas lo que pone en marcha una suerte de camuflaje. En resumen, vemos una amplia serie de herramientas para el desarrollo del campo fructífero de la arquitectura y la ciudad interespecies.

Por último, los ejemplos aquí publicados, desarrollan su trabajo sobre una base y un entorno que puede considerarse amplio en la arquitectura madrileña a través de oficinas vinculadas de una u otra forma a nuestro entorno geográfico. Estas prácticas surgieron a comienzos del siglo XXI —siendo pioneras en esta sensibilidad— y se pueden seguir a través del trabajo de muchos estudios y arquitectos entre los que se encuentran Lluís Alexandre Casanovas, Cómo Crear Historias (Mónica García y Javier Rubio), Eeestudio (Enrique Espinosa), Elii (Uriel Fogué, Eva Gil y Carlos Palacios), Arquitecturas Afectivas (Mauro Gil-Fournier) junto con VIC (Vivero de Iniciativas Ciudadanas), Husos (Diego Barajas y Camilo García), Izaskun Chinchilla Architects, Kune Office (Francisco García Triviño y Katerina Psegianaki), Office for Political Innovation (Andrés Jaque y Roberto González), PSAAP (oficina que yo misma dirijo), TAKK (Mireia Luzárraga y Alejandro Muiño), Susana Velasco o Lys Villalba, entre otras muchas emergentes en la actualidad. La arquitectura interespecies es hoy y aquí, por tanto, no solo un encuentro necesario, sino una práctica plena de presente, pasado y futuro.

8. Reese Laura A. (Ed.), *Animals in the City*, Routledge, Londres, 2022.
9. Quesada, Fernando (ed.), *La nueva pérdida del centro*, Ediciones Asimétricas, Madrid, 2024.
10. En línea: https://www.aaschool.ac.uk/publicprogramme/whatson/animalesque-city-radical-visions-about-human-animal-cohabitation
11. En línea: https://www.moma.org/magazine/tags/224
12. En línea: https://avesyedificios.seo.org/wp-content/uploads/2023/02/Fauna-silvestre-y-edificios.pdf

FIG 02. Enrique Espinosa (Eeestudio) y Lys Villalba, Educan (Escuela para perros, humanos y otras especies). / Educan (School for dogs, humans and other species). Brunete, Madrid (2020) [José Hevia.]

Since the beginning of the 21st century, the idea that our cities should be designed for more species, in addition to our own, has been gaining relevance. Why is this sensitivity emerging with such force that it is completely transforming our architectural practices as we have been developing them? Of course, this way of operating is associated with the concern for the loss of biodiversity, a fundamental issue that is imbricated in the climate crisis that is affecting us, but not only. There is a whole tendency based on empathy and biophilia with other species, which affects the idea we have of the living and of ourselves and the role architecture plays in life cycles, but above all, the role it has as a platform for bringing diverse beings into relationship with each other.

ENG We can trace the origin of this sensitivity for our constructions to the biocentric movements that appeared strongly between the end of the 19th century and the beginning of the 20th century. Organicism or neo-vitalism, among others, wondered about the characteristics of life and its systems, but above all currents such as monism —led by Ernst Haeckel, who coined the term ecology in 1866— gave to inorganic materiality qualities of the living world. "The universe consists of a single animate matter", the monist theses would say, following the lineage of Spinoza and Goethe.[1] Architecture would therefore not be excluded from this consideration. That architecture could learn from other species was clear through the patents devised by Raoul Francé —a disciple of Haeckel— and these influenced architects of the modern movement such as Mies van der Rohe.[2] Biological visions for the city proliferated on this substratum. Patrick Geddes is an important antecedent for this urbanism, having published *Cities in Evolution* in 1915.[3] Organic urban approaches thus gained momentum in Europe from the garden city proposals of Ebenezer Howard (1898),[4] through the work of figures such as Leberecht Migge in the 1920s, and involving the organicist movements that would spread in various forms to the present day. Even so, the non-human species inhabiting the cities took a back seat in their design.

A major breakthrough came with the advent of urban ecology. This has its antecedents in the Chicago School of sociology, which in the 1920s began to lay its foundations and, afterwards, through the work of American and European exponents such as Ian L. McHarg[5] and Paul Duvigneaud,[6] gradually forged a view in which the visibility of different species, and the morphology of urban space, were affected by the 'more-than-human'. More recently, the seminal article by geographer and urban planner Jennifer R. Wolch "Transspecies Urban Theory" (1995) marks a fundamental milestone.[7] Here, Wolch shows how urban theories are anthropocentric and studies the impact of the city fabric on ecosystems as well as animal-human affections, or interactions with the wild. Wolch thus configures the foundations of a certain protocol for the trans-species social future of our cities and their urban morphology.

1. Architects like Gokhan Kodalak develop these theses for architecture today at the Pratt Institute in New York.
2. Botar, Oliver; Wünsche, Isabel, *Biocentrism and Modernism*, Routledge, London, 2011.
3. Geddes, Patrick, *Cities in Evolution. An Introduction to the Town Planning Movement and to the Study of Civics*, Williams & Norgate, Londres, 1915.
4. Originally published in 1898 under the tittle *To-morrow: A Peaceful Path to Real Reform*, it was reprinted as *Garden Cities of To-Morrow* in 1902. See: Howard, Ebenezer, *Garden Cities of To-Morrow*, The MIT Press, Cambridge (MA.), 1965.
5. Mc Harg, Ian L., *Design with Nature*, Natural History Press, Garden City, New Jersey, 1969.
6. Duvigneaud, Paul Auguste, *La synthèse écologique: populations, communautés, écosystèmes, biosphère, noosphere*, Ed. Doin, Paris, 1980.
7. Wolch, J. R., West, K., y Gaines, T. E., "Transspecies Urban Theory", *Environment and Planning D* n. 13(6) (1995), pages 735-760. Online: https://doi.org/10.1068/d130735

How many organisms are we in the city? How many of them do we design for? These are important and inclusive questions: which species have a voice in the territory of the urban, which are considered? Today, architects like Ariane Lourie Harrison —Harrison Atelier, prototyping feral surfaces— are trying to answer this question. The proliferation of animal studies accompanies this concern in architecture and we now have numerous texts, regulatory standards and architectural programmes that highlight the inclusive ecosystem that interspecies construction and urban planning can generate. This ecosystem is not only biodiverse but also politically transversal to the more-than-human world. Examples of varied provenance are the books *Animals in the City* (2022) edited by Laura A. Reese,[8] or *La Nueva pérdida del centro* (2024), edited by Fernando Quesada;[9] as well as the *Animalesque AA Visiting School* promoted by the Architectural Association (2021);[10] the *Built Ecologies (Designing for other species)* series by MoMA;[11] or on more pragmatic grounds the publication "Fauna silvestre y edificios" by SEO/BirdLife and the Ministry for Ecological Transition and the Demographic Challenge of Spain(2022),[12] which constitutes a technical guide with interspecies building solutions to be put into practice, among many other cases.

The examples published below are paradigmatic architectures of these practices. Both the Birds and Mammals Refuge and Water Reservoir by Temperaturas Extremas (Atxu Amann, Andrés Cánovas and Nicolás Maruri) together with associate architect Adelino Magalhaes; and the EcoTower —for telecommunications— by Manuel Collado Arpia (Universidad de Alcalá, UAH) and Diego García-Setién Terol (Universidad Politécnica de Madrid, UPM) propose strategies that favour interspecies continuity in design. Although none of these projects are set in urban environments, but rather in rural and wooded settings, their architectural decisions are fully applicable to the city. Thus, the rural environment becomes the vanguard of a new way of thinking in which we design for the mineral-vegetable-animal continuum.

Here architecture orchestrates a ritual of encounter. This affects the proposed materialities, spatial configurations and multi-scale design. In all three cases, the choices made articulate negotiations between species, creating an inclusive environment. As for the first aspect, materiality, both projects work in such a way that, either the material gradually becomes land colonised by other beings —meshes that are covered with vegetation or crevices that physically host birds, bats or small mammals and reptiles—,or a telluric or living materiality is used at first hand —specks of earth at the base of the EcoTower or the plant coverings at the base of the Birds and Mammals Refuge—. The spatial configurations articulate the shared or independent territories of each organism. In the case of the EcoTower, although it articulates its spatiality to offer shelter to the birds, it also delimits places around the antennas where they cannot stay. In the case of the Refuge, some areas are accessible to humans via catwalks, but others are outside its domain. Finally, multi-scalarity is another fundamental issue for these architectures and infrastructures, as they must respond to the scale of organisms such as insects, terrestrial mammals or birds, to the scale of wild vegetation, but also to the territorial scale of migratory routes, telecommunication waves or the landscape. Regarding the latter, both projects work for example with ecosystemic mimesis, incorporating local species —plants and animals— as part of their appearance; or with perceptual mimesis, using changing colour palettes according to geographical locations, which sets in motion a sort of camouflage. In short, what we see is a wide range of tools for the development of the fruitful field of interspecies architecture and the city.

Finally, the examples published here develop their work on a basis and in an environment that can be considered broad in Madrid architecture through offices linked in one way or another to our geographical environment. These practices emerged at the beginning of the 21st century —being pioneers in this sensibility— and can be followed through the work of many studios and architects including Lluís Alexandre Casanovas, Cómo Crear Historias (Mónica García and Javier Rubio), Eeestudio (Enrique Espinosa), Elii (Uriel Fogué, Eva Gil and Carlos Palacios), Arquitecturas Afectivas (Mauro Gil-Fournier) together with *VIC* (Vivero de Iniciativas Ciudadanas), Husos (Diego Barajas and Camilo García), Izaskun Chinchilla Architects, Kune Office (Francisco García Triviño and Katerina Psegianaki), Office for Political Innovation (Andrés Jaque and Roberto González), PSAAP (an office I direct myself), TAKK (Mireia Luzárraga and Alejandro Muiño), Susana Velasco and Lys Villalba, among many others emerging nowadays. Interspecies architecture is today and here, therefore, not only a necessary encounter but a practice full of present, past and future.

[TRANSLATION BY THE AUTHOR.]

8. Reese Laura A. (Ed.), *Animals in the City*, Routledge, Londres, 2022.
9. Quesada, Fernando (ed.), *La nueva pérdida del centro*, Ediciones Asimétricas, Madrid, 2024.
10. Online: https://www.aaschool.ac.uk/publicprogramme/whatson/animalesque-city-radical-visions-about-human-animal-cohabitation
11. Online: https://www.moma.org/magazine/tags/224
12. Online: https://avesyedificios.seo.org/wp-content/uploads/2023/02/Fauna-silvestre-y-edificios.pdf

FIG 03. Lys Villalba y Lluís Alexandre Casanovas Blanco, Tres ensayos de paisaje: ecosistemas móviles para climas futuros. / Three Landscape Essays: Mobile Ecosystems for Future Climates. Centro Cultural Conde Duque, Madrid (2024). [José Hevia.]

FIG 01. Urbanismo Fantasma. / Ghost Urbanism.

ESP Un festival distribuido.

Mad x Mad fue un proyecto estratégico para hacer de los Veranos de la Villa un festival distribuido. Durante cuatro ediciones (2016-2019), VdV circuló por los veintiún distritos de Madrid, activando lugares ordinarios con programas extraordinarios. Durante los meses de verano, el festival se desplegaba por la geografía madrileña, acercándose a los ciudadanos. Al mismo tiempo, invitaba a los vecinos a explorar distintas zonas de la ciudad. Por su parte, los artistas ensayaban nuevos modos de compartir sus propuestas adaptando las piezas a los diferentes contextos, estableciendo un diálogo con el territorio.

El proyecto partió del mapeado de los distritos a fin de localizar ámbitos de distinta naturaleza que pudieran ser habilitados, mediante intervenciones efímeras, para acoger los diferentes eventos. Dicha cartografía desveló una red latente de puntos de encuentro accesibles y potenciales escenarios nómadas.

Se articuló a partir de cinco estrategias básicas:

1. Descajanegrizar y recajanegrizar: hacer visible lo invisible y, a la vez, desplazar las inteligencias dramatúrgicas, desde los espacios escénicos, a la calle.
2. Re-plegar y des-plegar: poner en suspenso la dimensión genérica de las categorías urbanísticas y des-plegar los espacios públicos de maneras imprevisibles. Interrogar sus normas, ampliar su cosmos y cuidar su potencia.
3. Limitar y posibilitar: interpretar las regulaciones y los hábitos como "reglas de juego" donde explorar otras mediaciones. Interpretar los límites no (solo) como condiciones limitantes sino (también) posibilitantes y festivas.
4. Cuidar e intervenir: usar la ciudad como estrategia para cuidar el ecosistema urbano. Afirmar los afectos e imaginarios compartidos.
5. Materializar y desmaterializar: transformar radicalmente los paisajes urbanos mediante alteraciones fugaces que, en poco tiempo, retornan a su estado habitual.

De manera paulatina, el festival movilizaba el tejido urbano, poniendo en valor el heterogéneo patrimonio histórico, social, artístico, material y ecológico de Madrid.

MAD X MAD

MADRID, 2016-19

FIG 02. Estrategia VdV 2019. / VdV 2019 Strategy.

FIG 03. Cartografía del evento en Puente de Toledo. / Cartography of the event in Puente de Toledo.

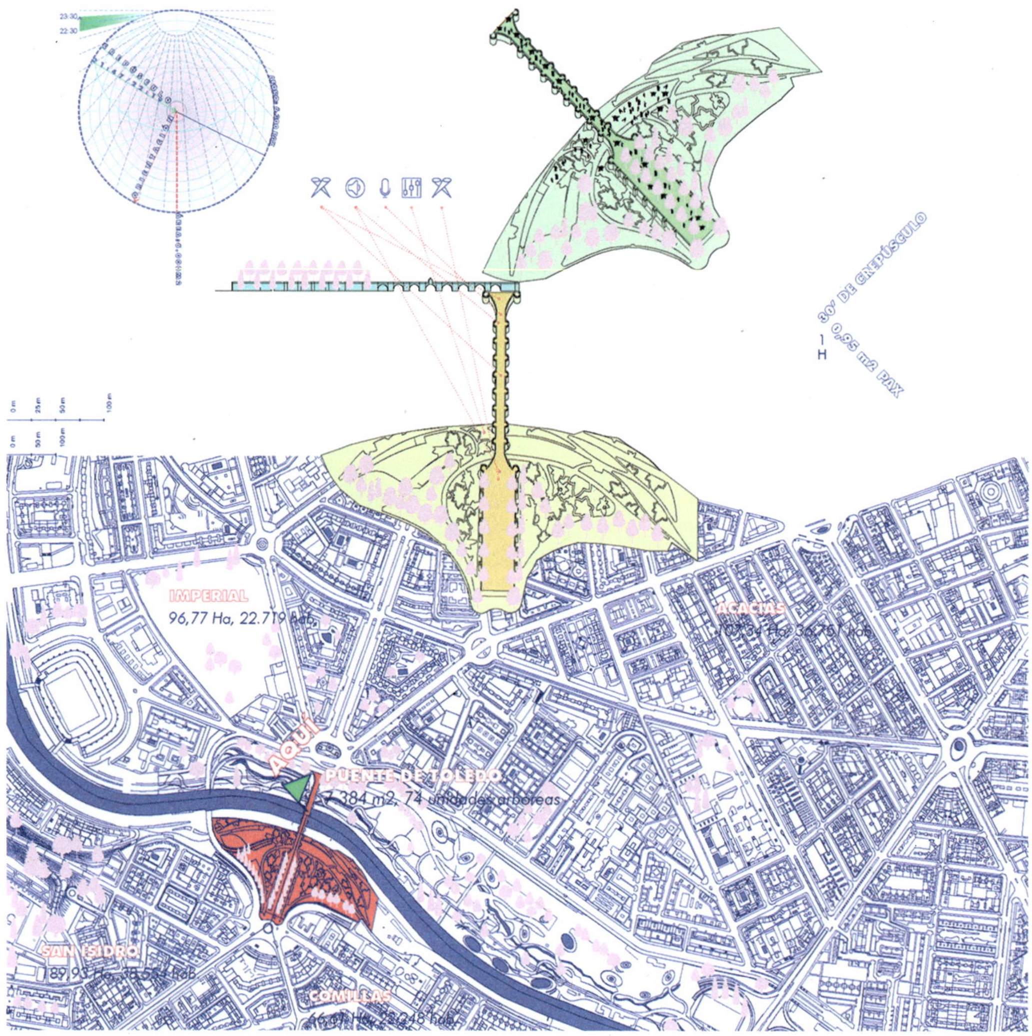

Urbanismo fantasma.

Este proyecto nos invitó a pensar otros modos de intervenir la ciudad. La capacidad transformadora de VdV residió en su habilidad para aparecer y desaparecer, como un fantasma. Ello permitió explorar la potencia de los espacios, especular con lo posible y ensayar, desde la experiencia, otras formas de estar juntos. Esa fue su valencia política. Mad x Mad fue un conjunto de estrategias para activar el espacio público de la ciudad mediante intervenciones-fantasma: situaciones volátiles que emergían en el espacio, des-plegando programas insospechados y desvaneciéndose, después, sin dejar huella aparente.

El poder de un fantasma reside en la posibilidad de que pueda volver a aparecer. El urbanismo fantasma invita a los ciudadanos a experimentar los lugares de siempre de otras maneras... A visitar sitios nuevos que no sabíamos que estaban ahí... A transitar el paisaje urbano con otra mirada... A suspender el tiempo de la rutina en eventos irrepetibles... A disfrutar del patrimonio de la villa en situaciones insospechadas... A redescubrir una geografía de espacios públicos a partir de un mapa singular... A repensar lo posible en los parajes de siempre...

Mad x Mad fue un manual de instrucciones para explorar la potencia del espacio compartido. Cuanta más retirada, más presencia. Cuanto más fugaz, más espectral. Y, por tanto, más potencial. El proyecto de VdV fue una coreografía urbana colectiva: una invitación a conocer Madrid, a través de la acción y sus imaginarios. Una estrategia para multiplicar Madrid y convertir el espacio público en algo flotante, itinerante, fantasmático y espectral.

[DESCRIPCIÓN DE LOS AUTORES.]

ENG A Distributed Festival.

Mad x Mad was a strategic project to transform Veranos de la Villa(VdV) into a distributed festival. Over four editions (2016–2019), VdV traveled across Madrid's 21 districts, activating ordinary spaces with extraordinary programming. Throughout the summer months, the festival unfolded across Madrid's geography, bringing culture closer to its citizens. At the same time, it invited residents to explore different parts of the city. Meanwhile, artists experimented with new ways of sharing their work, adapting pieces to various contexts and engaging in dialogue with the territory.

The project began by mapping the districts to identify diverse spaces that could be temporarily adapted to host events. This cartography revealed a latent network of accessible meeting points and potential nomadic venues.

FIG 04. Fotografías del evento en Puente de Toledo / Photographs of the event in Puente de Toledo [Estudio Perplejo (Lukasz Michalak).]

It was structured around five core strategies:

1. Un-blackboxing and Re-blackboxing: Making the invisible visible while shifting theatrical intelligence from traditional stages to the streets.
2. Re-folding and Unfolding: Suspending the generic dimensions of urban categories and unfolding public spaces in unexpected ways—questioning their norms, expanding their possibilities, and nurturing their potential.
3. Limiting and Enabling: Interpreting regulations and habits as "rules of the game" to explore new mediations. Limits were seen not (only) as constraints but (also) as festive, enabling conditions.
4. Caring and Intervening: Using the city as a strategy to care for the urban ecosystem, reinforcing shared affections and collective imaginaries.
5. Materializing and Dematerializing: Radically transforming urban landscapes through fleeting alterations that soon returned to their original state.

Gradually, the festival mobilized the urban fabric, highlighting Madrid's heterogeneous historical, social, artistic, material, and ecological heritage.

Ghost Urbanism.

This project invited us to rethink how we intervene in cities. VdV's transformative power lay in its ability to appear and disappear like a ghost. This allowed for an exploration of spatial potential, speculation on what could be, and experimentation with new forms of collective experience—its political valence. Mad x Mad was a set of strategies for activating public space through ghost interventions: volatile situations that emerged, unfolded unexpected programs, and then vanished without a trace.

A ghost's power lies in the possibility of its return. Ghost urbanism invites citizens to experience familiar places in new ways... To discover unseen sites they never knew existed... To traverse the urban landscape with a fresh gaze... To suspend routine time in unrepeatable events... To enjoy the city's heritage in unforeseen situations... To rediscover a geography of public spaces through an unconventional map... To reimagine the possible in everyday settings...

Mad x Mad was an instruction manual for exploring the potential of shared space. The more it withdrew, the more it lingered. The more fleeting, the more spectral and thus, the more potent. VdV was a collective urban choreography: an invitation to know Madrid through action and imagination. A strategy to multiply Madrid, turning public space into something floating, itinerant, ghostly, and spectral.

[DESCRIPTION BY THE AUTHORS, TRANSLATION BY *ARQUITECTURA*.]

Momentos estelares de la vivienda (pública) en Madrid. 1940-2025

The Gilded Age of (Public) Housing in Madrid. 1940–2025

Andrés Cánovas y Carmen Espegel

Son tres los momentos clave en los que la administración y los arquitectos unieron sus intereses para ofrecer un trabajo coordinado y extensivo de calidad sobre la vivienda pública en Madrid, un tándem imprescindible para lograr que el alojamiento saliese del letargo impuesto por unas normativas obsoletas y una inercia que hizo que no se afrontasen con valentía los grandes retos de sus respectivas épocas. Sin duda, podemos encontrar también actuaciones dispersas de enorme valía, pero estos instantes de lucidez aportan una cierta imagen de optimismo que es necesario reivindicar. Es en la política de Poblados Dirigidos del régimen franquista, en las actuaciones más memorables del Instituto de la Vivienda de Madrid (IVIMA), ya en la restauración democrática, o en el empeño de excelencia arquitectónica de la Empresa Municipal de la Vivienda (EMV, hoy EMVS) entre el final del siglo XX y el comienzo del XXI, donde el alojamiento público en Madrid alcanza sus mayores cotas de implicación de las administraciones, todo ello trufado con un alto nivel de responsabilidad social y empeño profesional.

1. Véase: "Poblado Dirigido de Caño Roto", *Arquitectura* n. 8 (agosto de 1959), págs. 2-17. En línea: https://www.coam.org/media/Default%20Files/fundacion/biblioteca/revista-arquitectura-100/1959-1973/docs/revista-articulos/revista-arquitectura-1959-n08-pag02-17.pdf. Véase, también, el reportaje fotográfico de Miguel de Guzmán en el número 364 de la revista *Arquitectura* (tercer cuatrimestre de 2011), páginas 6-11 y 102-105. En línea: https://www.coam.org/es/fundacion/biblioteca/revista-arquitectura-100-anios/etapa-1987-1990/revista-arquitectura-n364-Tercer%20cuatrimestre-2011

FIG 01. Antonio Vázquez de Castro y/and José Luis Íñiguez de Onzoño. Poblado Dirigido de Caño Roto en Madrid (1957-1963), niños jugando de una de las calles interiores peatonales. / Caño Roto Social Housing Settlement in Madrid (1957-1963), children playing on one of the interior pedestrian streets. [Archivo Vázquez de Castro.]

ESP El final de la autarquía: la política de Poblados Dirigidos

Sumergido nuestro país en una ignominiosa dictadura, no es hasta finales de los años cincuenta cuando mediante los Poblados Dirigidos la política pública de vivienda en Madrid se entrelaza con un grupo de jóvenes profesionales que van a ofrecer soluciones, parciales pero eficientes, al gravísimo problema no tanto de la cantidad sino de la dignidad del hábitat.

El proyecto de los Poblados Dirigidos de final de los años cincuenta y mitad de los sesenta, es el resultado final de una cadena de acciones públicas, como las Unidades Vecinales de Absorción o los Poblados Mínimos, que se propusieron para dar solución al problema de la habitación en la capital.

Este plan se convirtió, sin duda, en una acción de propaganda para el régimen, pero también ofreció hermosos modelos, fruto de la inteligencia y la determinación conjunta de los técnicos responsables y de la administración. Las propuestas de Antonio Vázquez de Castro y José Luis Íñiguez de Onzoño en Caño Roto, de Rafael Leoz y Joaquín Ruiz Hervás en Orcasitas o de Francisco Javier Sáenz de Oiza en Entrevías, van a generar modelos de barrios y de tipos de habitación que forman parte de la historia de la arquitectura de vivienda pública en España.

Las memorables casas patio de Caño Roto, herederas tipológicas de la Ciudad Horizontal del Tuscolano III en Roma de Adalberto Líbera y, de manera más lejana, de las casas en "L" de Ludwig Hilberseimer, son el retrato más nítido de ese cambio de percepción en el modo de organizar la morada. Pero también su imagen, geométrica y poderosa, de madera y ladrillo sílico calcáreo, nos remite a las actuaciones de los crecimientos ingleses y a los modelos holandeses. En resumen, una actuación de importancia trascendental en la evolución de la vivienda madrileña de la posguerra.[1] **[Figs. 01 y 05 y 06]**

La idea fundamental de estas actuaciones se centró en que construir un poblado no era hacer un pueblo, sino generar un lugar intermedio entre lo uno y lo otro, en posibilitar una "cámara hiperbárica" para poder asimilar el contacto con la ciudad de Madrid, en constante crecimiento urbanístico y demográfico.

Esos poblados eran también un modelo de esperanza, la visión optimista y un tanto inocente que inducía a pensar que a través de nuestra disciplina se mejorarían las nuevas generaciones o, dicho de otra manera, se afirmaba el valor de lo moderno como espoleta de la regeneración, no sólo urbana sino también social, algo que cristalizó en el Poblado de Caño Roto, modelo inequívoco no únicamente a nivel nacional, de esta visión velada más por los arquitectos que por los políticos.

Un ejemplo visual de esta actitud lo encontramos en las fotografías, algunas cercanas al neorrealismo, llenas de vida con niños jugando en los espacios públicos del poblado de Caño Roto. Fotos de juegos infantiles que se repiten incasablemente en los proyectos internacionales más reconocidos de ese momento. Los niños jugando en la terraza de la Unidad de habitación de Marsella o en el orfanato de Ámsterdam o en los espacios públicos de la Siedlung Halen en Berna evocan esa arquitectura que de manera optimista busca una reconciliación generacional y una mejora social efectiva pasada ya la segunda guerra mundial.

Democracia y autonomía: el Instituto de Vivienda de Madrid (IVIMA)

La política de vivienda de calidad en Madrid nunca ha sido una constante y debemos esperar a los años del establecimiento de la nueva democracia para volver a encontrar, a través del Instituto de Vivienda de Madrid (IVIMA), fundado en 1984, dependiente de la Comunidad Autónoma y derivado del traspaso de competencias del Estado a dicha recién creada Autonomía, una estrategia que engasta la alta cualificación con un volumen importante de actuaciones. Una operación en 28 barrios con una construcción de más de 40.000 hogares que responden a una verdadera y efectiva reconstrucción de la periferia de Madrid asolada por el chabolismo y la infravivienda.

Las operaciones de Orcasitas con más de 9.000 unidades, el Pozo del Tío Raimundo con 2.000 o la gran intervención de Palomeras con más de 10.000, constituyen una demostración de gestión por parte de las administraciones públicas y también una muestra de compromiso por parte de ciertos arquitectos que se esforzaron por ofrecer soluciones que resolvieran la continuidad urbana, gestando lugares reconocibles y también modelos habitacionales que rompieron con las organizaciones más tradicionales del momento. La cantidad de viviendas, unida a las distintas condiciones de contexto, va a generar en el conjunto de la periferia madrileña una diversidad de estrategias de actuación y modelos tipológicos sobradamente repetidos desde entonces.

Se deben destacar, entre otros, los proyectos de los equipos de Manuel e Ignacio de las Casas o de Javier Frechilla y José Manuel López-Peláez en Palomeras, que junto a los grupos de Carmen Bravo y el de Estanislao Pérez Pita y Jerónimo Junquera, marcan un camino prometedor en la arquitectura madrileña de ese período.

En Palomeras aparece de nuevo la reinterpretación de la casa patio en altura de la mano de los hermanos Casas en la Avenida de Pablo Neruda, un bloque de 12 plantas con una imagen poderosa sometida, como casi todos en estos años, al monótono y cansino ladrillo madrileño que funde un espacio en el interior con unas casas en "L" de una claridad sorprendente. Esta situación contundente de revisión tipológica e imagen reconocible es un invariante de las obras de este barrio.[2] **[Figs. 03 y 08]**

Esa política regenerativa, al igual que otras de la misma época, también responde a la imagen que la arquitectura, y en especial la residencial, aporta a la joven democracia. Son tiempos nuevos que requieren imágenes innovadoras y modernas como espejo en el que el país pueda reflejarse.

En este sentido, la reconstrucción del país en términos políticos viene también refrendada por una renovación de la arquitectura, en este caso de vivienda, que apuesta por comenzar a coser los desgarros urbanos y sociales. La arquitectura comprometida como imagen de la nueva democracia es una imagen poderosa y efectiva.

Fin de siglo: la Empresa Municipal de la Vivienda (EMV) y los nuevos modos de habitar

La Empresa Municipal de la Vivienda del Ayuntamiento de Madrid (EMV, hoy EMVS), creada en 1981, tiene un especial interés desde el modelo de gestión, pero también desde los resultados proyectuales que dicho modelo produjo.

La introducción a finales del siglo XX de una organización extensiva de distintas modalidades de concurso de proyectos,[3] acabó por generar un ramillete de soluciones de la más alta relevancia, no sólo formal sino de investigación de nuevos modelos de habitar colectivo. Cierta laxitud en la lectura normativa por parte de la administración hizo germinar una arquitectura que se convirtió en imagen de un Madrid moderno y esperanzado. Aquello que fue, a principios de los años ochenta, "la movida" en términos sociales y culturales es un equivalente a esta revolución finisecular en el ámbito de la habitación, una "movida arquitectónica" que supuso una manera distinta de enfrentarse a los nuevos modos de vivir.

Esas obras promovidas por la EMV elaboraron operaciones en el centro histórico de una valentía sorprendente y colonizaron los barrios de la periferia dentro de las tramas de los Programas de Actuación Urbanística (PAU). Dada la pobre calidad de esos desarrollos urbanísticos, la residencia se convirtió, en muchos casos, con ese corsé lamentable, en un mecanismo de decoración urbana. Esos barrios sin continuidad ni carácter dejaron esta responsabilidad tan solo a la vivienda que, fruto de la coincidencia con la cultura del espectáculo, se sumergió necesariamente en el mundo de la representación.

La ejemplificación de esa actitud es la singular propuesta de Alejandro Zaera y Farshid Moussavi en Cuatro Vientos,[4] **[Figs. 04 y 09]** un bloque riguroso de pisos pasantes que se expanden mediante una completa fachada vidriada a una terraza de generosas dimensiones, envuelta en una piel de caña que además de ofrecer una imagen de fácil recuerdo, proporciona una luz matizada de una sorprendente poética.

¿Y ahora qué?

Ahora existe la imperante necesidad de realizar un número ingente de viviendas de calidad, para lo que se necesita una férrea voluntad política. Ni la precariedad económica del período autárquico, ni la ilusionante, aunque frágil democracia, ni la bonanza de la preburbuja inmobiliaria, dejaron de construir un buen número de alojamientos de alta cualificación.

Entre todos, es hora de tomar una decisión y construir el mejor hogar para millones de personas, pilar fundamental del estado de bienestar, afrontando con valentía los grandes retos del presente, no renunciando a la conciencia sobre el planeta, consolidando la más que urgente equiparación femenina y reconociendo en la tecnología una variable fundamental de nuestro tiempo.

2. Véase: "Palomeras sureste", *Arquitectura* n. 242 (mayo-junio de 1983), págs. 38-42. El número, al completo, está dedicado a la remodelación del barrio de Palomeras en su conjunto, incluyendo un texto crítico de Antón Capitel. En línea: https://www.coam.org/es/fundacion/biblioteca/revista-arquitectura-100-anios/etapa-1981-1986/revista-arquitectura-n242-Mayo-Junio-1983

3. A propósito de este tema, véase el número 386 (primer semestre de 2023) de la revista *Arquitectura*, dedicado a los concursos. En línea: https://www.coam.org/es/fundacion/biblioteca/revista-arquitectura-100-anios/arquitectura-etapa-2023-2025/n-386-septiembre-2023

4. Véase: Pizarro, María José y Rueda, Óscar (fotografías de Eduardo Sánchez, Carlos Roca, Hisao Suzuki, J. C. Sancho Osinaga, Miguel de Guzmán, Adolfo Gosálvez, Alejandro García González, José Luis López-Linares), "Dos relatos visuales sobre el PAU de Carabanchel (Madrid), *Arquitectura* n. 352 (segundo trimestre de 2009), págs. 86-101. En línea: https://www.coam.org/media/Default%20Files/fundacion/biblioteca/revista-arquitectura-100/2008-2012/docs/revista-articulos/revista-arquitectura-2009-n356-pag86-101.pdf

FIG 02. Julio Cano Lasso, en colaboración con/in collaboration with Alejandro Blond y/and Alfonso García Noreña. Conjunto de viviendas públicas y oficinas para el Instituto Nacional de Vivienda (INV) en la calle de la Basílica en Madrid (1966-1974), niño jugando en las calles interiores peatonales. / Public housing and office complex for the National Housing Institute (INV) on Basilica Street in Madrid (1966-1974), child playing in the pedestrian interior streets. [Francisco Gómez.]

Public authorities and architects joined forces at three key moments to wake housing up from its slumber and execute a coordinated and extensive public housing project that reversed years of inaction brought about by obsolete laws and an inertia that prevented each era's principal challenges from being bravely tackled. There have, of course, been other invaluable actions over the years, but it is these specific times of clarity that brought a certain optimism that is worth celebrating. These moments —the Franco regime's Guided Settlements [Poblados Dirigidos] programme (plan to build low-cost housing in 1950s Madrid), in the most memorable actions of the Madrid Housing Institute [Instituto de la Vivienda de Madrid (IVIMA)], during the restoration of democracy, and the stellar architectural work of Madrid's municipal public housing body [Empresa Municipal de la Vivienda (formerly EMV, currently EMVS)] from the late 20th to the early 21st century— are when Madrid enjoyed maximum involvement, social responsibility and professionalism from its authorities.

ENG The End of Autocracy: the 'Poblados Dirigidos' Policy

With the country firmly in the grips of an ignominious dictatorship, it would take until the end of the fifties and the introduction of the 'Poblados Dirigidos' housing plan for Madrid's public housing policy to find a series of effective albeit partial solutions to the severe issues it was facing, not in terms of quantity but the dignity of the area, as proposed by a group of young professionals.

The 'Poblados Dirigidos' project, which ran from the late 1950s to the mid-60s, is the outcome of a chain of public actions, including 'Unidades Vecinales de Absorción' and 'Poblados Mínimos', which were put forward to help solve the problems with housing in the capital. (Both actions mentioned were housing developments designed to replace shanty towns and to house the influx of migrants arriving from the countryside).

Despite this plan eventually becoming a vehicle for pro-Franco propaganda, it did bring about beautiful housing models that were the fruit of the intelligence and determination of the officials responsible for the projects and the public authorities. The outcome of projects led by Antonio Vázquez de Castro and José Luis Íñiguez de Onzoño in Caño Roto, by Rafael Leoz and Joaquín Ruiz Hervás in Orcasitas, and by Francisco Javier Sáenz de Oiza in Entrevías was neighbourhood and housing models that form an unforgettable part of Spanish public housing architecture.

FIG 03. Manuel de las Casas, Ignacio de las Casas y/and Jaime Lorenzo. 1016 viviendas de Protección Oficial en el Sector 1 de Palomeras Sureste para el Instituto de la Vivienda de Madrid (IVIMA) (1979-1983). Dibujo de la fachada de uno de los bloques publicada en la portada del número 242 (mayo-junio de 1983) de la revista *Arquitectura* (COAM). / 1,016 social housing units in Sector 1 of Palomeras Sureste for the Madrid Housing Institute (IVIMA) (1979–1983). Drawing of the facade of one of the blocks in issue 242 (May–June 1983) published in the cover of the magazine *Arquitectura* (COAM). [*Arquitectura* COAM, Ginés Sánchez Hevia.]

The memorable patio houses in Caño Roto, inspired by the horizontal housing in Rome's Tuscolano III complex, the work of Adalberto Libera, and less directly by Ludwig Hilberseimer's L-shaped houses, are the clearest representation of this change in perception in the way of organising housing. However, their striking geometric shapes and wood and limestone brick construction bring to mind English developments and Dutch housing models. There is no doubt that this was a pivotal moment in the evolution of housing in post-Civil War Madrid.[1] **[Figs. 01, 05 y 06]**

The fundamental idea underpinning these projects was that building a settlement does not mean building a town, but rather creating something between the two, designing a hyperbaric chamber of sorts through which one can establish contact with the city of Madrid, which was constantly growing in size and inhabitants.

These settlements were also a vision of hope, an optimistic yet innocent suggestion that through our discipline, future generations would be better off than our own; an affirmation of the value of modernity as a fuse that would spark regeneration, both urban and social. This would all crystallise in Caño Roto, an unequivocal manifestation —though not the only one in Spain— of this vision that was curated more by architects than it was politicians.

A visual example of this attitude can be seen in photographs taken at the time, some depicting an almost neo-realistic image of children playing in the public spaces of Caño Roto, so full of life. These pictures of youthful lightheartedness were a constant in basically all of the prestigious international projects of the era. Children playing on the terrace of Marseille's Housing Unit, at an orphanage in Amsterdam and in the public spaces of Halen Estate in Bern all evoke this architecture that so optimistically sought to bring generations together and effect real social change in the years following the Second World War.

Democracy and Autonomy: the Madrid Institute of Housing (IVIMA)

Madrid had never had a consistent quality housing policy, and it wouldn't be until the restoration of democracy that one finally emerged, thanks to the Madrid Institute of Housing [Instituto de la Vivienda de Madrid (IVIMA)]. This body, founded in 1984, was a beneficiary of the state government transferring competence on this issue to the recently created Madrid autonomous community, under whose government it operated, with this strategy resulting in the execution of a large number of projects. It constructed over 40,000 homes across 28 neighbourhoods in a successful attempt to reconstruct the outskirts of Madrid, which had been left devastated by slums and substandard housing.

Initiatives undertaken in Orcasitas involving more than 9,000 homes, in Pozo del Tío Raimundo involving 2,000 and the large-scale Palomeras project with over 10,000 homes represent a tour de force by the public authorities and a demonstration of the commitment of certain architects who strived to offer solutions to the urban continuity problem, creating distinct places and housing models that broke the traditional moulds that prevailed at the time. The number of homes, together with the varied styles, engendered in the Madrid outskirts a plethora of strategies for action and typological models that have been widely used elsewhere in the years since.

Some specific projects in Palomeras that are worth highlighting include those led by Manuel and Ignacio de las Casas, and by Javier Frechilla and José Manuel López-Peláez, which, alongside the proposals of Carmen Bravo, Estanislao Pérez Pita and Jerónimo Junquera, forged a path towards an auspicious period in Madrid's architecture.

In Palomeras we can find another high-rise reinterpretation of the patio house on Avenida de Pablo Neruda, overseen by the Casas brothers. This imposing 12-storey apartment block, built in the typical Madrid style seen in almost all constructions during that time —monotonous, tired brick—

features patios that cut into the homes to create surprisingly luminous L-shaped units. This wholesale overhaul gave way to an unchanging and unmistakable typology and style that are recognisable to this day.[2] **[Figs. 03 y 08]**

Just like other contemporary regeneration policies, the one here in Palomeras gave us a glimpse of the contributions of architecture —and residential architecture in particular— to the nascent democracy. These were new times that called for an innovative and modern imagery to serve as a mirror in which the country could see its reflection.

In this sense, the political reconstruction of Spain was bolstered by a rejuvenated architecture —in this case residential— that hoped to fill in the urban and social cracks that had appeared. A committed architecture that reflects the new democracy is a powerful and effective image indeed.

Turn of the century: the EMV and new ways of living

Madrid City Council's public housing body, the Empresa Municipal de la Vivienda (formerly EMV, currently EMVS), which was set up in 1981, was not just concerned with devising a new management model, but also with the outcomes of the projects resulting from said model.

The creation towards the end of the 20th century of a far-reaching organisation to oversee all kinds of tenders[3] provided a whole host of highly relevant solutions for housing and the means for investigating new collective living models. Thanks to some interesting interpretations of the regulations by the public authorities, we were able to bear witness to a type of architecture that was a true reflection of a modern and hope-filled Madrid. At the start of the 80s, this produced a social and cultural "movement" comparable to the housing revolution of the turn of the century, emanating from an "architectural movement" that proposed a different way of looking at new ways of living.

These projects promoted by the EMV encouraged ambitious interventions in the city centre and the colonisation of peripheral neighbourhoods as part of the Urban Action Programmes [Programas de Actuación Urbanística, PAU's]. Given the poor quality of these urban developments, housing, clad in a miserable corset, in many cases became decoration in the urban landscape. These neighbourhoods, lacking character and disconnected from the city proper, placed the burden entirely on housing which, fruit of the co-occurrence of spectacle culture, plunged itself feet first into the world of performance.

This attitude is best exemplified by Alejandro Zaera's and Farshid Moussavi's remarkable project in Cuatro Vientos,[4] **[Figs. 04 y 09]** a harsh block of dual-aspect apartments which are extended by a glass façade that leads on to a rather sizeable bamboo-clad balcony which not only summons an image of a not-so-distant past but also casts a surprisingly poetic tinged light.

Now what?

Now, the overwhelming need is for a huge amount of quality homes to be built, which requires a fierce political will. Neither the economic precarity of the Franco regime, nor the exciting-yet-fragile democracy, nor the pre-bubble property boom prevented large numbers of first-rate homes from being constructed.

Now we must all come together to take a decision and build the best home possible for millions of people, a fundamental pillar of well-being, by bravely tackling today's key challenges and urgently fighting for gender equality, while not forgetting about Planet Earth, and using the power of technology to make a difference.

FIG 04. Foreign Office Architects (Alejandro Zaera Polo y/and Farshid Moussavi). 93 viviendas de Protección Oficial en Carabanchel para la Empresa Municipal de la Vivienda (EMVS) (2006-2008). Imagen de una de las terrazas corredor. / 93 social housing units in Carabanchel for the Municipal Housing Company (EMVS), a view of one of the terraced corridors. [Sergio Padura.]

1. See: "Poblado Dirigido de Caño Roto", *Arquitectura* n. 8 (August 1959), pages 2-17. Online: https://www.coam.org/media/Default%20Files/fundacion/biblioteca/revista-arquitectura-100/1959-1973/docs/revista-articulos/revista-arquitectura-1959-n08-pag02-17.pdf. See, also, Miguel de Guzmán's photographic report in issue 364 of *Arquitectura* journal (third quarter, 2011), pages 6–11 and 102–105. Online: https://www.coam.org/es/fundacion/biblioteca/revista-arquitectura-100-anios/etapa-1987-1990/revista-arquitectura-n364-Tercer%20cuatrimestre-2011

2. See: "Palomeras sureste", *Arquitectura* n. 242 (May-June 1983), pages 38-42. The entire issue is dedicated to the remodeling of the Palomeras neighborhood, including a critical text by Antón Capitel. Online: https://www.coam.org/es/fundacion/biblioteca/revista-arquitectura-100-anios/etapa-1981-1986/revista-arquitectura-n242-Mayo-Junio-1983

3. For more on this subject, see issue 386 (first semester of 2023) of the *Arquitectura*, dedicated to architectural competitions. Online: https://www.coam.org/es/fundacion/biblioteca/revista-arquitectura-100-anios/arquitectura-etapa-2023-2025/n-386-septiembre-2023

4. See: Pizarro, María José y Rueda, Óscar (photographs by Eduardo Sánchez, Carlos Roca, Hisao Suzuki, J. C. Sancho Osinaga, Miguel de Guzmán, Adolfo Gosálvez, Alejandro García González, José Luis López-Linares), "Dos relatos visuales sobre el PAU de Carabanchel (Madrid), *Arquitectura* n. 352 (second term 2009), pages 86-101. Online: https://www.coam.org/media/Default%20Files/fundacion/biblioteca/revista-arquitectura-100/2008-2012/docs/revista-articulos/revista-arquitectura-2009-n356-pag86-101.pdf

FIG 05. Antonio Vázquez de Castro y José Luis Íñiguez de Onzoño. Poblado Dirigido de Caño Roto en Madrid (1957-1963), planta vivienda tipo 1B-1C (viviendas de 62 y 74 m2 en torres de seis plantas). Escala original 1:25. / 'Poblado Dirigido' social housing settlement in Madrid (1957-1963), unit 1B-1C floor plan (62 and 74 m2 homes in six-story towers). Original scale 1:25. [Archivo Vázquez de Castro.]

FIG 06. Antonio Vázquez de Castro y José Luis Íñiguez de Onzoño. Poblado Dirigido de Caño Roto en Madrid (1957-1963), planta vivienda tipo 1D-1E-1F-1G (viviendas de 80, 99, 110 y 91 m2 en bloques galería). Escala original 1:20. / 'Poblado Dirigido' social housing settlement in Madrid (1957-1963), unit 1D-1E-1F-1G floor plan (80, 99, 110 and 91 m2 homes in gallery blocks). Original scale 1:20. [Archivo Vázquez de Castro.]

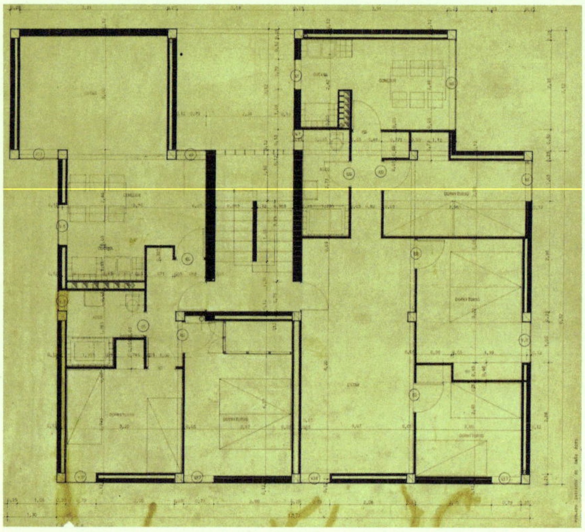

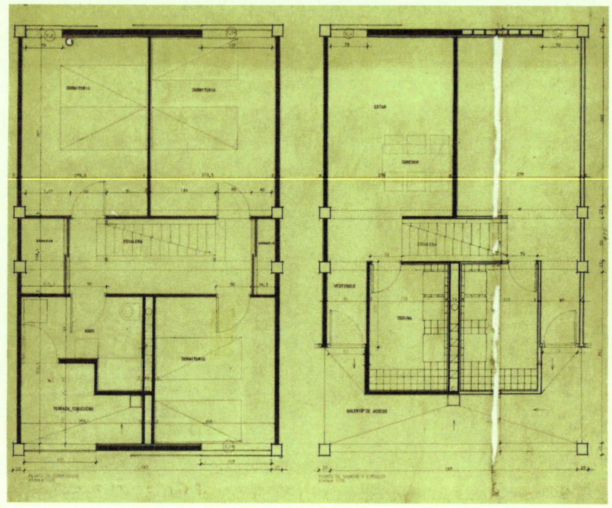

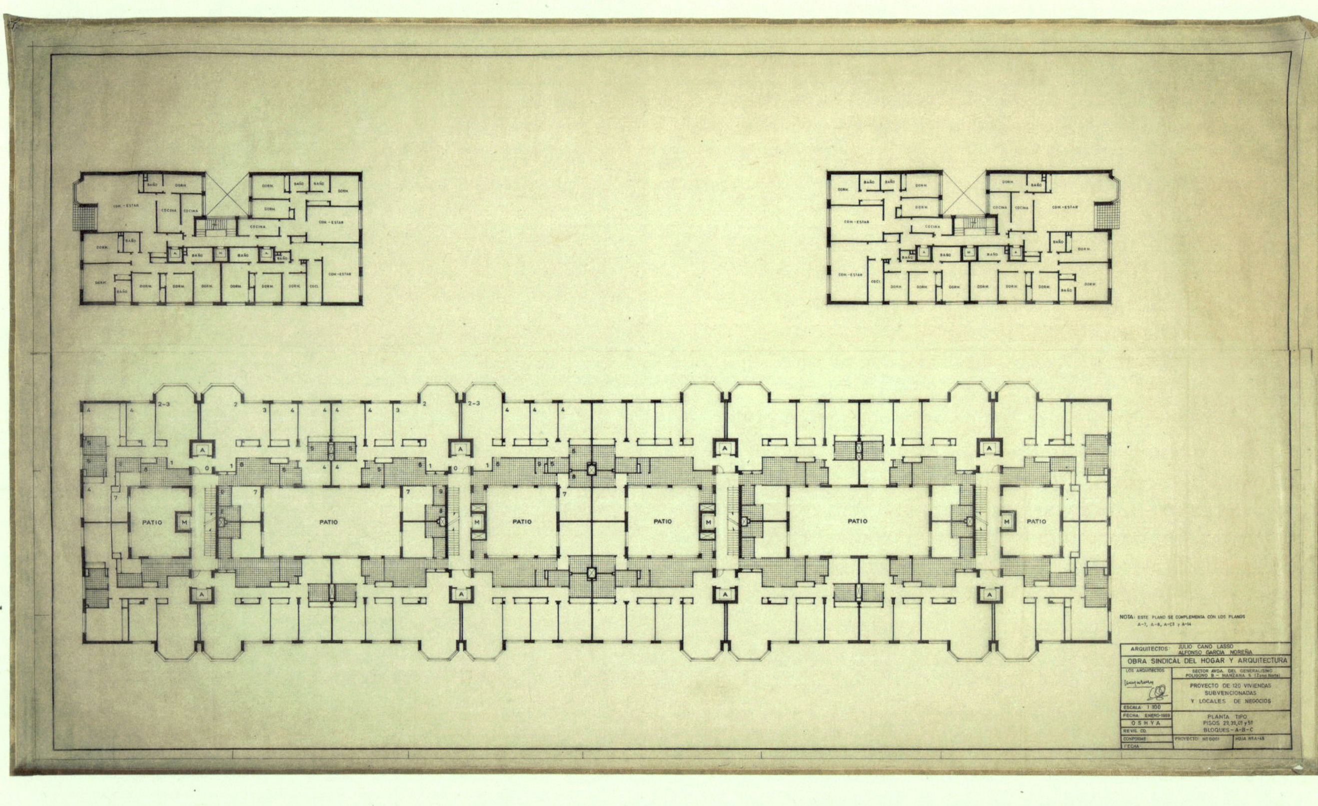

FIG 07. Julio Cano Lasso, en colaboración con Alejandro Blond y Alfonso García Noreña. Conjunto de viviendas públicas y oficinas para el Instituto Nacional de Vivienda (INV) en la calle de la Basílica en Madrid (1966-1974), planta tipo de las viviendas (fechada en 1969). Escala original 1:100. / Public housing and office complex for the National Housing Institute (INV) on Basilica Street in Madrid (1966-1974), standard dwellings floor plan (dated 1969). Original scale 1:100. [Archivo Estudio Cano Lasso.].

FIG 08. Manuel de las Casas, Ignacio de las Casas y/and Jaime Lorenzo. 1016 viviendas de Protección Oficial en el Sector 1 de Palomeras Sureste para el Instituto de la Vivienda de Madrid (IVIMA) (1979-1983). Planta tipo de viviendas. / 1016 social housing units in Sector 1 of Palomeras Sureste for the Madrid Housing Institute (IVIMA) (1979–1983), standard dwellings floor plan. [Fondo Manuel de las Casas, Biblioteca de la Escuela Técnica Superior de Arquitectura (ETSAM) de la Universidad Politécnica de Madrid (UPM).]

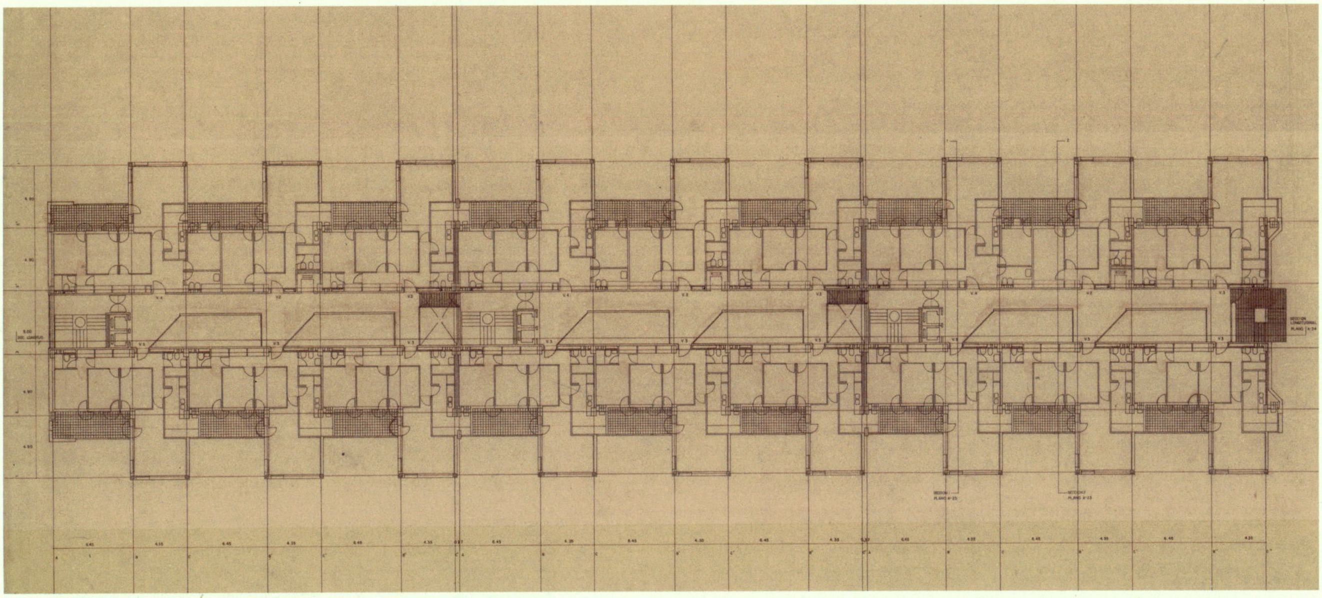

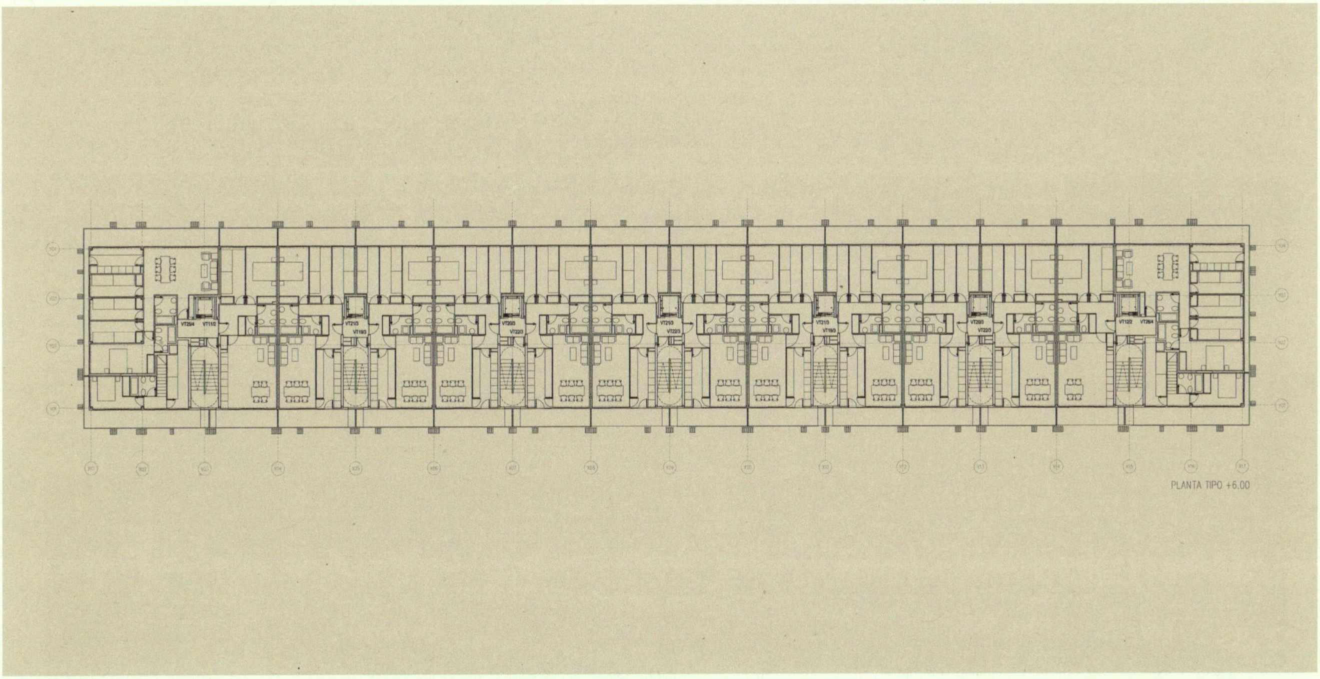

FIG 09. Foreign Office Architects (Alejandro Zaera Polo y/and Farshid Moussavi). 93 viviendas de Protección Oficial en Carabanchel para la Empresa Municipal de la Vivienda (EMVS) (2006-2008). Planta tipo de viviendas. / 93 social housing units in Carabanchel for the Municipal Housing Company (EMVS), standard dwellings floor plan. [Alejandro Zaera-Polo, Farshid Moussavi.]

ESP Este conjunto de 218 viviendas experimentales, promovidas por el Instituto Nacional de la Vivienda (INV), está situado en la margen derecha de la N-II, en la proximidad del cruce con la carretera a Ajalvir. El carácter experimental del proyecto se refiere a aspectos constructivos, económicos y sociológicos.

La ordenación parte de 13 tipos distintos de vivienda, moduladas en una retícula cuadrada de 3,40 m de lado y altura de 2,75 m. Partiendo de este módulo se obtienen programas de vivienda de dos a cinco dormitorios, compuestas de cinco a diez células de 11,56 m2. Una de éstas se dedica a terraza, que funciona como un pequeño jardín. Esta modulación, que parece propicia a la prefabricación se resuelve, sin embargo, con técnicas tradicionales de fachadas de ladrillo visto, si bien existe unidad en cuanto a los huecos de las mismas, con carpinterías y contraventanas metálicas.

Las viviendas se agrupan en número de cuatro, alrededor de un amplio núcleo de circulación vertical que asciende desde una planta baja diáfana y ajardinada. Estas agrupaciones se encadenan, según diferentes leyes compositivas, conformando patios de manzana, que se comunican a través de la diafanidad de las plantas bajas, constituyendo una sucesión de recintos verdes y zonas de juego.

[DESCRIPCIÓN DE LA FUNDACIÓN DOCOMOMO IBÉRICO.]

FIG 01. Imagen del conjunto. / General view of the neighborhood. [*Arquitectura* COAM n. 213 (julio-agosto de 1978), pág. 35.]

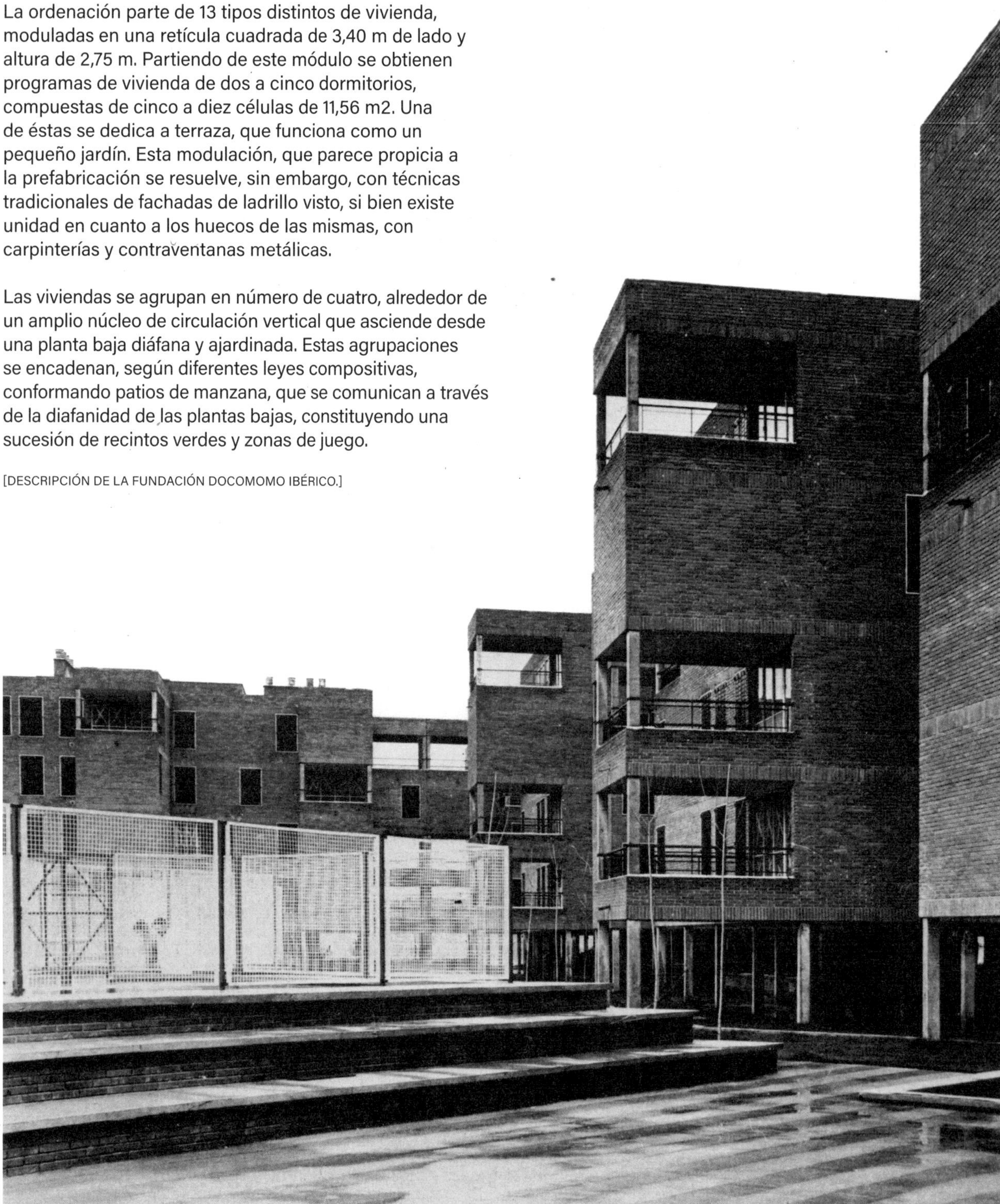

218 VIVIENDAS EXPERIMENTALES EN EL POLÍGONO LA FRONTERA

TORREJÓN DE ARDOZ, MADRID, 1973-1977

Rafael Leoz, Fernán Bravo, Juan A. Boix, Ricardo Novaro y Juan M. Escudero

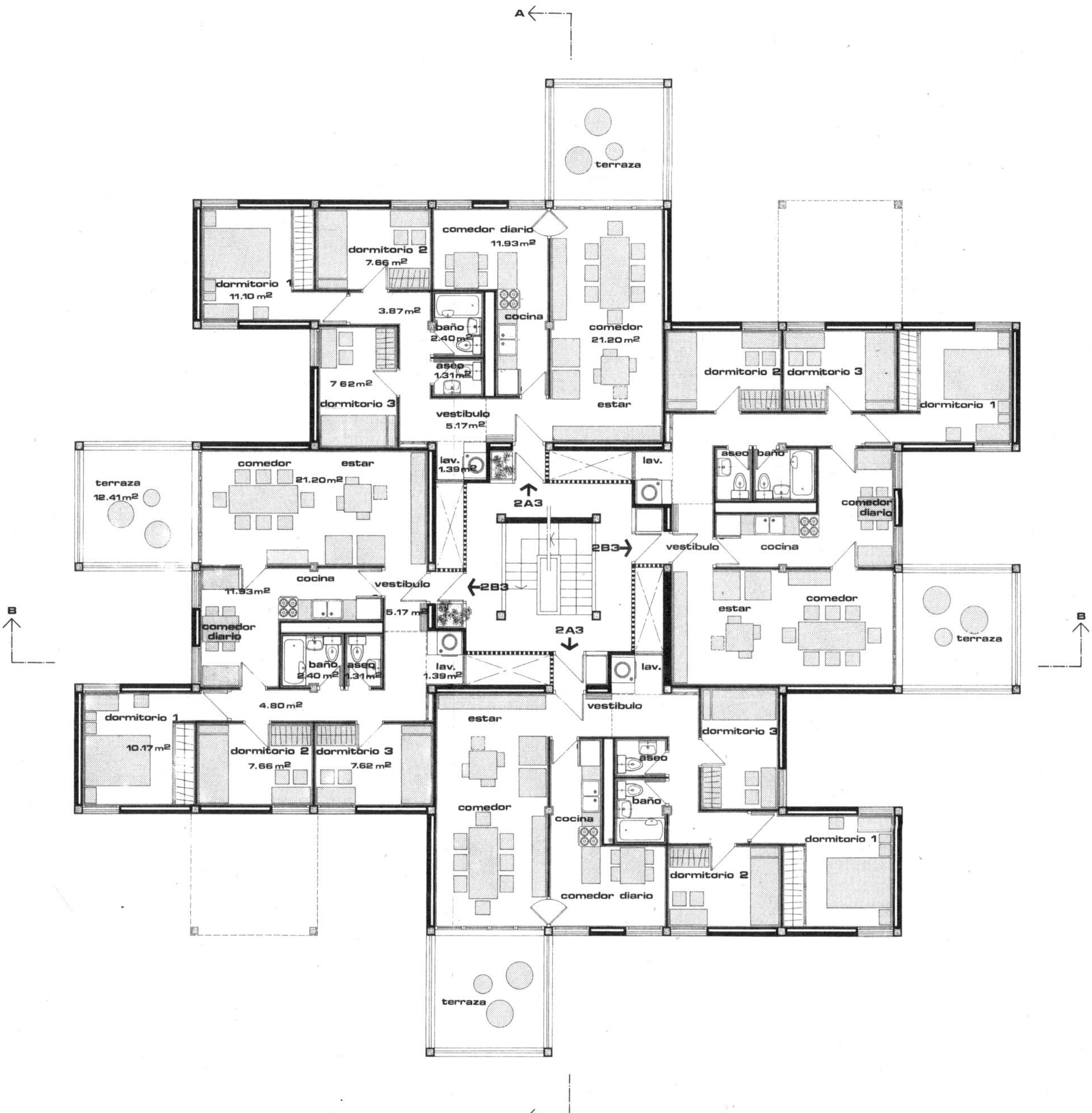

FIG 02. Planta tipo de las torres de vivienda (primera). / Typical floor plan of the residential towers (fist floor). [Servicio Histórico del Colegio Oficial de Arquitectos de Madrid (COAM). Fondo Leoz.]

ENG This complex of 218 experimental dwellings, promoted by the Instituto Nacional de la Vivienda (INV), is located on the right-hand side of the N-II highway, near the junction with the road to Ajalvir. The project's experimental nature refers to construction, economic, and sociological aspects.

The urban layout is based on 13 different housing types, each structured within a square grid measuring 3.40 meters per side and 2.75 meters in height. From this modular system, housing units with two to five bedrooms are developed, consisting of five to ten cells, each measuring 11.56 square meters. One of these cells is designated as a terrace, functioning as a small garden. Although the modularity appears suitable for prefabrication, traditional construction techniques are employed, featuring exposed brick facades. Nonetheless, the openings maintain a consistent design, with uniform metal frames and shutters.

The dwellings are grouped in sets of four around a spacious vertical circulation core that rises from an open and landscaped ground floor. These groupings are linked together according to various compositional principles, forming inner courtyards that are interconnected through the transparency of the ground floors. This results in a sequence of green spaces and play areas.

[DESCRIPTION BY FUNDACIÓN DOCOMOMO IBÉRICO. TRANSLATION BY *ARQUITECTURA*.]

Bibliografía seleccionada. / Selected Bibliography:

- *Arquitectura e industrialización de la construcción*, Fundación Rafael Leoz para la investigación y promoción de la arquitectura social, 1981.
- Bilbao, Luis, "Rafael Leoz. ¿Vanguardia de la arquitectura española?", *Varia* n. 1 (abril de 2019), Asociación de historiadores de la Arquitectura y el Urbanismo, págs. 62-105.
- Cervero, Noelia, "Rafael Leoz. Vivienda experimental en Torrejón de Ardoz" / "Rafael Leoz. Experimental Housing in Torrejón de Ardoz", *Estoa. Revista Facultad de Arquitectura y Urbanismo de la Universidad de Cuenca*, vol. 9, n. 18 (julio de 2020), págs. 67-77. En línea/Online: https://publicaciones.ucuenca.edu.ec/ojs/index.php/estoa/article/view/3003
- Goycoolea, Roberto y Hernández del Caz, Edùardo, *218 viviendas experimentales de Rafael Leoz de la Fuente: Miradas académicas de una modernidad ignorada*, red de investigadores 'Modernidad Ignorada', Fundación Rafael Leoz y Universidad de Alcalá, 2017.
- López Díaz, Jesús, *La obra del arquitecto Rafael Leoz de la Fuente (1921-1976): Teorías e investigaciones sobre vivienda social, tesis doctoral inédita*, Universidad Nacional de Educación a Distancia (UNED), 2011. En línea/Online: https://portalcientifico.uned.es/documentos/5f63fc7e29995274fc8e78c7
- López Díaz, Jesús y Ruiz Suaña, José Antonio, *Los dibujos de Rafael Leoz sobre vivienda social*, Universidad Nacional de Educación a Distancia (UNED), Madrid, 2021.
- "218 viviendas experimentales en Torrejón de Ardoz para el INV", *Boden* n. 17 (1978), [Monográfico sobre la Fundación Rafael Leoz.], Unión Explosivos Río Tinto S.A. (ERT), págs. 28-31.
- "218 viviendas experimentales en Torrejón de Ardoz, Madrid", *Arquitectura* n. 213 (julio-agosto de 1978), págs. 32-35. Véase, también: Bayón, Mariano; Cano Lasso, Julio; Martín, José Luis; Corrales, José Antonio; de las Casas (Ignacio y Manuel); Fernández Alba, Antonio; Junquera, Jerónimo; Bravo, Fernán y Pérez Pita, Estanislao, "Viviendas Colectivas. 'Sesiones de Crítica de Arquitectura'", *ibidem*, págs. 5-13. En línea/Online: https://www.coam.org/es/fundacion/biblioteca/revista-arquitectura-100-anios/etapa-1977-1980/revista-arquitectura-n213-Julio-Agosto-1978

FIG 03. Niños jugando en los espacios comunes del conjunto. / Children playing in the common areas of the neighborhood.
[*Arquitectura e industrialización de la construcción*, Fundación Rafael Leoz para la investigación y promoción de la arquitectura social, 1981.]

FIG 04-11. Dibujos ambientales del conjunto. / Environmental drawings of the neighborhood. [Juan A. Boix.]

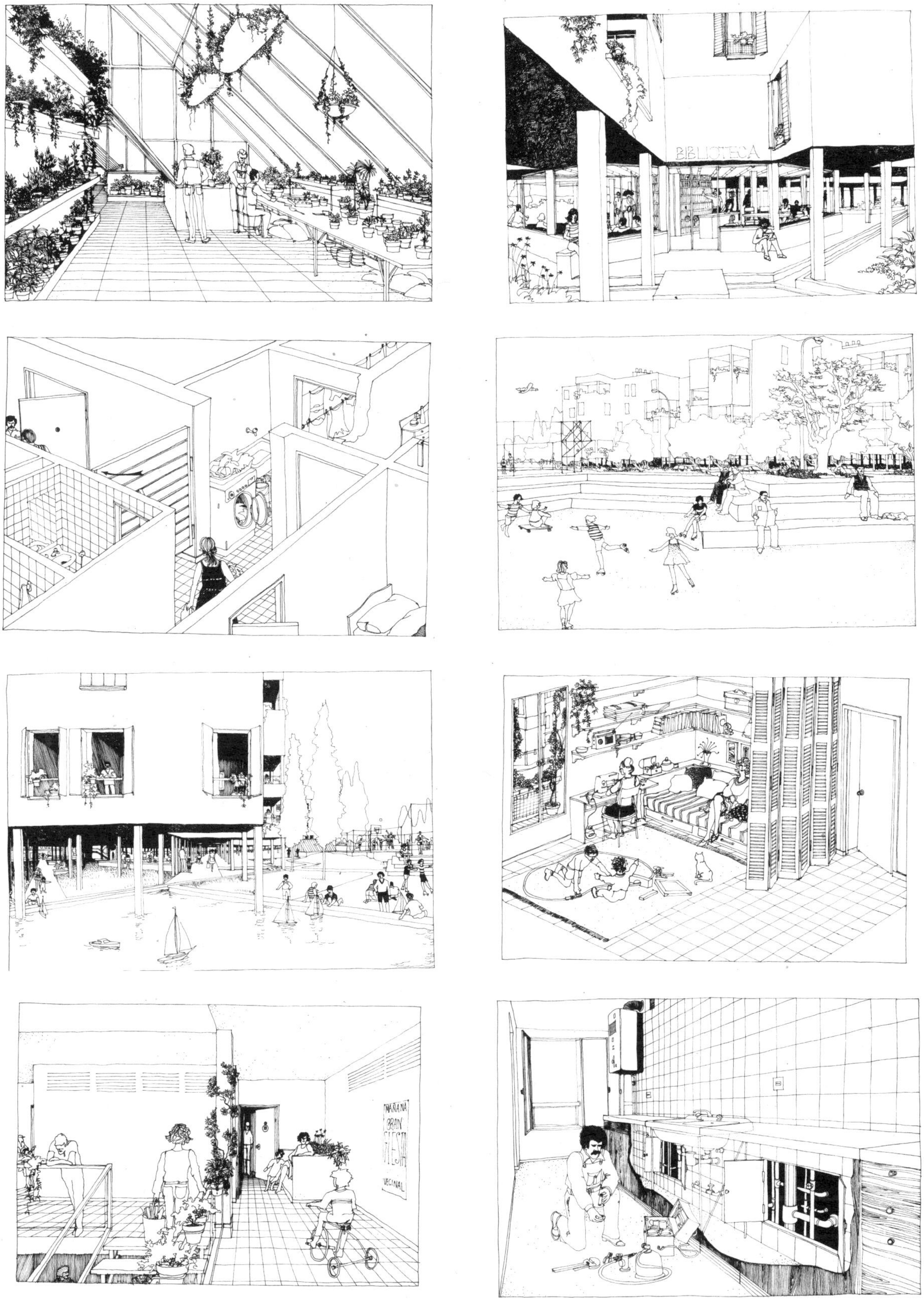

~~Inclusión~~ (exclusión)

~~Inclusion~~ (exclusion)

Enrique Espinosa

En una entrevista reciente, el escritor Ray Loriga afirmaba que "en cuanto te levantas de la cama, ya la has cagado".[1] Algo parecido pasa si uno escribe sobre la inclusión urbana, más aún si lo hace en un contexto tan enrarecido como el de la Comunidad de Madrid: es probable que uno, sin desearlo, "excluya" algo. La inclusión nos remite a ciertas acciones, como participar, pertenecer, socializar, disfrutar, compartir; también a determinadas condiciones, como la amabilidad, la cercanía, la diversidad, la igualdad de oportunidades o lo común. Hablar de inclusión puede hacer que nos situemos, en nuestra condición de humanos, en el centro —y que lo hagamos sin más o que, en cambio, maticemos cuán diversos somos en cuestiones de género, clase, edad o economía, entre otras—, o considerándonos un ingrediente más de la vida y del medioambiente. Además, puede hacernos pensar en ciertos lugares —algunos obvios, como las viviendas y las plazas (y, por extensión, parques y diferentes espacios públicos)— pero, también, en otros como bares, iglesias, mezquitas, huertos urbanos, pistas deportivas, hospitales, colegios, descampados o mercados. Ante la complejidad que supone realizar una genealogía de la inclusividad de la ciudad-región de Madrid propongo construir varias viñetas con las que, al menos, aproximarnos al asunto desde varias perspectivas, centradas eminentemente en la vivienda y en el espacio público, todas ellas acotadas temporalmente en las últimas dos décadas.

1. En línea: https://www.elmundo.es/papel/cultura/2025/03/04/67c73488e4d4d83d6b8b45b4.html

FIG 01. Placa de identificación de vivienda promovida bajo plan de 1954 del Ministerio de la Vivienda. / Identification plate for a house promoted under the 1954 plan of the Ministry of Housing. [Archivo Fundación Wikimedia. En línea: https://es.m.wikipedia.org/wiki/Archivo:Placa_ministerio_de_la_vivienda_1954.JPG.]

ESP Sobre la macroeconomía de la vivienda

Según el Catastro y el Instituto Nacional de Estadística (INE), en la Comunidad de Madrid hay unas 2.950.000 viviendas en las que viven unos 7 millones de personas.[2] Si la construcción de vivienda pública protegida a nivel estatal[3] fue de medio millón entre 1939 y 1960 y de 2,7 millones entre 1960 y 1975,[4] con la recuperación de la democracia y la descentralización autonómica del Estado, nuevas agencias regionales y municipales pasaron a gestionar la conservación y promoción del parque de vivienda pública. Así, en la Comunidad de Madrid se creó a inicios de los ochenta el Instituto de la Vivienda Madrileño (IVIMA)[5] y, en el Ayuntamiento de Madrid, la Empresa Municipal de la Vivienda (EMV).[6] Ambas entidades han promovido unas 55.000 viviendas para venta y unas 25.000 para alquiler, habiendo también colaborado en diferentes planes de rehabilitación del parque de vivienda madrileño. Estas cifras manifiestan que la promoción de vivienda pública en Madrid en los últimos 40 años supone (incluyendo el parque en alquiler) menos de un 2,5% del total, habiendo crecido la población de la comunidad en más de 2 millones de habitantes en ese tiempo (si queremos tener una referencia, la media europea de vivienda pública ronda el 10%, con Holanda superando el 30% y Francia y Reino Unido rozando el 20%).[7] En resumen, tenemos un amplio margen de mejora. Con todo, las iniciativas para cambiar esta tendencia no terminan de florecer. **[Fig. 1]**

Sobre los modos de cuidar y promover la vivienda

No es nada fácil poder explicar el paso de un escenario disciplinar en los años sesenta, con 2000 arquitectos colegiados en toda España y 200.000 viviendas públicas construidas al año (es decir, 100 viviendas por arquitecto al año, en los cuales prácticamente todos los maestros de la arquitectura madrileña participaron de diversas actuaciones, unidades vecinales y poblados dirigidos), a otro en los años ochenta y noventa, con unos 15000 arquitectos y una media de 300.000 viviendas construidas al año, al de 2007 con unas cifras de 50.000 arquitectos y unas 500.000 viviendas construidas al año (10 viviendas por arquitecto al año), hasta el momento actual, en el que más de 60.000 arquitectos visamos unas 90.000 viviendas anuales (1,5 viviendas por arquitecto al año).

Más allá de las cifras, que son desoladoras, y que no pretenden generar una equívoca necesidad de "construir más", podemos identificar dos vectores que se retroalimentan en esta crisis. Por un lado, las contradicciones y limitaciones de lo público como garante del acceso a una vivienda de calidad, que podemos ejemplificar con hitos como (1) una cita de José María Álvarez del Manzano en el prólogo de un libro con 24 proyectos de la EMV desarrollados entre 1981 y 1999 en el que decía "a la EMV no debe bastarle con edificar sin más [...] debe atenderse el nivel de la calidad de lo construido",[8] con (2) la estadística que dice que la EMV llegó a promover hasta 2000 viviendas al año hacia 2007 mientras que en los últimos diez años el promedio es de 350,[9] con (3) la noticia de 2013 en la que conocimos que el Ayuntamiento de Madrid vendía a través de la EMVS 1860 viviendas al fondo Blackstone por 128,5 millones de euros, con (4) la reducción del número de concursos públicos y restringidos tanto de la EMVS como del IVIMA, así como (5) la introducción de numerosos condicionantes de garantías económicas y experiencia previa en los pocos concursos que quedan y que niegan oportunidades a arquitectos jóvenes, con (6) la tendencia a sustituir concursos de arquitectura por concursos de proyecto y obra que de facto sacan de la ecuación la calidad arquitectónica de licitaciones promovidas desde lo público con recursos públicos. Por otro lado, el desbordamiento de la economía neoliberal que atraviesa nuestras vidas y que, obviando el (7) artículo 47 de la Constitución Española que dice que "todos los españoles tienen derecho a disfrutar de una vivienda digna y adecuada", ha acelerado tanto (8) el incremento de los precios de alquiler y venta por m^2 acumulados en Madrid desde 1996, especialmente en los últimos cuatro años;[10] como (9) la inversión extranjera

2. Con algún matiz, pues casi 200.000 son viviendas vacías (cerca del 7% del total, frente a un 14% nacional). Otro dato relevante: casi 150.000 viviendas, un 5% del total, pertenecen a grandes propietarios (aquellos con 10 o más inmuebles). En línea: https://www.eldiario.es/madrid/somos/5-viviendas-madrid-son-controladas-grandes-tenedores-sola-persona-posee-160-pisos-capital_1_11869691.html

3. A través del Ministerio de la Vivienda mediante los Planes Nacionales de Vivienda.

4. Fernández Carbajal, Alfonso, "La política de vivienda en España durante el franquismo", *Ciudad y territorio. Estudios territoriales*, n. 25(138) (2003), págs. 639-654.

5. Ahora Agencia de Vivienda Social de la Comunidad de Madrid (AGEVISMA).

6. Ahora EMVS al añadir la S de "Suelo" a sus siglas.

7. En línea: https://www.expansion.com/inmobiliario/2023/04/23/6445020de5fdea156e8b467d.html

8. AA.VV., *24 proyectos. Empresa Municipal de la Vivienda. Ayuntamiento de Madrid 1981-1998.* EMV, Madrid, 1999, pág. 7.

9. Base de datos construida a partir de la siguiente información en línea de la EMVS: https://datos.madrid.es/egob/catalogo/300526-1-promociones-viviendas-emvs.xlsx

10. Actualmente, el precio medio de alquiler de una vivienda de 2 habitaciones y 75m2 ronda los 1300 euros, acumulando incrementos anuales de entre el 10% y el 15%.

FIG 02. V de Vivienda, cartel para la manifestación por la vivienda del 30 de septiembre de 2006 en Barcelona (diseño de Leónidas Martín). / Poster for the housing protest on September 30, 2006, in Barcelona (designed by Leónidas Martín). [V de Vivienda, Leónidas Martín.]

en el mercado inmobiliario madrileño desde 2010[11], todo ello facilitado por (10) una infrafinanciación de lo público (desde sanidad o educación hasta, como se deduce de lo anteriormente expuesto, vivienda) y una cierta laxitud fiscal.

Aunque en este número de la revista *Arquitectura* podemos ver algunas experiencias madrileñas en torno a la vivienda cooperativa —como las desarrolladas por sAtt con el proyecto Entrepatios **[→Véase el proyecto en las págs. 132-135]** —, o múltiples experimentos tratando de exprimir al máximo una reforma o domesticando espacios industriales de naves y edificios obsoletos —como los que proponen BURR en Carabanchel **[→Véase el proyecto en las págs. 126-131]**—, la distancia de ventaja que nos llevan otras regiones como el País Vasco, Baleares o, especialmente, Cataluña,[12] es relevante. Aun reconociendo que también allí la crisis de la vivienda es importante, esos ejemplos podrían motivar a que el ansia de protagonismo de Madrid pudiera redirigirse a que su ciudadanía pueda vivir en la ciudad sin sentirse excluida por el coste de sus hipotecas y alquileres. En cualquier caso, una movilización ciudadana como la que ya existe, sin una agenda pública firme y una fiscalidad en vivienda que la restituyan realmente como derecho y no como producto, no podrá revertir el problema del acceso a un hogar, que es el paso previo para poder conversar cómodamente sobre su calidad. **[Fig. 2]**

Sobre los grandes y pequeños espacios públicos

En 2011 —hace tan solo catorce años— sucedieron muchas cosas en Madrid. Una de ellas fue la inauguración de Madrid Río, un parque lineal asociado a las obras de soterramiento de la M30 desarrolladas bajo el mandato del alcalde Alberto Ruiz Gallardón. Estas supusieron una de las principales razones del endeudamiento de la ciudad en esos años.[13] El parque es una sofisticada infraestructura proyectada por los estudios de Burgos Garrido, Rubio y Álvarez-Sala, Porras Lacasta, y West 8— que supuso un cambio de paradigma frente a muchas obras que, en la década previa, habían hecho de la llamada "plaza dura" un nuevo signo de la identidad urbana castiza. Con Madrid Río, se incorporó el Manzanares a la ciudad y se comenzó a hablar de renaturalización, de gestión sostenible del agua, de recuperación de suelos, de juegos infantiles inclusivos y experimentales, entre otros temas, algunos de los cuales fueron tratados en el número 387 (primer semestre de 2024) de la revista *Arquitectura* dedicado al territorio.

Asimismo, también en 2011, concretamente en mayo, tuvo lugar el 15M, con manifestaciones que reclamaron un futuro ante la crisis económica y política del país. Una de las imágenes icónicas de esos años de optimismo ciudadano fue la de la acampada en la Puerta del Sol de Madrid y, a su vez, uno de los movimientos agitadores del 15M en todo el país fue la plataforma V de Vivienda, surgida en 2006.[14] El fenómeno del 15M se ramificó en asambleas más allá de Sol, en un ejercicio de descentralización ciudadana que fue parcialmente replicado en los años de municipalismo madrileño. Así, el 15M adoptó diferentes formas, las de nuevos partidos políticos, las asambleas de barrio, los centros sociales okupados autogestionados,[15] o las de los huertos urbanos. Aun habiendo existido prácticas ciudadanas informales en torno a la jardinería urbana y el huerto desde los noventa y la primera década del siglo XXI en Madrid (algunas de ellas reconocidas con el proyecto Sendas Ocultas, de Zuloark), u otras referidas a la autogestión comunitaria, como la central térmica de Orcasitas,[16] es relevante reseñar la fundación de Esta es una Plaza (2008), por abrir un imaginario en relación con la

11. Lejos de estar desincentivada por políticas fiscales de protección de la vivienda como derecho y no como mercancía, esta ha sido tanto justificada políticamente por un deseo de hacer de Madrid una entidad consumible también fiscalmente con figuras como la conocida como 'Golden Visa' (visado de oro) que, desde 2013, premiaba con visado europeo a quien invertía al menos 500.000 euros en inmuebles.

12. Con experiencias en cooperativas de vivienda con cesión de uso de suelo como las propuestas por ejemplo por la cooperativa de arquitectos LACOL (Premio Mies Emergente 2022 con el proyecto La Borda Habitatge Cooperatiu), o con todo el trabajo del Instituto Metropolitano de Promoción de Suelo y Gestión Patrimonial (IMPSOL) del Área Metropolitana de Barcelona (AMB).

13. En concreto, unos 800 euros por habitante sobre un total de unos 2000 euros de deuda pública por madrileño en 2008, según el recurso en línea: https://montera34.com/project/madrid-deuda-soterramiento-m30/

14. V de Vivienda, luego conectada con la Plataforma de Afectados por la Hipoteca (de ambos espacios emergería la figura de Ada Colau, alcaldesa de Barcelona y colaboradora en el impulso a proyectos de vivienda como los citados en el anterior punto)

15. Bien vivos en Madrid ya desde los años ochenta y noventa con experiencias como Minuesa, Seco o los Laboratorios de Lavapiés, pero revitalizados entonces con otros como Eko en Carabanchel, la Morada en Chamberí, la Dragona en La Elipa, Montamarta en San Blas, Patio Maravillas o, más tarde, la Ingobernable.

16. La Central Térmica Meseta de Orcasitas proporciona calefacción mancomunada a precio asequible desde 1984 a más de 2200 viviendas (construidas por IVIMA para realojo) del barrio de Orcasitas.

17. Esta es una plaza, situada en el barrio de Lavapiés, es una iniciativa y muestra de empoderamiento ciudadano que surgió tras un taller en La Casa Encendida con el colectivo de arquitectura milanés Esterni, en el ciclo UrbanAcción, comisariado por Ana Méndez de Andés.

18. Aunque ese espacio, el solar de la antigua piscina de La Cebada, abandonado por la crisis, había vivido un ensayo en septiembre de 2010 con la piscina efímera de listones de madera y lámina de PVC allí construida por el colectivo Exytz dentro de La Noche en Blanco (y había sido reclamado después por vecinas, la FRAVM y el apoyo de colectivos como Basurama, Zuloark o Todo por la Praxis, TXP).

reutilización de solares como espacios públicos ciudadanos autogestionados.[17] Ese espacio público de autogestión ciudadana fue uno de los referentes que permitieron a asociaciones locales y a técnicos municipales establecer desde 2014 un primer acuerdo y protocolo para la gestión de huertos urbanos vecinales en la ciudad de Madrid o, antes, abrir el Campo de Cebada o el espacio el Almendro en la Latina, y abrió un espacio permeable entre administración pública, ciudadanía y ciertos arquitectos que permitieron ensayar algunas prácticas urbanas más participadas. **[Fig. 3]**

¿Una ciudad que experimenta?

El Campo de Cebada, abierto el mismo 15 de mayo de 2011 en Madrid,[18] es tan solo uno de los múltiples espacios surgidos durante aquellos años que ilustran la complejidad de dichas redes y prácticas legales, afectivas, sociales y constructivas.

Podemos reconocer una serie de escenarios, tanto facilitados por la administración como conquistados por alianzas de ciudadanos y arquitectos que, en las últimas dos décadas, han posibilitado explorar diversos imaginarios de lo público en el contexto madrileño. Igualmente, podemos enumerar una serie de prácticas diversas que han ido dando forma a lo inclusivo dentro de la arquitectura madrileña,[19] por ejemplo, las del Ecobulevar de Ecosistema Urbano, la Operación Herminio de Zuloark, la citada red de huertos urbanos (62 comunitarios vecinales y más de 500 en total incluyendo los asociados a colegios y otras dotaciones públicas), experiencias activistas como las de Todo por la Praxis (TXP) con Cinema Usera y otras comunidades; programas municipales como Paisaje Tetuán, Paisaje Villaverde, el programa Mares (desarrollado por VIC y TXP entre 2016-2019) o la Agroplaza de Getafe (desarrollada por Pez Estudio en 2015); instituciones experimentales como Intermediae y la Medialab-Prado,[20] experiencias que entretejen la ciudad y el mundo rural, como Inland (Campo Adentro),[21] y multitud de patios escolares transformados por sus propios estudiantes en talleres coordinados por Basurama (donde también se han desarrollado diferentes experiencias pioneras de homologación de mobiliario urbano).

Tan solo una muestra representativa, estas prácticas han supuesto varios años de colaboración entre técnicos de la función pública y jóvenes colectivos de arquitectura,[22] transformándose en aprendizajes que, desde los movimientos ciudadanos y en compañía de esos arquitectos, han

FIG 03. 'Esta es una plaza.' / 'This is a plaza'. [Creative Commons Attribution-Share Alike 4.0 International.]

ascendido (como si hablásemos de capilaridad) hacia la administración, normalizando asuntos como naturalización, participación o circularidad, como ilustra Manuel Pascual en su artículo sobre "lo blandengue" **[→Véase píldora en las págs. 98-103].** [23] Todo esto ha hecho más fácil que ciertos espacios públicos ahora se transformen desde esas sensibilidades, o que proyectos como el Bosque Metropolitano de Madrid sean posibles, pero también supone un modo de entender lo público desde lo común y lo cualitativo, y no desde lo monetizable o puramente burocratizable, a defender.[24] **[Fig. 4]**

¿A quién no incluimos cuando hablamos de inclusión?

Es seguro que nos dejamos a alguien fuera, así que, si sientes que este artículo no te incluye, todos estos espacios entre líneas son para ti, compartidos con las comunidades migrantes y los habitantes de la Cañada Real (que llevan en los sectores 5 y 6 sin luz desde 2020),[25] con quienes dejaron Madrid porque no podían o no querían depender de las subidas de la cuota de sus alquileres, con los árboles talados junto al Manzanares debido a las obras de la línea 11 del metro, o con el cierre de proyectos comunitarios y vecinales, entre ellos numerosos centros sociales ocupados autogestionados (CSOA), desde 2019. Si no te sientes incluido, esperamos que Madrid haga prioritario el incluir, el ser amable, el reforzar lo común, lo público, y que todo ello pueda suceder en un entorno donde la arquitectura y su calidad vuelvan a tener la relevancia social que algún día tuvieron. **[Fig. 5]**

19. Incluyendo algunas semillas como los festivales Basurama (2001-2006), o la citada Noche en Blanco de 2010, comisariada por el colectivo homónimo —poniendo en el centro en valor tanto la dupla consumo-residuo en el hacer ciudad como la noción de juego y apropiación del espacio público—; u otras como el espacio docente del Grupo de Exploración Proyectual ETSAM, desde la Escuela Técnica Superior de Arquitectura de la Universidad Politécnica de Madrid, y formada por los profesores Andrés Perea, Izaskun Chinchilla, Andrés Jaque, Paula Montoya y Rafael Torrelo, y multitud de sociólogos y otros agentes participantes, que puso la semilla de una disciplina ampliada y entretejida con lo social en varias nuevas generaciones de arquitectos salidas de sus aulas.

20. Medialab Prado fue referente mundial por sus exploraciones sobre el procomún y los laboratorios ciudadanos, impulsadas por agentes como Antonio Lafuente, Marcos García y una inmensa y fiel comunidad de usuarios Desgraciadamente, en 2021 fue trasladada a Matadero por decisión del Área de Cultura, y su equipo y comunidad desarticulados.

21. Parte de la experiencia del colectivo artístico Campo Adentro se entrecruza con la majada y aula bosque de la Casa de Campo y con la recuperación del pastoreo ovino que desde 2019 se ha producido en el que es el parque urbano más grande de Europa.

22. Como los citados Basurama, Zuloark, TXP, VIC, Pez Estudio, u otros como Paisaje Transversal o PKMN.

23. A juicio de quien esto escribe, la contribución al número que, en forma de conversación, nos ofrecen Iñaki Ábalos y Eduardo Prieto ('Café Houellebecq', IV, páginas 118-121), refleja —mediante el empleo del conflictivo término 'woke' (con la confusión y quizá innecesaria tensión que, a pesar de la aclaración inicial, este pudiera generar en el lector)— otra cara de parte de lo que Manuel Pascual reivindica.

24. Riesgo ilustrado por esta reciente noticia de El País. En línea: https://elpais.com/espana/madrid/2025-04-05/los-concursos-de-ideas-para-restaurar-seis-plazas-del-centro-de-madrid-pasaron-a-mejor-vida.html

25. Reivindicados por los proyectos de Todo por la Praxis (TXP) "Migrar es para siempre" y "Con la luz no se juega".

In a recent interview, writer Ray Loriga stated that "as soon as you get out of bed, you've already screwed up".[1] Something similar happens if one writes about urban inclusion, even more so if one does so in a context as rarefied as that of the Community of Madrid: one is likely to unwittingly "exclude" something. Inclusion refers us to certain actions, such as participating, belonging, socializing, enjoying, sharing; also, to certain conditions, such as kindness, closeness, diversity, equal opportunity, or commonality. Discussing inclusion involves recognizing the need to either highlight our diversity in terms of gender, class, age, age, or economics, among others, or view ourselves as one part of the broader spectrum of life and the environment. Furthermore, it can make us think about certain places —some obvious, such as homes and squares (and, by extension, parks and various public spaces)—, but also others, such as bars, churches, mosques, urban gardens, sports fields, hospitals, schools, vacant lots, or markets. Given the complexity of creating a genealogy of the inclusiveness of the city-region of Madrid, I propose constructing several vignettes that, at the very least, approach the issue from various perspectives, focusing eminently on housing and public space, and limited to the last two decades.

ENG On the macroeconomics of housing

According to the Land Registry [Catastro] and the Spanish National Statistics Institute (INE), there are approximately 2,950,000 homes in the Community of Madrid, home to approximately 7 million people.[2] While the construction of protected public housing at the state level was half a million between 1939 and 1960,[3] and 2.7 million between 1960 and 1975,[4] with the return of democracy and the decentralization of the State's autonomous regions, new regional and municipal agencies began to manage the conservation and promotion of the public housing stock. Thus, in the Community of Madrid, the Madrid Housing Institute (IVIMA)[5] was created in the early 1980s, and in the Madrid City Council, the Municipal Housing Company (EMV).[6] Both entities have developed approximately 55,000 homes for sale and approximately 25,000 for rent, having also collaborated on various renovation plans for Madrid's housing stock. These figures show that public housing development in Madrid over the last 40 years (including rental housing) represents less than 2.5% of the total, despite the community's population having grown by more than 2 million during that time (for reference, the European average for public housing is around 10%, with the Netherlands exceeding 30% and France and the United Kingdom approaching 20%).[7] In short, there is a significant room for improvement. However, initiatives to change this trend are still flourishing. **[Fig. 1]**

FIG 04. Abrevaderos asociados al pastoreo de la Casa de Campo. / Watering holes associated with grazing in the Casa de Campo. [Creative Commons Attribution-Share Alike 4.0 International.]

On ways to care for and promote housing

It is not easy to explain the transition from a disciplinary scenario in the 1960s, with 2,000 registered architects throughout Spain and 200,000 public housing units built per year (that is, 100 homes per architect per year, in which practically all the masters of Madrid architecture participated in various actions, neighborhood units and directed towns), to another in the 1980s and 1990s, with around 15,000

1. Online: https://www.elmundo.es/papel/cultura/2025/03/04/67c73488e4d4d83d6b8b45b4.html
2. With some nuances, as almost 200,000 are empty homes (about 7% of the total, compared to 14% nationally). Another relevant fact: almost 150,000 homes, 5% of the total, belong to large landlords (those with 10 or more properties). Online: https://www.eldiario.es/madrid/somos/5-viviendas-madrid-son-controladas-grandes-tenedores-sola-persona-posee-160-pisos-capital_1_11869691.html
3. Through the Ministry of Housing [Ministerio de la Vivienda] through the National Housing Plans [Planes Nacionales de Vivienda].
4. Fernández Carbajal, Alfonso, "La política de vivienda en España durante el franquismo", *Ciudad y territorio. Estudios territoriales*, n. 25(138) (2003), pages 639-654.
5. Today Agencia de Vivienda Social de la Comunidad de Madrid (AGEVISMA).
6. Today EMVS by adding the S for "Suelo" [Land] to its initials.
7. Online: https://www.expansion.com/inmobiliario/2023/04/23/6445020de5fdea156e8b467d.html
8. 24 proyectos. Empresa Municipal de la Vivienda. Ayuntamiento de Madrid 1981-1998. Pág. 7. (EMV, 1999)
9. Database built from the following EMVS online information: https://datos.madrid.es/egob/catalogo/300526-1-promociones-viviendas-emvs.xlsx
10. Currently, the average rental price for a two-bedroom, 75m2 home is around €1,300, with accumulated annual increases of between 10% and 15%.

architects and an average of 300,000 homes built per year, to that of 2007 with figures of 50,000 architects and around 500,000 homes built per year (10 homes per architect per year), up to the present day, in which more than 60,000 architects design around 90,000 homes per year (1.5 homes per architect per year).

Beyond the figures, which are grim and are not intended to generate a misleading need for solutions to "build more," we can identify two factors that feed off each other in this crisis. On the one hand, the contradictions and limitations of the public sector as a guarantor of access to quality housing, which we can exemplify with milestones such as (1) a quote from Mayor José María Álvarez del Manzano in the prologue of a book with 24 EMV projects developed between 1981 and 1999 in which he said "the EMV should not be satisfied with simply building (...) the quality of what is built must be taken into account",[8] with (2) the statistic that says that the EMV promoted up to 2,000 homes per year around 2007 while in the last ten years the average is 350,[9] with (3) the news from 2013 in which we learned that the Madrid City Council sold 1,860 homes to the Blackstone fund through the EMVS for 128.5 million euros, with (4) the reduction in the number of public and restricted tenders by both the EMVS and IVIMA, as well as (5) the introduction of numerous conditions of economic guarantees and previous experience in the few competitions that remain and that deny opportunities to young architects, with (6) the tendency to replace architectural competitions with design and construction competitions that de facto take the architectural quality of tenders promoted by the public with public resources out of the equation. On the other hand, the overflow of the neoliberal economy that permeates our lives and which, ignoring (7) Article 47 of the Spanish Constitution, which states that "all Spaniards have the right to enjoy decent and adequate housing," has accelerated both (8) the increase in rental and sale prices per m2 accumulated in Madrid since 1996, especially in the last four years;[10] and (9) foreign investment in the Madrid real estate market since 2010,[11] all facilitated by (10) underfunding of public services (from healthcare and education to, as can be deduced from the above, housing) and a certain fiscal laxity. **[Fig. 2]**

Although in this issue of *Arquitectura* magazine we can see some Madrid experiences around cooperative housing—such as those developed by sAtt with the Entrepatios project **[→See the project on pages 132-135]**—, or multiple experiments trying to squeeze the most out of a renovation or domesticating industrial spaces in obsolete warehouses and buildings —such as those proposed by BURR in Carabanchel **[→See the project on pages 126-131.]**—, the lead over us that other regions such as the Basque Country, the Balearic Islands or, especially, Catalonia have, is significant.[12] While recognizing that the housing crisis is significant there too, these examples could motivate Madrid's desire for prominence to be redirected so that its citizens can live in Madrid without feeling excluded by the cost of their mortgages and rents. In any case, citizen mobilization such as the one that already exists, without a firm public agenda and housing taxation that truly restores it as a right and not as a product, will not be able to reverse the problem of access to a home, which is the previous step to being able to comfortably discuss its quality.

On large and small public spaces

In 2011, many things happened in Madrid. One of them was the inauguration of Madrid Río, a linear park associated with the underground construction of the M30 highway carried out under Mayor Alberto Ruiz Gallardón. This was one of the main reasons for the city's debt in those years.[13] The park is a sophisticated infrastructure—designed by the studios of Burgos Garrido, Rubio and Álvarez-Sala, Porras Lacasta, and West 8—that represented a paradigm shift from many projects that, in the previous decade, had transformed the so-called "hard plaza" into a new symbol of traditional urban identity. With Madrid Río, the Manzanares River was incorporated into the city and began to talk about renaturalization, sustainable water management, land reclamation, inclusive and experimental children's play areas, among other topics, some of which were covered in issue 387 (first half of 2024) of *Arquitectura* magazine, dedicated to the territory.

Likewise, in 2011, specifically in May, the 15M movement took place, with demonstrations demanding a future in the face of the country's economic and political crisis. One of the iconic images of those years of citizen optimism was the encampment at Puerta del Sol in Madrid. At the same time, one of the 15M agitating movements across the country was the V de Vivienda Housing Platform, which emerged in 2006.[14] The 15M phenomenon branched out into assemblies beyond Sol, in an exercise in citizen decentralization that was partially replicated during the years of Madrid's municipalism. Thus, the 15M took on different forms, such as new political parties, neighborhood assemblies, self-managed squatted social centers,[15] or urban gardens. While informal citizen practices around urban gardening and vegetable gardens have existed since the 1990s and the first decade of the 21st century in Madrid (some of them recognized with the Sendas Ocultas project by Zuloark), or others related to community self-management, such as the Orcasitas thermal power plant,[16] it is relevant to highlight the founding of Esta es una Plaza (This is a Plaza, 2008),[17] for opening up an imaginary

11. ar from being discouraged by tax policies protecting housing as a right and not as a commodity, this has been politically justified by a desire to make Madrid an economically viable entity, also fiscally, with schemes such as the so-called "Golden Visa," which, since 2013, has awarded a European visa to anyone who invested at least €500,000 in real estate.

12. With experience in housing cooperatives with land use concessions, such as those proposed by Lacol (2022 Mies Emergente Award with La Borda), or with the entire work of IMPSOL.

13. Specifically, about 800 euros per inhabitant out of a total of about 2,000 euros of public debt per Madrid resident in 2008, according to the online resource: https://montera34.com/project/madrid-deuda-soterramiento-m30/

14. V de Vivienda then connected with the Platform for People Affected by Mortgages (from both spaces emerged the figure of Ada Colau, mayor of Barcelona and collaborator in promoting housing projects such as those mentioned in the previous point)

15. Very much alive in Madrid since the 1980s and 1990s with experiences like Minuesa, Seco, or Laboratorios de Lavapiés, but then revitalized with others like Eko in Carabanchel, La Morada in Chamberí, La Dragona in La Elipa, Montamarta in San Blas, Patio Maravillas, or, later, La Ingobernable.

16. The Meseta de Orcasitas Thermal Power Plant has provided heating to more than 2,200 homes (built by IVIMA for rehousing) in the Orcasitas neighborhood since 1984.

in relation to the reuse of vacant lots as self-managed citizen public spaces. This public space for citizen self-management was one of the key factors that enabled local associations and municipal technicians to establish, starting in 2014, an initial agreement and protocol for the management of neighborhood urban gardens in the city of Madrid, or, earlier, to open the Campo de Cebada or the El Almendro space in La Latina, and opened a permeable space between public administration, citizens and certain architects that allowed for the testing of some more participatory urban practices. **[Fig. 3]**

A city that experiments?

The Campo de Cebada, opened on May 15, 2011, in Madrid,[18] is just one of the many spaces that emerged during those years that illustrate the complexity of these legal, affective, social and constructive networks and practices.

We can identify a series of scenarios, both facilitated by the administration and achieved through alliances of citizens and architects, that, over the last two decades, have made it possible to explore diverse imaginings of the public sphere in the Madrid context. Likewise, we can list a series of diverse practices that have shaped inclusion within Madrid architecture,[19] for example, the Ecobulevar by Ecosistema Urbano, the Operación Herminio by Zuloark, and the 2016–17 project, the aforementioned network of urban gardens (62 community gardens and more than 500 in total, including those associated with schools and other public facilities); activist initiatives such as Todo por la Praxis (TXP) with Cinema Usera and other communities; municipal programs such as Paisaje Tetuán, Paisaje Villaverde, the Mares program (developed by VIC and TXP between 2016 and 2019), or the Agroplaza in Getafe (developed by Pez Estudio in 2015); experimental institutions such as Intermediae and Medialab-Prado;[20] experiences that interweave the city and the rural world, such as Inland (Campo Adentro),[21] and a multitude of schoolyards transformed by their own students into workshops also coordinated by Basurama (where various pioneering urban furniture certification initiatives have also been developed).

Just a representative sample, these practices have involved several years of collaboration between public service technicians and young architectural collectives,[22] transforming into learning experiences that, from citizen movements and in the company

FIG 05. 'Migrar es para siempre', Todo por la Praxis (TPX), 2022-2023. / 'Migrating is forever' [Todo por la Praxis, TPX.]

of these architects, have risen (as if we were talking about capillarity) towards the administration, normalizing issues such as naturalization, participation or circularity, as Manuel Pascual illustrates in his article on soft architectures **[→See the essay on pages 98-103]**. [23] All this has made it easier for certain public spaces to now be transformed from these sensibilities, or for projects such as the Metropolitan Forest of Madrid to be possible, but it also represents a way of understanding the public from the common and the qualitative, and not from the monetizable or purely bureaucratizable, to defend.[24] **[Fig. 4]**

Who do we not include when we talk about inclusion?

We're sure to leave someone out, so if you feel like this article doesn't include you, all these spaces between the lines are for you, shared with the migrant communities and the inhabitants of Cañada Real (who have been without electricity in sectors 5 and 6 since 2020),[25] with those who left Madrid because they couldn't or didn't want to depend on rent increases, with the trees cut down along the Manzanares due to the works on metro line 11, or with the closure of community and neighborhood projects, including numerous self-managed squatted social centers (CSOA), since 2019. If you don't feel included, we hope that Madrid makes it a priority to include, to be kind, to reinforce the common, the public, and that all of this can happen in an environment where architecture and its quality once again have the social relevance they once had. **[Fig. 5]**

[TRANSLATION BY THE AUTHOR.]

17. Esta es una plaza, located in the Lavapiés neighborhood, is an initiative and demonstration of citizen empowerment that emerged after a workshop at La Casa Encendida with the Milanese architecture collective Esterni, as part of the UrbanAcción series, curated by Ana Méndez de Andés.

18. Although that space, the site of the old La Cebada swimming pool, abandoned due to the crisis, had undergone a "trial run" in September 2010 with the ephemeral pool made of wooden slats and PVC sheeting built there by the Exytz collective as part of La Noche en Blanco (and had later been reclaimed by residents, the FRAVM and with the support of groups such as Basurama, Zuloark and TXP).

19. Including some seeds such as the Basurama festivals (2001-2006), or the aforementioned Noche en Blanco of 2010, curated by the eponymous collective—focusing on the consumption-waste duo in city-making as well as the notion of play and appropriation of public space—; or others such as the teaching space of the ETSAM Project Exploration Group, from the Higher Technical School of Architecture of the Polytechnic University of Madrid, and formed by professors Andrés Perea, Izaskun Chinchilla, Andrés Jaque, Paula Montoya and Rafael Torrelo, and a multitude of sociologists and other participating agents, which planted the seed of an expanded discipline interwoven with the social in several new generations of architects emerging from its classrooms.

20. Medialab Prado was a world reference for its explorations of the commons and citizen laboratories, driven by agents such as Antonio Lafuente, Marcos García and a huge and loyal community of users. Unfortunately, in 2021 it was moved to Matadero by decision of the Department of Culture, and its team and community were dismantled.

21. Part of the experience of the Campo Adentro art collective intersects with the Casa de Campo sheepfold and forest classroom and with the restoration of sheep grazing that has taken place since 2019 in what the largest urban park in Europe is.

22. Such as Basurama, Zuloark, TXP, VIC, Pez Estudio, or others (Paisaje Transversal or PKMN).

23. It is my view that Inaki Abalos' and Eduardo Prieto's contribution ('Café Houellebecq', IV, pages 118-121), reflects —through the use of the conflictive term 'woke' (with the confusion and perhaps unnecessary tension that, despite the initial clarification, this could generate in the reader)— another side of what Manuel Pascual claims.

24. The risk is illustrated by this recent news report from El País. Online: https://elpais.com/espana/madrid/2025-04-05/los-concursos-de-ideas-para-restaurar-seis-plazas-del-centro-de-madrid-pasaron-a-mejor-vida.html

25. Reivindicados por los proyectos de Todo por la Praxis "Migrar es para siempre" y "Con la luz no se juega".

Ford
DÁVILA
Service
BOSCH
AutoCrew

pwc

PORTALES
F-G-H-I-J-K-L-LL

Ahmed Aboutaleb, Josep María Borrell, Isabel Calzas, Iñaqui Carnicero y Diego Lozano en conversación con Javier García-Germán y Alejandro Valdivieso

Ahmed Aboutaleb, Josep María Borrell, Isabel Calzas, Iñaqui Carnicero and Diego Lozano in conversation with Javier García-Germán and Alejandro Valdivieso

Ahmed Aboutaleb, exalcalde de Rotterdam. / Former Rotterdam Mayor (2009-2024).

Josep María Borrell, arquitecto y coordinador técnico del Instituto Metropolitano de Promoción de Suelo y Gestión Patrimonial (IMPSOL), Área Metropolitana de Barcelona (AMB). / Architect and Technical Coordinator of the Barcelona Metropolitan Area (AMB) Metropolitan Institute of Land Development and Property Management (IMPSOL).

Isabel Calzas, arquitecta y directora general de Políticas de Vivienda y Rehabilitación del Ayuntamiento de Madrid. / Architect and Managing Director of Housing and Rehabilitation Policies, City Council of Madrid.

Diego Lozano, abogado y consejero delegado de la Empresa Municipal de la Vivienda y Suelo de Madrid (EMVS). / Lawyer and CEO, Madrid Municipal Housing and Land Company (EMVS).

Iñaqui Carnicero, arquitecto y secretario general de Agenda Urbana, Vivienda y Arquitectura, Ministerio de Vivienda y Agenda Urbana (MIVAU) del Gobierno de España. / Architect and General Secretary of Urban Agenda, Housing and Architecture, Ministry of Housing and Urban Agenda (MIVAU) of the Government of Spain.

Javier García-Germán y Alejandro Valdivieso, arquitectos y codirectores de *Arquitectura* (COAM). / Architects and Co-Editors-in-Chief of *Arquitectura* (COAM).

ESP **Sobre la inclusión y las políticas de vivienda social**

[Javier García-Germán]: Madrid es una ciudad en rápido crecimiento y su población inmigrante —principalmente latinoamericana, africana, europea del este— también está aumentando a un ritmo acelerado. Uno de los desafíos que enfrentamos es cómo promover políticas de vivienda inclusivas. ¿Qué políticas desarrolló en Rotterdam para crear una ciudad más inclusiva y asequible, así como para garantizar que Rotterdam siguiera siendo un lugar donde personas de todos los ámbitos de la vida puedan vivir juntas?

[Ahmed Aboutaleb]: Tener vivienda asequible nada tiene nada que ver con la inmigración y la inclusión. Dos tercios de los ciudadanos del mundo pertenecen a un nivel de clase media. Esto significa que la vivienda asequible es muy importante para estas personas. ¿Y qué significa ser asequible? Significa que no se paga más de un tercio de los ingresos por vivienda. También es importante tener suficiente margen en el presupuesto para otras cosas. Como resultado, la vivienda asequible es una política clave para los gobiernos locales y nacionales. ¿Por qué? Porque es la única manera de proteger a los ciudadanos de los grandes tenedores de vivienda, y esta es una forma de protección.

Por tanto, esto requiere una política activa en relación con la fijación de los precios del suelo o la construcción de viviendas sociales, y esto no significa necesariamente viviendas baratas, sino asequibles. Es realmente difícil para las ciudades impulsar la inclusión social a través de la implementación de políticas de vivienda social. La forma física de la ciudad es un hecho. Dura al menos 200 años, por lo que no se puede cambiar tan rápidamente. Sólo surgen pequeñas oportunidades cuando las ciudades renuevan un barrio y se transforma con nuevas viviendas. Sin embargo, el instrumento más importante para que una ciudad trabaje la inclusión en el corto plazo —y el corto plazo significa 20 años— no es la vivienda sino la educación. ¿Por qué? Cuando las personas viven en un entorno pobre, mejorar su educación implica que terminarán ganando más dinero que sus padres y, como consecuencia, tendrán mejores oportunidades de mudarse a otra zona, mejorando la ciudad poco a poco. Así es como la inclusión social puede ocurrir a través de un canal completamente diferente: a saber, la educación y la generación de mejores ingresos.

[Alejandro Valdivieso]: Uno de los retos más importantes a los que se enfrentará Madrid es el de proporcionar vivienda asequible. ¿Cuál es su experiencia al gobernar Rotterdam para crear y mantener un parque de viviendas asequibles? ¿Qué políticas y modelos de vivienda diseñó su administración para promover más vecindarios multiculturales y de ingresos mixtos en lugar de guetos?

[AA]: En Rotterdam casi el 50 % del parque de viviendas es de vivienda social. Desde el final de la Segunda Guerra Mundial hasta 2002, la ciudad estuvo gobernada por los socialdemócratas y durante más de 50 años la ciudad pudo desarrollar una política de vivienda sistemática que construía para ciudadanos de ingresos limitados. Esta política de vivienda fue una elección política, que siempre consiste en tomar decisiones, y que es mejor si es constante en el tiempo. Así que incluso si la ideología cambia, algunas cuestiones no deberían cambiarse. Y la vivienda asequible es una de estas cuestiones realmente importantes. Como resultado, la ciudad de Rotterdam, en comparación con otras grandes ciudades de los Países Bajos, es la ciudad menos segregada. Tenemos una buena mezcla de personas con una variedad de ingresos en los diferentes vecindarios.

[JGG]: Pasando de Rotterdam al caso español, y estando las competencias en materia de vivienda en manos de las comunidades autónomas, ¿qué tipo de políticas se pueden desarrollar desde el Gobierno de España y que eficacia tienen?

[Iñaqui Carnicero]: Nuestro papel no es solo el de financiar a las Comunidades Autónomas, sino también el de liderar estrategias, coordinar esfuerzos y establecer medidas que incentiven la producción de vivienda en todo el territorio nacional. En el contexto actual marcado por un déficit de oferta, la acción estatal es clave para movilizar suelo, facilitar financiación y generar un marco normativo estable que permita desarrollar los miles de viviendas que el país necesita. Los Planes Estatales de Vivienda desempeñan un papel fundamental. Entre las distintas medidas que recogen, una de las que mayor impacto tiene es el impulso al incremento del parque público de viviendas. A través de este enfoque, buscamos dar respuesta a la creciente demanda de vivienda en alquiler que estamos viviendo. En el próximo Plan Estatal de Vivienda en el que estamos actualmente trabajando, y que entrará en vigor el año que viene, se incrementarán significativamente los recursos destinados a la construcción y a la rehabilitación de viviendas con fines sociales. Se impulsarán medidas de colaboración público-privada, así como fórmulas innovadoras de acceso a la vivienda —como son el derecho de superficie o los modelos de cesión de uso— garantizando así un parque de vivienda pública más amplio y accesible.

Sobre la vivienda social y la calidad de la arquitectura

[AV]: En España, el grueso de la construcción de viviendas recae en un sector privado dónde la calidad arquitectónica, excepto en contadas excepciones, brilla por su ausencia. ¿Qué políticas se pueden desarrollar para que los promotores privados apuesten por un entorno construido de calidad?

[IñC]: Durante demasiado tiempo, la construcción de vivienda en España ha estado dominada por una lógica especulativa, donde la rapidez y la rentabilidad inmediata han primado sobre el diseño, la sostenibilidad y la habitabilidad. Para romper con esta dinámica se requiere un cambio de enfoque, en el que la vivienda no se conciba únicamente como un producto de mercado, sino como un elemento clave para el bienestar social y la sostenibilidad ambiental. En primer lugar, las administraciones públicas debemos desempeñar un papel ejemplarizante, a través del impulso de medidas como la promoción de concursos abiertos de arquitectura, que permitan seleccionar proyectos basados en la calidad del diseño y no únicamente en criterios económicos, donde la arquitectura no solo responda a una necesidad funcional, sino que aporte identidad y dignidad a los entornos urbanos. Sin embargo, para que esta transformación tenga un impacto real a gran escala en nuestro país, es imprescindible que la iniciativa privada se sume a este enfoque. Para ello, las administraciones debemos generar los incentivos adecuados para que los promotores privados incorporen criterios de excelencia arquitectónica en sus proyectos, demostrando que la calidad no solo es compatible con la rentabilidad, sino que aporta valor añadido tanto a los residentes como a las propias ciudades.

[JGG]: Pasando de las políticas estatales a las metropolitanas, querríamos dar la palabra a Josep María Borrell. Para el colectivo de arquitectos resulta ejemplar la iniciativa que viene desarrollando el Instituto Metropolitano de Promoción de Suelo y Gestión Patrimonial (IMPSOL) del Área Metropolitana de Barcelona (AMB). ¿Cómo se logra que la calidad e innovación arquitectónica sea un sello de identidad de la casa?

[Josep María Borrell]: Pondremos al arquitecto autor y a su equipo en el centro del proceso, por lo que nuestro objetivo es captar el mejor talento consiguiendo la respuesta óptima a la pregunta formulada en el concurso. El concurso está planteado desde el conocimiento de la profesión del arquitecto en particular, y es nuestra voluntad atender sus principales dificultades y realzar las fortalezas, trabajando desde la confianza y con actitud generosa. El concurso pretende siempre formular un encargo que fomente el ingenio, la creatividad y la innovación a la par que garantiza la participación universal (sin solvencia para los autores), el anonimato, una remuneración adecuada, además de la competencia de un jurado transversal. Establecer unas bases sencillas y claras, donde el precio es fijo y el fallo es exclusivamente por calidad, minimizando la burocracia y fomentando la transparencia, con una exposición abierta al público de las propuestas finalistas y un acto de debate con los miembros del jurado serán activos importantes de nuestra metodología. Pero buena parte del secreto radica en pequeños detalles que posiblemente no son visibles en los pliegos y que parten de comprender los recursos y esfuerzo invertidos de los equipos licitadores en el proceso de concurso y cumplir con las expectativas; rigurosidad, implicación y consenso previo de los objetivos con el ayuntamiento, flexibilidad con el programa, minimizar el volumen de trabajo a los participantes, atender las preguntas con diligencia, organizar adecuadamente las sesiones del jurado, respetar los plazos del fallo, explicarse, exponerse, empatizar y un largo etcétera. Una vez escogida la propuesta ganadora, nuestra actitud como dinamizador es la clave de todo el proceso, y nuestra labor es crear un ecosistema favorable entre los agentes que intervenimos en el proyecto. Hay que implicar y estimular con los retos de cada proyecto al Ayuntamiento al que corresponde, al propio equipo interno, y por supuesto al equipo autor y en posterioridad a la constructora y los futuros habitantes. No somos un clásico promotor que toma las decisiones desde el otro lado de la barrera, y decide en base a nuestras creencias, sino que formamos parte del equipo y valoramos y asumimos los riesgos, con sus aciertos y sus errores, conjunta y solidariamente con todos los agentes implicados, de forma horizontal. Esta política de acción es fundamental en todo el proceso.

[AV]: Y en el caso de la colaboración público-privadas ¿Cómo lográis controlar la calidad arquitectónica al trabajar con promotoras privadas?

[JMB]: En el caso del AMB se puso en marcha una empresa mixta (HMB), y acordamos entre los entes públicos y privados un 'libro blanco' (manual de calidades) y un 'libro verde' (manual de estrategias energéticas). Se acordó, por ejemplo, que todas las viviendas deben tener ventilación cruzada y la letra de la calificación energética de los edificios debe ser A. Respecto al proceso de selección de los arquitectos autores, estos deben ser previamente homologados por HMB quien, frente a una nueva promoción, selecciona a tres equipos que participan en un concurso con un formato de dialogo competitivo. Este proceso lo gestiona la parte privada de la empresa mixta, pero mantiene informada de cada paso a la parte publica, que tiene derecho a elevar un informe al consejo de administración, y que será valorado previo a la adjudicación. Además, el consejo de administración está formado por cuatro consejeros nombrados por las entidades públicas, cuatro nombrados por las entidades privadas, y un consejero independiente nombrado por unanimidad.

FIG 01. Peris + Toral Arquitectes (Marta Peris y José Toral). 85 viviendas de protección oficial (VPO) para el Instituto Metropolitano de Promoción de Suelo (IMPSOL) del Área Metropolitana de Barcelona (AMB) en Cornellà de Llobregat (2017-2011). Imagen de los corredores comunales. / 85 units public housing for the Barcelona Metropolitan Area (AMB) Metropolitan Institute of Land Development and Property Management (IMPSOL) in Cornellà de Llobregat. Image of the open communal corridors. [José Hevia.]

FIG 02. Flexo-arquitectura (Tomeu Ramis y Aixa del Rey). 42 viviendas de protección oficial (VPO) para el Instituto Metropolitano de Promoción de Suelo (IMPSOL) del Área Metropolitana de Barcelona (AMB) en Sant Boi de Llobregat (2022-). Planta tipo. / 42 units public housing for the Barcelona Metropolitan Area (AMB) Metropolitan Institute of Land Development and Property Management (IMPSOL) in Sant Boi de Llobregat. Floor plan.

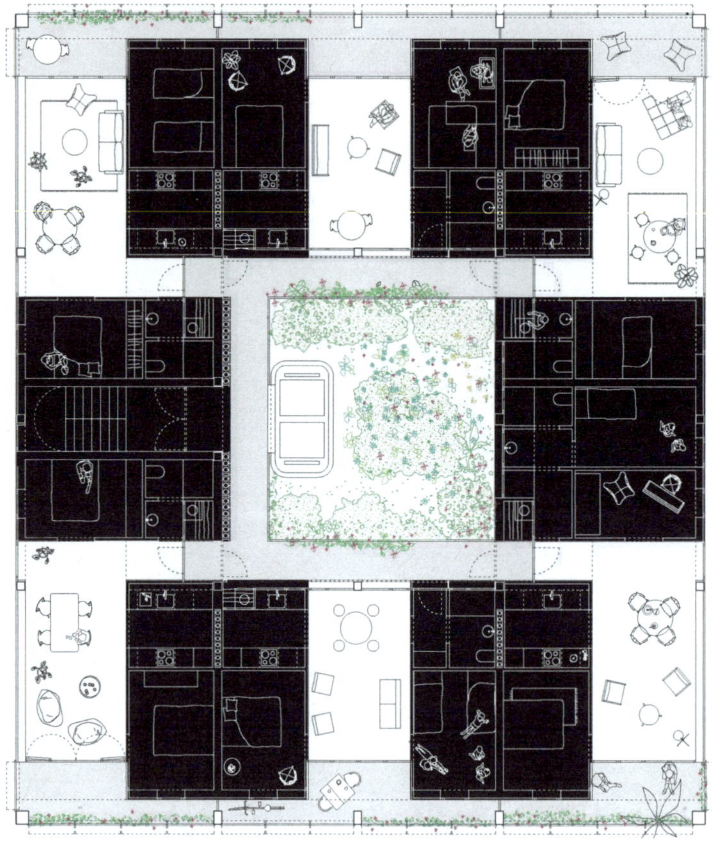

[JGG]: Además de fomentar la calidad de la arquitectura, todavía queda por abordar una cuestión fundamental que es la recuperación de un sistema de honorarios profesionales que estén acorde con la complejidad de los trabajos, indispensables para poder atender a muchos de los retos —como el cambio climático— que exigen un mayor rigor constructivo.

[IñC]: No se puede hablar de calidad de la arquitectura en nuestro entorno construido si los arquitectos no contamos con unas condiciones dignas. Tanto el futuro Consejo de Calidad de la Arquitectura como la Casa de la Arquitectura, conforman las dos principales instituciones creadas por la Ley de Calidad de la Arquitectura para lograr este objetivo. Este Consejo asumirá un papel clave como órgano consultivo en la mejora de las condiciones profesionales de los arquitectos, especialmente en lo que respecta a la regulación de unos honorarios acordes con la complejidad del trabajo arquitectónico. En este sentido, desde este Consejo, se ejercerán labores de asesoramiento a órganos de contratación acerca de la estimación de honorarios para la determinación de los presupuestos base de licitación, de aquellos contratos de servicios que tengan por objeto la redacción de proyectos de arquitectura. Estos presupuestos deben reflejar el valor añadido de la arquitectura. Se pretender evitar que la competencia en concursos y licitaciones se base exclusivamente en el precio, lo que acaba precarizando la profesión y, en última instancia, afectando a la calidad de las obras. Asimismo, la calidad de nuestro entorno construido depende en gran medida de que los procesos de contratación fomenten la excelencia y permitan seleccionar las mejores propuestas, algo que solo se logra con jurados cualificados y bien remunerados como el mejor mecanismo para garantizar la calidad arquitectónica y la transparencia en la adjudicación de proyectos.

Sobre la regeneracion urbana

[AV]: Tanto el Ayuntamiento de Madrid, como la Comunidad de Madrid, tuvieron la capacidad de construir en las décadas anteriores a la gran crisis inmobiliaria, un parque de vivienda pública en propiedad de gran calidad que alcanzó gran reconocimiento internacional. ¿Qué medidas está implantando el Ayuntamiento de Madrid para impulsar la calidad arquitectónica y constructiva hoy en día?

[Isabel Calzas]: Como punto de partida, es importante señalar la importancia crucial que adquieren en estos momentos para la ciudad las operaciones de rehabilitación y regeneración urbana, sobre todo si tenemos en cuenta que el 98% del suelo urbano consolidado de la ciudad está ya construido, y el suelo en Madrid está prácticamente agotado. Y a ello hay que sumar que tenemos un parque edificado de los más antiguos de Europa. Madrid tiene aproximadamente 1,5 millones de viviendas, y el 70% es anterior a 1980. Para hacer frente a todas estas cuestiones, el Ayuntamiento de Madrid pone su mirada en la ciudad existente, desarrollando importantes políticas de rehabilitación del parque residencial edificado. El plan 'Transforma Madrid' ha permitido en Madrid impulsar la rehabilitación hasta alcanzar las 100.000 viviendas rehabilitadas en los últimos cinco años. Además, estamos impulsando diferentes proyectos piloto en línea con la Nueva Bauhaus Europea para demostrar que es posible rehabilitar con soluciones innovadoras, que al mismo tiempo conserven el carácter histórico de la ciudad y las señas de identidad de sus barrios, y sepan poner en valor la arquitectura de calidad.

[JGG]: Volviendo a Rotterdam, ¿cómo logró durante su mandato, Sr. Aboutaleb, garantizar que la renovación urbana no afectara desproporcionadamente a los más vulnerables?

[AA]: Necesitamos un cierto nivel de gentrificación, que es algo que implica fortalecer los barrios. Esto significa tener una buena combinación de ingresos. Es la única manera de que un lugar que tenga desequilibrios fiscales se pueda consolidar. Si un barrio es completamente público, no funciona. Y si es 100% privado tampoco lo hace. La única manera es una combinación equilibrada de las dos. Creo —como socialdemócrata— que un cierto nivel de gentrificación es realmente importante porque es la única manera de crear un vecindario fuerte. Y esto es realmente importante. La gentrificación puede tener un componente negativo, pero permitirla en cierto grado es fundamental para mejorar el nivel de un barrio.

[AV]: Volvamos al contexto de Madrid. En este año 2025 se va a redactar el Plan Nacional de Renovación de Edificios. Con el horizonte de un Madrid descarbonizado en 2050 ¿se puede aprovechar este escenario para desarrollar soluciones innovadoras en la renovación del parque edificado de Madrid?

[IsC]: Sabemos que el 80% de los edificios de España están entre las letras E, F y G de la escala energética. Y en el caso de Madrid las construcciones de los años, 60, 70 y 80 se ubican en la letra G, sin que pasemos a la F hasta los años 90, donde nos mantenemos casi hasta la entrada en vigor del Código Técnico de la Edificación (CTE) en 2006, momento en el cual los edificios ya empiezan a mejorar su comportamiento energético. Es precisamente por estos edificios más ineficientes por donde debemos comenzar la renovación, en línea con el Plan Nacional. Tenemos un importante reto energético que abordar. Y si queremos alcanzar 2050 con un Madrid descarbonizado, esto implica dar determinados pasos en la innovación de las políticas de rehabilitación de edificios. En este sentido, estamos convencidos de que no solo los edificios de nueva construcción, sino también las intervenciones en el entorno construido pueden y deben alcanzar estándares de consumo de energía casi nulos, y estamos comprometidos con ello. Tenemos ya barrios enteros, como el Poblado Dirigido de Orcasitas, que ha renovado casi el 100% de sus edificios alcanzando un estándar de barrio de consumo de energía casi nulo.

Sobre la innovación tipológica y los nuevos modelos habitacionales

[JGG]: En el contexto español, las iniciativas en materia de vivienda protegida tanto públicas como privadas son muy conservadoras. En otros países europeos sí existen propuestas de gran interés para potenciar la asequibilidad y flexibilización de la vivienda —desde la construcción de edificios híbridos, hasta la promoción de viviendas en bruto—, ¿en qué medida puede el estado central desarrollar normativas o iniciativas que promuevan la innovación tipológica en la vivienda?

[IñC]: La innovación en la vivienda protegida es una asignatura pendiente en España. Es fundamental que las políticas de vivienda evolucionen hacia modelos que permitan una mayor adaptabilidad a las necesidades cambiantes de la sociedad. Desde el Estado, tenemos la capacidad de impulsar esta transformación a través de normativas y estrategias que fomenten por ejemplo la innovación tipológica, impulsando la flexibilización de la regulación urbanística para permitir una mayor mezcla de usos en los edificios de vivienda protegida, favoreciendo la coexistencia de espacios residenciales con equipamientos comunitarios, comercio local o espacios productivos, o contribuyendo a la sostenibilidad social y económica de los barrios. Uno de los ejemplos más claros es el impulso del 'co-housing' y 'co-living' a través de los Planes Estatales de Vivienda, una tipología habitacional que fomenta la vida en comunidad, la eficiencia en el uso de recursos y una mayor accesibilidad a la vivienda. Este modelo, ampliamente desarrollado también muchos otros países europeos de nuestro entorno, que permite compartir espacios y servicios comunes, reduciendo costes y promoviendo nuevas formas de convivencia más solidarias y adaptadas a las necesidades de distintos colectivos. Otra de las iniciativas es el Proyecto Estratégico para la Recuperación y la Transformación Económica (PERTE) de la industrialización de la vivienda. Es una iniciativa del Ministerio de Vivienda y Agenda Urbana que permitirá, además de modernizar los procesos constructivos, abrir la puerta a tipologías más versátiles y dinámicas, como el 'co-housing' y 'co-living', los edificios híbridos de usos mixtos o las viviendas evolutivas, que permiten adaptar los espacios a lo largo del tiempo según las necesidades de sus habitantes.

[AV]: Volviendo al caso de Madrid, ante las oportunidades que puede ofrecer el Nuevo Plan General de Ordenación Urbana que está en gestación, ¿qué tipo de propuestas relacionadas con nuevos modelos habitacionales está planteando el Ayuntamiento de Madrid?

[Diego Lozano]: El Ayuntamiento de Madrid está apostando por nuevas soluciones y modelos innovadores de vivienda pública, por eso, el nuevo Plan General permitirá transformar equipamientos dotacionales obsoletos o en desuso en viviendas de alquiler asequible o en alojamientos en régimen de 'co-living'. De este último modelo residencial, que optimiza el uso del espacio y fomenta la convivencia a través de áreas comunes compartidas, se llevará a cabo una experiencia piloto en el distrito de Moncloa, donde EMVS Madrid construirá un proyecto piloto de 45 pisos en 'co-living' de alquiler asequible, que además se ejecutará mediante construcción industrializada y en madera. El uso de sistemas industrializados en madera para la construcción de edificios de vivienda permite reducir hasta en un 40% los plazos de ejecución en comparación con la construcción tradicional, asegurando al mismo tiempo altos estándares de calidad y sostenibilidad. De esta forma, podemos incrementar más rápidamente la oferta de vivienda pública, sin incrementar por ello los costes.

[JGG]: El Área Metropolitana de Barcelona impulsa de modo decidido los temas de sostenibilidad ambiental, tanto de climatización pasiva como de descarbonización de la construcción. Ahora bien, ¿qué innovación tipológica se está llevando a cabo tanto a la escala del edificio como de la propia unidad de vivienda?

[JMB]: Promovemos equipamientos habitables permanentes, sabemos quién y cómo habitamos hoy pero no podemos predecir los hábitos sociales a medio y largo plazo. Nuestro aprendizaje reciente nos lleva a concluir que el factor determinante es la dimensión del espacio de la cédula, y nuestros pliegos piden como tipología genérica aquella formada por estancias sin jerarquía, de superficie preferentemente no inferior a 12m2, y conectables entre ellas. Cabe tener en cuenta que no debe ser una solución incrementar la superficie útil de las viviendas, ya que supondría un aumento de la renta de los alquileres. La tendencia es la optimización de la superficie habitable mediante la supresión de vestíbulos y pasillos que compensen este aumento de superficie de las estancias que versatiliza los espacios. Pero también valoramos la facilidad de modificación de elementos constructivos para alterar el programa interior de una vivienda. O incluso la afectación a más de una vivienda, variando la definición funcional de las mismas, con el objetivo de flexibilizar las unidades en el futuro. O también facilitar la interconexión de casas cuyos usuarios quieran compartir algunos espacios de sus viviendas. En esta línea estamos incorporando también algunas pruebas piloto de clústeres, reduciendo el espacio habitable privativo y compartiendo espacios comunes de cocina o estar entre 3 o 4 pisos. Es un modelo que creemos se extenderá ya que contribuye a la erradicación de la soledad no deseada, un problema en auge que podemos resolver compartiendo actividades y fortaleciendo las comunidades.

[AV]: Una iniciativa que se ha llevado a cabo en Barcelona es la cesión de suelo público para la construcción de cooperativas. ¿Qué modelos de promoción estáis desarrollando diferentes de los clásicos de promoción de vivienda social de obra nueva ya sea en propiedad o en alquiler? ¿Qué pensáis de la vivienda sin acabar?

[JMB]: En el contexto de autosuficiencia económica que atañe a nuestra empresa y que también la hace particular, la promoción de vivienda en alquiler supone un aumento de nuestro endeudamiento que resulta inasumible rápidamente ya que los retornos medios son a 30 años. Por un lado, a pesar de que la emergencia habitacional actual requiera priorizar el alquiler, en el que estamos centrados, la mezcla de regímenes de tenencia (alquiler, derecho de superficie y venta con la calificación de vivienda de protección oficial indefinida) en una misma promoción es lo que mejor favorece la sostenibilidad social y económica a medio y largo plazo. El derecho de superficie, que es la cesión de la vivienda por un periodo de 75 años (por un precio un 15% inferior al de la protección oficial) creemos que va a posicionarse como un régimen de tenencia al alza ya que permite a los habitantes la estabilidad necesaria que garantiza la permanencia, el pago de cuotas similares al alquiler (pero por periodos limitados de 20 a 30 años), y además posibilita aligerar el endeudamiento a los promotores. Respecto a la cuestión de las viviendas sin acabar, lo hemos ido planteando a lo largo del tiempo. De hecho ya lo practicamos en los años 2000 cuando surgió IKEA, y veíamos que algunas de las cocinas provistas eran sustituidas por aquellas. Entonces dejamos de construir las cocinas. Pero socialmente generó ciertas dificultades, porque existen situaciones de vulnerabilidad que son complejas de abordar a nivel político... Posiblemente no estábamos preparados, y aprendimos que un avance muy radical puede generar rechazo, siendo una situación que se acaba politizando, y fracase. Hay que avanzar lento pero firme, con mirada a medio plazo, y debemos invertir mucho en pedagogía. Esa es nuestra filosofía.

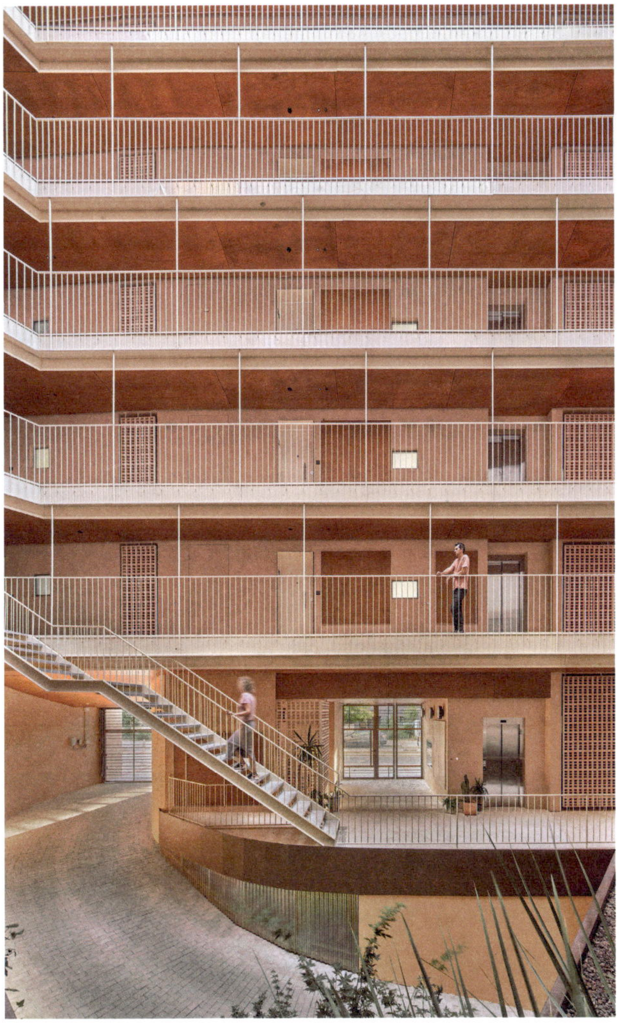

FIG 03. MARMOLBRAVO (Marina del Mármol y Mauro Bravo) + MADhel (Daniel Bergman y Miguel Herráiz). 102 viviendas de protección oficial (VPO) (San Francisco Javier 6, Puente de Vallecas) para la Empresa Municipal de la Vivienda y Suelo de Madrid (EMVS) (2008-2023). Imagen de uno de los patios interiores. / 102 units public housing (San Francisco Javier 6, Puente de Vallecas) for the Madrid Municipal Housing and Land Company (EMVS). Image of one of the interior courtyards. [José Hevia.]

ENG On Inclusion and Social Housing Policies

[Javier García-Germán]: Madrid is a fast-growing city and its immigrant population —Latin American, African, Eastern European— is also increasing at a rapid pace. One of the challenges we face is how to promote inclusive housing policies. What policies did you develop in Rotterdam to create a more inclusive and affordable city, to ensure that Rotterdam remained a place where people from all walks of life can live together?

[Ahmed Aboutaleb]: Having affordable housing has nothing to do with migration and inclusion. Two-thirds of citizens in the world are born to act to function and to work at a mid-class level. This means affordable housing is very important for all these people. And what does 'be affordable' mean? It means that you never pay more than a third of your income for housing. Having enough space in your budget for other things is also important. As a result, affordable housing is a key policy for local governments and national governments. Why? Because it is the only way citizens can be protected from landlords. And housing is a form of protection. So that requires an active policy in cities in relation to the pricing of the land or building social housing— which does not necessarily mean cheap housing. It is difficult for cities to steer inclusiveness by means of social housing. The urban composition of the city is a given. It lasts at least 200 years, so you cannot change the tissue rapidly. You only have small opportunities when cities renovate a neighborhood. However, the most important instrument for a city to work on inclusion on a short-term basis —short-term means 20 years— is not housing but education. Why? When people live in a poor environment, improving their education implies they will end up making better money than their parents and, therefore, they will have better chances to move to another area, improving the city in a piecemeal fashion. This is the way social inclusion can happen through a completely different channel: namely, education and generating a better income.

[Alejandro Valdivieso]: One of the most important challenges in Madrid we will face is to provide affordable housing. What is your experience in Rotterdam to create and maintain affordable housing stock? What policies and housing models did your administration design to promote more mixed income and multicultural neighborhoods rather than ghettos?

[AA]: IIn Rotterdam almost 50 % of the housing stock is formed by social houses. Since the end of World War II until 2002 the city was run by the Social Democrats, and for more than 50 years the city could develop a systematic housing policy which built for limited incomes. This housing policy was a political choice. You know that politics is always about making choices, and it is better if it is consistent in time. So even if ideology changes, a series of questions should not be changed. And affordable housing is one of the important questions. As a result, the city of Rotterdam, compared to the other large cities in the Netherlands, is the least segregated city. We have a good mixture of people with a variety of incomes in the different neighborhoods.

[JGG]: Moving from Rottterdam to the Spanish case where housing competences are in the hands of the Autonomous Communities [Comunidades Autónomas], what type of policies can be developed by the Central Government of Spain and how effective are they?

[Iñaqui Carnicero]: Our role is not only to finance the Autonomous Communities [Comunidades Autónomas] but also to lead strategies, coordinate efforts and establish measures that encourage housing production throughout the country. In the current context, marked by a supply deficit, the Government's action is key to mobilizing land, facilitate financing and generate a stable regulatory framework that allows the development of the thousands of homes that the country needs. The State Housing Plans [Planes Estatales de Vivienda] play a fundamental role. Among the different measures, the one which has the greatest impact is the drive to increase the public housing stock. Through this approach, we seek to respond to the growing demand for rental housing that nowadays exists. In the next State Housing Plan [Plan Estatal de Vivienda] on which we are currently working, and which will come into force next year, there will be a significant increase in resources to the construction and rehabilitation of social housing. The plan will promote public-private collaboration measures, as well as innovative formulas —such as the right of surface or models of transfer of use— thus guaranteeing a larger and more accessible public housing stock.

On Social Housing and Architectural Quality

[AV]: In Spain, most of the housing that is built falls to the private sector, where architectural quality —except in very few exceptions— is conspicuous by its absence. What policies can be developed so that private developers commit to a high-quality built environment?

[IñC]: For too long, housing construction in Spain has been dominated by a speculative logic, where speed and immediate profitability have taken precedence over design, sustainability and habitability. To end with this dynamic a change of approach is required, in which housing is not conceived solely as a market product, but as a key element for social well-being and environmental sustainability. First, public administrations must play an exemplary role, through the promotion of measures such as the promotion of open architecture competitions, which allow projects to be selected based on the quality of the design and not only on economic criteria. This implies that architecture should not only respond to functional needs but also provide identity and dignity to urban environments. However, for this transformation to have a real large-scale impact in our country, it is essential that private initiative also joins this approach. To achieve this, administrations must generate appropriate incentives for private developers to incorporate criteria of architectural excellence in their projects, demonstrating that quality is not only compatible with profitability, but also provides added value to both residents and the cities themselves.

[JGG]: Moving from state policies to metropolitan policies, we would like to give the floor to Josep María Borrell. For architects, the initiative being developed by the Metropolitan Institute for Land Promotion and Heritage Management (IMPSOL) of the Barcelona Metropolitan Area (AMB) is exemplary. How do you make architectural quality and innovation a hallmark of your home?

[Josep María Borrell]: We place the architect and his team at the center of the process. Our objective is to attract the best talent by obtaining the more precise answer to the question asked in the competition. Our competitions acknowledge architecture particular professional framework, addressing its principal difficulties and at the same time enhancing its strengths. We team up with architects both with confidence and with a generous attitude. The competition brief always formulates a working framework that encourages intelligence, creativity and innovation, while guaranteeing universal participation (experience is not required for participants), anonymity, adequate remuneration, in addition to a qualified transversal jury. Establishing a simple and clear competition brief, where the honorarium is fixed and the decision is exclusively based on quality, minimizing bureaucracy and promoting transparency, with a public exhibition with the finalist proposals and an open debate with the members of the jury, are important assets of our methodology. But a good part of the secret lies in small details that may not be visible in the competition specifications. First, understanding the resources and effort which are invested by the bidding teams in the competition process; second, implementing rigor, involvement and prior consensus with the city council; third, having flexibility with the program; fourth, minimizing the workload for the participants and answering the questions diligently; fifth, organizing rigorous jury sessions; sixth, respecting the deadlines; seventh of the ruling, explaining, exposing oneself, empathizing and a long etcetera. Once the winning proposal has been chosen, our attitude as a facilitator is the key to the entire process. Our job is to create a favorable ecosystem among all the agents involved in the project. The corresponding City Council, the internal team itself, and of course the architectural team, and subsequently the construction company and the future inhabitants, must be involved and stimulated with the challenges of each project. We are not the typical developer who makes decisions from the other side of the sidelines and decides based on our beliefs. We are part of the team, and we assume the risks —not only the achievements but also the errors— jointly with all the agents, in a horizontal fashion. This attitude is fundamental throughout the entire process.

[AV]: And in the case of public-private collaborations, how do you manage to control architectural quality when working with private developers?

[JMB]: In the case of the AMB, a mixed company (HMB) was launched, and we reached an agreement between public and private entities on a 'white book' (quality manual) and a 'green book' (energy strategy manual). It was agreed, for example, that all homes must have cross-ventilation and their energy rating must be A. Regarding the selection process of architectural teams, they must be previously approved by HMB who, in every new scheme, selects 3 teams that participate in a competition with a competitive dialogue format. This process is managed by the private part of the company, but keeps the public part informed of each step, having the right to submit a report to the board of directors, which will be evaluated prior to the award. Furthermore, the board of directors is made up of four individuals appointed by public entities, four appointed by private entities, in addition to independent director who is appointed unanimously.

[JGG]: In addition to promoting the quality of architecture, a fundamental issue still needs to be addressed, which is the recovery of a system of professional fees that are commensurate with the complexity of the work. This is essential to be able to address many of the contemporary challenges —such as climate change— that require greater construction rigor.

[IñC]: We cannot talk about the quality of architecture in our built environment if architects do not have decent conditions. And that is why both the future Architecture Quality Council [Consejo de Calidad de la Arquitectura], together with the House of Architecture [Casa de la Arquitectura], make up the two main institutions created by the Law on the Quality of Architecture [Ley de Calidad de la Arquitectura] to achieve this objective. This Council will assume a key role as an advisory board in improving the professional conditions of architects, especially regarding the regulation of fees commensurate with the complexity of architectural endeavors. In this sense, it will provide advice to contracting bodies, on the estimation of fees for the determination of the bidding budgets for design contracts, and which should reflect the added value architecture grants. The aim is to prevent decision-making in contests and tenders from being based exclusively on price, which ends up making practice precarious which, in turn, affects the quality of the architectural works. Likewise, the quality of our built environment depends largely on the fact that contracting processes should promote excellence and the selection of the best proposals. And this is something that is only achieved with qualified and well-paid juries, which is the best mechanism to guarantee architectural quality and transparency in the awarding of projects.

On Urban Regeneration

[AV]: Both Madrid City Council [Ayuntamiento de Madrid] and the Community of Madrid [Comunidad de Madrid] had the capacity to build, in the decades prior to the great real estate crisis, a high-quality public housing stock that achieved great international recognition. What measures is the Council implementing nowadays to promote architectural and construction quality?

[Isabel Calzas]: As a starting point, it is important to point out the crucial importance that urban rehabilitation and regeneration operations are currently acquiring for the city, especially if we consider that 98% of the city's consolidated urban land is already built, and the land in Madrid is practically exhausted. And to this we must add the fact that we have one of the oldest built housing stocks in Europe. Madrid has approximately 1.5 million homes and 70% of them date back to before 1980. To address all these issues Madrid City Council [Ayuntamiento de Madrid] is focusing on the existing city, developing important rehabilitation policies for the existing residential stock. The 'Transforma Madrid' Plan has promoted rehabilitation, succeeding in renovating 100,000 homes in the last five years. In addition, we are promoting different pilot projects in line with the New European Bauhaus initiative which proves that it is possible to rehabilitate with innovative solutions, not only preserving the historical character of the city and the identity of neighborhoods but also introducing architectural quality.

[JGG]: Going back to Rotterdam, Mr. Aboutaleb, how did you work when you were the Mayor to ensure that urban renewal does not disproportionately affect the vulnerable?

[AA]: We need a certain level of gentrification, which implies making neighbourhoods strong. This means having a balanced mix of incomes over there. It is the only way to make a place solid with enough tax imbalances. If a neighbourhood is completely 100% social, it is not good. And if it is 100 % private, it is not good either. So, we need to balance. I think —as a social democrat— that a certain level of gentrification is important because that's the way to bring the wallets together to make a strong neighborhood. I think this is important. Gentrification can have a negative component, but to a certain degree it can be instrumental to upgrade the level of a neighborhood.

[AV]: Let's go back to Madrid. The National Building Renovation Plan [Plan Nacional de Renovación de Edificios] will be drafted in 2025. With the prospect of a decarbonized Madrid by 2050, can this scenario be leveraged to develop innovative solutions for the renovation of Madrid's building stock?

[IsC]: We know that 80% of the built stock in Spain have E, F and G rank in energy certification. In the case of Madrid, the buildings from the 60s, 70s and 80s usually rank G, without moving to F until the 1990s. Buildings remain around F until the approval of the Technical Building Code [Código Técnico de la Edificación (CTE)] in 2006, when buildings improve consistently their energy performance. And it is with these inefficient buildings where renovations must begin, in line with the National Plan. We have an important energy challenge to address. And if we want to reach 2050 with Madrid decarbonized, this implies taking certain steps in the innovation of building rehabilitation policies. In this sense we are convinced that near-to-zero energy consumption standards must be achieved not only with new interventions, but also with building renovations, and we are committed to this. We already have entire neighborhoods, such as the Orcasitas Social Housing Neighborhood [Poblado Dirigido de Orcasitas], where 100% of its building stock has been renovated, reaching near-to-zero energy standards.

On Typological Innovation and New Housing Models

[JGG]: In the Spanish context, the architecture of social housing, both public and private, is very conservative. In contrast, in other European countries, housing proposals enhance for instance the affordability and flexibility of housing, the development of hybrid buildings or the construction of unfinished homes. To what extent can the central government develop regulations or initiatives that promote typological innovation in housing?

[IñC]: Innovation in social housing is a pending issue in Spain. It is essential that housing policies evolve towards models that allow greater adaptability to the changing needs of society. From the Government, we have the capacity to promote this transformation through regulations and strategies that encourage for instance typological innovation, the promotion of flexibility of urban regulation to allow a greater mix of uses in protected housing buildings, favoring the coexistence of residential spaces with community facilities, local commerce or productive spaces, or contributing to the social and economic sustainability of neighborhoods. One of the clearest examples is the development of co-housing and co-living through the Plan Estatal de Vivienda, a housing typology that promotes community life, efficiency in the use of resources and greater accessibility to housing. This model, which has been widely developed in many other European countries, enables us to share common spaces and services, reducing costs and promoting new forms of coexistence that are more supportive and adapted to the needs of different social groups. Another initiative is the Strategic Project for Economic Recovery and Transformation [Proyecto Estratégico para la Recuperación y la Transformación Económica (PERTE)] which focuses on the industrialization of housing. This initiative from the Ministry of Housing and Urban Agenda [Ministerio de Vivienda y Agenda Urbana (MIVAU)] will enable, in addition to modernizing construction processes, to open the door to more versatile and dynamic typologies, such as co-housing and co-living, hybrid mixed-use buildings or evolutionary homes, which allow spaces to be adapted over time according to the needs of their inhabitants.

[AV]: Going back to Madrid, given the opportunities that the New General Urban Planning Plan [Nuevo Plan General de Ordenación Urbana] that is in development can offer, what type of proposals related to new housing models is Madrid City Council [Ayuntamiento de Madrid] proposing?

[Diego Lozano]: The Madrid City Council [Ayuntamiento de Madrid] is proposing new solutions and innovative models of public housing. In consequence, the new General Plan will allow the transformation of obsolete or disused non-residential facilities into affordable rental housing or co-living accommodation. Regarding this last residential model which optimizes the use of space and encourages coexistence through shared common areas, the Madrid Municipal Housing and Land Company [Empresa Municipal de la Vivienda y Suelo (EMVS) is undertaking a pilot experience in Moncloa district to build 45 co-living apartments for affordable rent. Interestingly, this project will be built in industrialized timber construction. The use of industrialized wood systems allows building schedules to reduce up to 40% compared to traditional construction, whilst ensuring high standards of quality and sustainability. As a result, we can increase the supply of public housing more quickly, without increasing costs.

[JGG]: The Metropolitan Area of Barcelona [Área Metropolitana de Barcelona (AMB)] decisively promotes environmental sustainability, addressing both passive climate control and the decarbonization of building processes. Is this intensity also being taken to the field of typological innovation, both at the scale of the building and the housing unit itself?

[JMB]: We promote permanent habitable facilities. We know who and how we live today but cannot predict future social patterns in the medium nor in the long term. This leads us to conclude that the determining factor of a flexible house is the dimension of the housing unit, and our competition specifications require a generic typology formed by a set of equal rooms, without any hierarchies, preferably over 12m2 and interconnected. It is important to point out that increasing the net area of homes is not a solution, since it implies an increase in rentals. The trend is to optimize the living area by eliminating doorways and corridors to compensate for this increase in the area of the rooms, which makes the spaces more versatile. But we also promote the modification of building elements to alter the layout of a house. Or modifying the layout of more than one unit, with the aim of making them more flexible. Or even facilitating the interconnection of units whose inhabitants want to share spaces. Along these lines, we are also beginning to test the efficacy of clusters, reducing private living-space and sharing kitchens or living-rooms between 3 or 4 apartments. It is a

FIG 04-05. Ricardo Sánchez González, Hugo Sebastián de Erice y Sergio Artola. 87 viviendas de protección oficial (VPO) (Nuestra Señora de los Ángeles 11, Puente de Vallecas) para la para la Empresa Municipal de la Vivienda y Suelo de Madrid (EMVS) (2011-2021). Sección transversal e imagen de los corredores comunales. / 87 units public housing (Nuestra Señora de los Ángeles 11, Puente de Vallecas) for the Madrid Municipal Housing and Land Company (EMVS) (2011-2021). Cross-section and Image of the open communal corridors.[Imagen Subliminal (Miguel de Guzmán + Rocío Romero).]

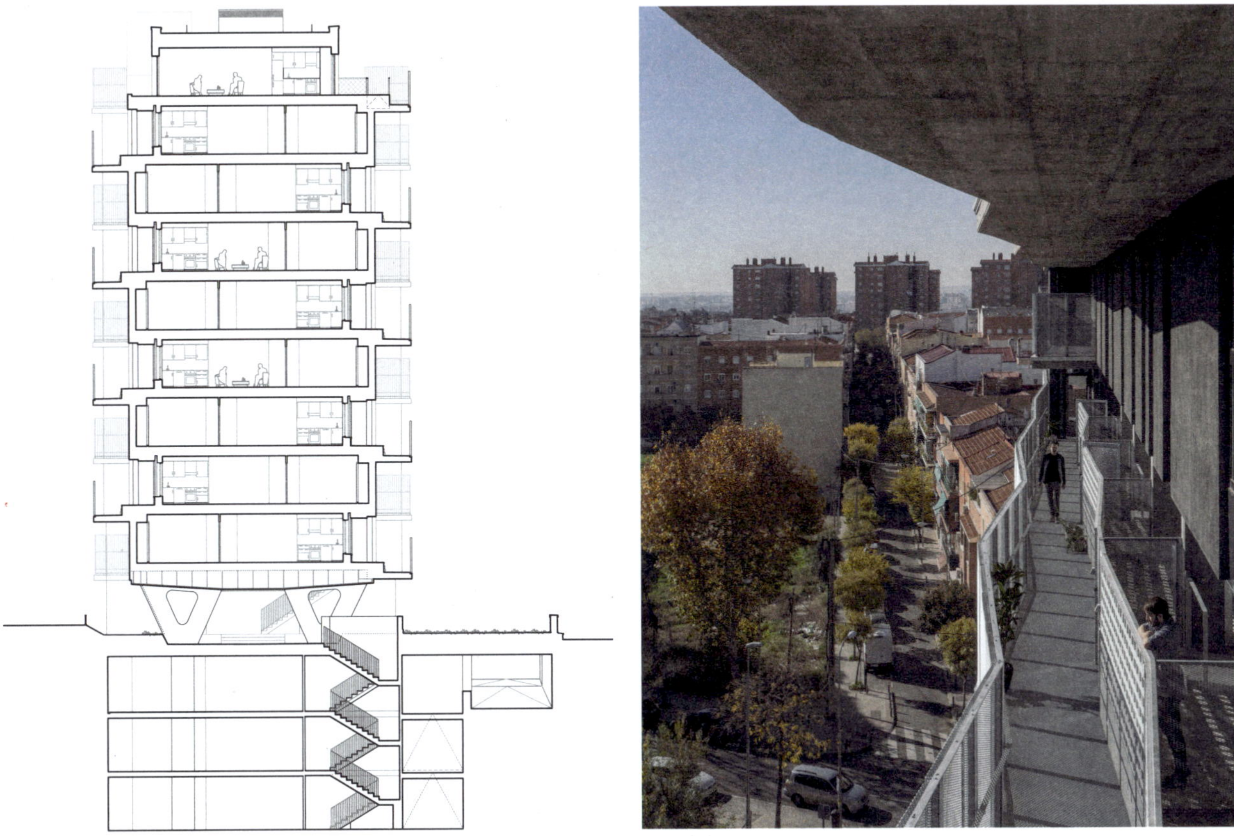

model that we believe will be successful as it contributes to eliminating loneliness, a growing problem that can be solved sharing activities to strengthen the communities.

[AV]: An initiative that has been carried out in Barcelona is to hand over public land for the construction of cooperatives. What kind of alternative social housing development models are you promoting, whether build-to-sell or build-to-rent? What do you think of the unfinished home?

[JMB]: In the context of economic self-sufficiency that concerns our company —and which makes it particular— the construction of rental housing implies an increase in our debt we cannot afford, since the average returns are 30 years. On the one hand, although the current housing emergency requires prioritizing build-to-rent, on which we are focused, the mixture of regimes —rental, right to surface, and sale (classified as indefinite public housing [vivienda de protección oficial indefinida])— in the same development is what best favors social and economic sustainability in the medium and long term. We believe that surface rights —which is the transfer of the scheme for a period of 75 years, 15% lower in price than those with public protection [protección oficial]—, will end up being the best option, since it allows its inhabitants the necessary stability that guarantees permanence, the payment of fees similar to rent (but for limited periods 20 to 30 years), and in addition enables to reduce the debt of developers. The issue of unfinished homes has been raised in the last years. In fact, we already practiced it in the 2000s when IKEA emerged, and we saw that some of the kitchens we supplied were being replaced by those. And we stopped providing the kitchens. But socially it raised some difficulties, generating situations of vulnerability that are complex to address at a political level... Possibly we were not prepared, and we learned that a very radical move forward can generate rejection, and these questions usually are politicized and end up failing. We must move forward slowly but steadily, with a medium-term perspective, and we must invest a lot of resources in pedagogy. That is our philosophy.

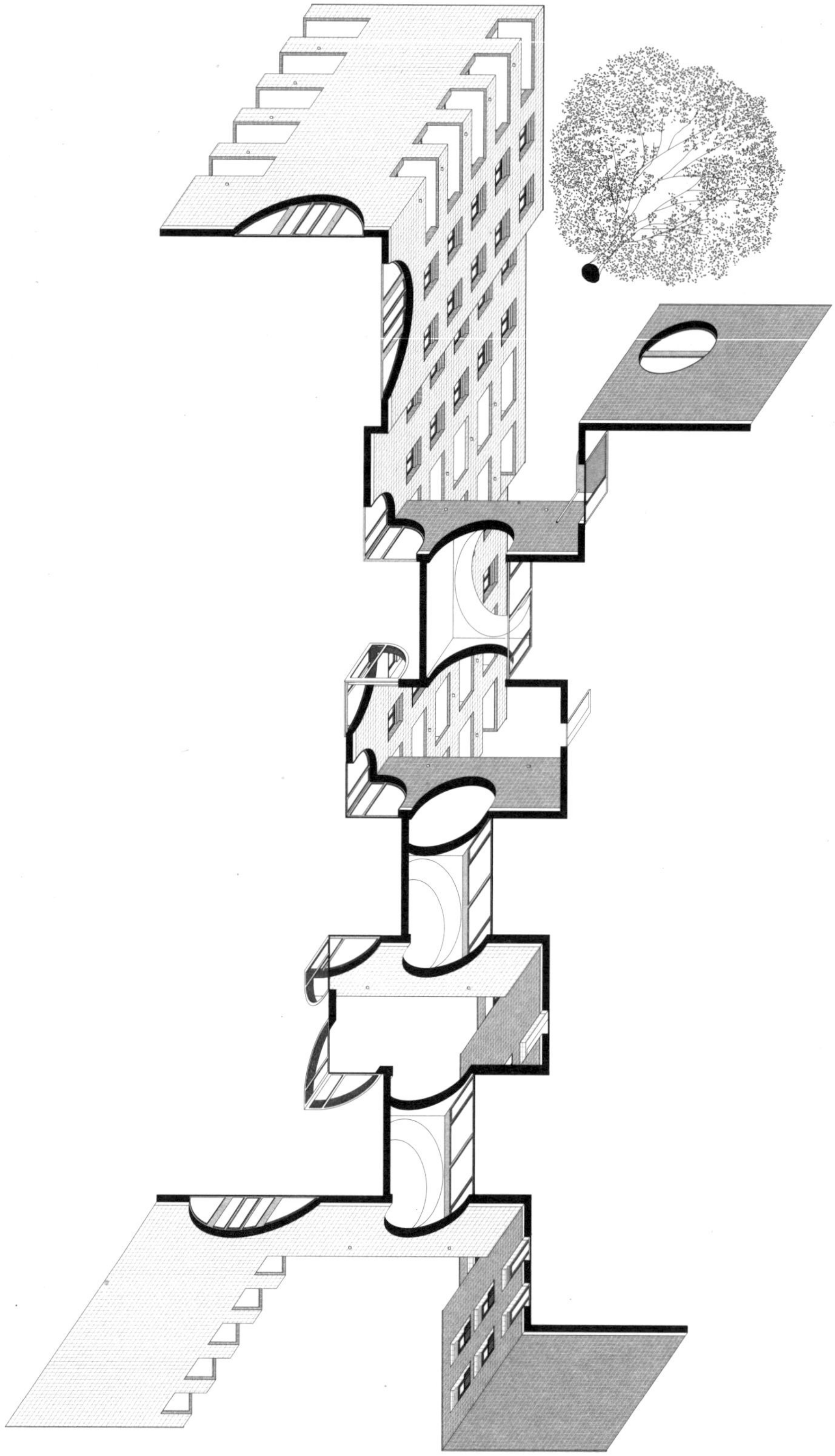

FIG 01. Axonometría de conjunto. / General axonometric drawing.

PROYECTO

PASODOBLE

GINEBRA, 2020

Nomos Architects

FIG 02. Fotografía del acceso. / Photograph of the access. [Paola Corsini.]

ESP El edificio Pasodoble alberga, además de viviendas colectivas y sociales, un hogar para personas en situación de discapacidad intelectual y para estudiantes. En la planta baja se encuentran espacios comerciales y un centro de entrenamiento físico y de rehabilitación. Un pórtico arqueado los une y forma la base estructural del edificio.

Dos volúmenes distintos dan cabida a este programa mixto y comparten una serie de patios ligeramente desplazados. Juntos concilian las dos alineaciones diferentes del lugar y ponen en escena un cedro majestuoso. El espacio y la tensión entre los dos volúmenes crean, de forma similar al baile del pasodoble, la figura arquitectónica, estimulando el deleite colectivo.

La residencia comunitaria del SGIPA Fondation, así como los apartamentos de estudiantes, siguen un esquema lineal, mientras que el resto de viviendas se organiza con una configuración en cruz. Todos los espacios habitables se reúnen en torno al patio y las habitaciones individuales están orientadas hacia el exterior.

El ritmo binario del pasodoble se expresa también en el uso de las baldosas de cerámica verde y blanca, fabricadas a mano en Vietri sul Mare, en Italia. Las unas reflejan las cualidades de las otras, proporcionando orientación y belleza, en contraste con la melancolía que habitualmente desprenden las viviendas sociales y las residencias.

[DESCRIPCIÓN DE LOS AUTORES.]

FIG 03. Fotografía de los espacios comunes. / Photograph of the common spaces. [Paola Corsini.]

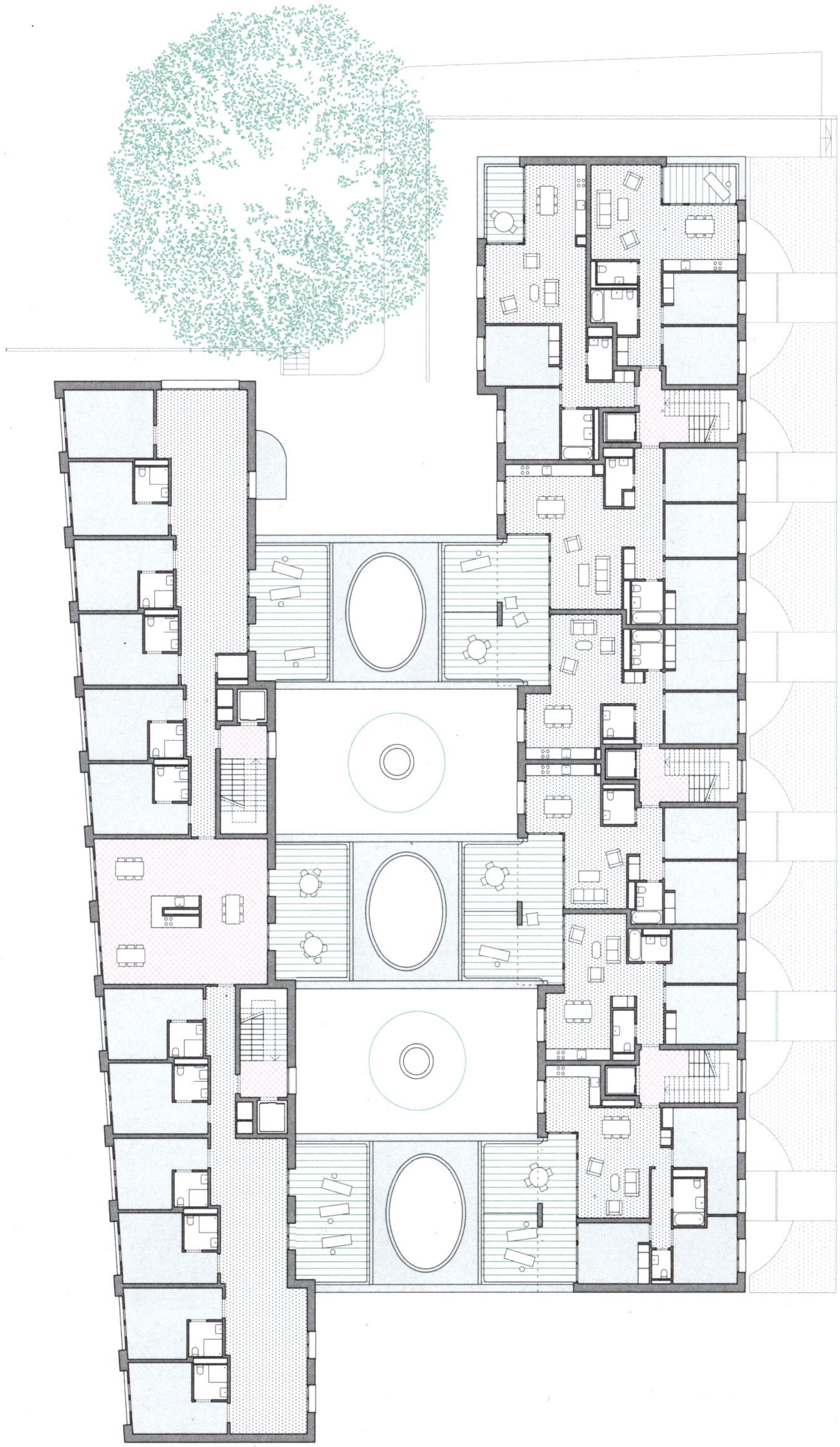

FIG 04. Planta primera. / First floor plan.

FIG 05. Fotografía del volumen residencial. / Photograph of residential volume. [Paola Corsini.]

ENG Pasodoble offers a home to people with mental disabilities and to students, as well as collective and social housing. Commercial spaces and a center for physical training and rehabilitation are located on the ground floor. A continuous arched portico binds them together and forms the structural base of the building.

Two distinct volumes accommodate this diverse programme. They share an enfilade of slightly shifted patios. Together they reconcile the two different alignments on site and frame a majestic cedar tree. The space and the tension between the two bodies is reminiscent of the popular dance pasodoble, and creates the architectural theme and stimulates collective delight.

The communal residence of the SGIPA Fondation, as well as the student apartments, are organized as linear cluster types, the other apartments as cross types. All the living spaces gather around the courtyard, while the individual rooms look outwards.

The binary rhythm of the pasodoble is also expressed by the use of the green and white ceramic tiles, handcrafted in Vietri sul Mare in Italy. They reflect each other's qualities while providing orientation and beauty, much in contrast to the melancholy of traditional social and clinical housing.

[DESCRIPTION AND TRANSLATION BY THE AUTHORS.]

FIG 06. Fotografía del volumen asistencial. / Photograph of asistential volume. [Paola Corsini.]

La plaza blandengue

The Soft Plaza

Manuel Pascual García (Zuloark)

"Yo, de todas formas, siempre he detestado al hombre blandengue[...] Amigo mío, el hombre nunca debe de blandear [...]".

José Luis Cantero, 'El Fary', en una entrevista para Radio Televisión Española emitida en 1984.

ESP En 2015, Cyril Dion y Mélanie Laurent dirigieron el documental *Demain* tras leer un artículo en *Nature* que advertía sobre el colapso ecológico. Cansados de discursos catastrofistas, presentaron un futuro esperanzador a través de iniciativas alrededor del mundo que son ejemplos concretos de soluciones a los retos ambientales y sociales del siglo XXI. Propuestas sobre alimentación, energía, economía, educación y gobernanza que demuestran que mirar al presente permite viajar al futuro.

En ese mismo año, en Madrid, otro documento alumbraba futuros de esperanza para repensar la ciudad. *Los Madriles*,[1] un atlas de iniciativas vecinales visibilizó un inmenso tejido de proyectos de transformación urbana. Lo que nació como una plataforma para mapear iniciativas emergentes se convirtió en un manual de aprendizajes para intuir futuros deseables.

Los Madriles cartografió una ciudad blandengue, creada no desde la jerarquía poderosa, sino desde la fuerza de la debilidad.[2] No a golpe de planes urbanísticos y grandes infraestructuras, sino a partir de poner en valor las capas blandas.[3] Una ciudad ensamblada a partir de proyectos de arquitectura menor[4] que tienen el poder de reconfigurar los usos y la percepción de los espacios. Arquitecturas blandengues como La Central Térmica de Orcasitas, Entrepatios o el Albergue de San Fermín contribuyeron a modificar de manera emergente toda la ciudad a través de repensar los modelos de gestión y gobernanza o de poner foco en los cuidados.

Uno de los hitos que visibilizó *Los Madriles* se encontraba en pleno centro, un ejemplo de plaza blandengue de gestión ciudadana llamado El Campo de Cebada. Frente a

1. AA.VV., *Los Madriles*, 2015. En línea: https://losmadriles.org/
2. Fernández-Savater, Amador, *La Fuerza de los débiles. El 15M en el laberinto español. Un ensayo sobre la eficacia política*, Akal, Madrid, 2021.
3. Chinchilla, Izaskun, *La ciudad de los cuidados*, Catarata, Madrid, 2020.
4. Stoner, Jill, *Hacia una arquitectura menor*, Bartlebooth, 2018. [*Toward a Minor Architecture*, The MIT Press, Cambridge (MA.), 2012 (Traducción y prólogo de Lucía Jalón).]
5. Solnit, Rebecca, *Paraíso en el infierno. Las extraordinarias comunidades que surgen en el desastre*, Capitán Swing, Madrid, 2020. [*A Paradise Built in Hell. The Extraordinary Communities that Arise in Disaster*, Viking Penguin, Nueva York, 2009. (Traducción de David Muñoz Mateos).]
6. Fragmento de la canción "Vivir para contarlo", de Violadores del verso (2006).
7. Haraway, Donna J., *Seguir con el problema. Generar parentesco en el Chthuluceno*, Consonni, Bilbao, 2019. [*Staying with the Trouble. Making Kin in the Chthulucene*, Duke University Press, Durham, 2016. (Traducción de Helen Torres).]
8. En este sentido, experiencias como el Campo de Cebada y otras iniciativas ciudadanas han servido para actualizar las herramientas de diseño y gestión de la administración municipal madrileña, empezando por muchos de sus técnicos y calando hasta una capa política.
9. Fernández-Savater, Amador y García, Marcos, *Habitar el conflicto. Mutaciones en el espacio público*, Bartlebooth, 2021.

FIG 01. Timeline Cebada. [David Cárdenas Lorenzo (*La Cebada*, ed. Zuloark).]

un diseño tradicional basado únicamente en la materialidad sólida, una planificación rígida y decisiones de diseño centralizadas, El Campo de Cebada se gestó a través de herramientas blandengues: la gestión colectiva, la planificación flexible, la circularidad material, los pactos sociales o afectivos y las colaboraciones emergentes.

El proyecto nació en 2010, ocupando el agujero de hormigón generado por el desmantelamiento del polideportivo público de La Latina y la crisis económica de 2008. Esa crisis, y las controversias que de ella surgieron, fueron los detonantes del proyecto. La gente común hace cosas extraordinarias ante las crisis; el sentido de comunidad y la capacidad de improvisación emergen cuando las estructuras de gobierno desaparecen, dando paso a otro tipo de parlamentos urbanos en los que la cooperación y la creatividad florecen[5].

Hoy, tiempo después de que concluyera el proyecto, revisitamos en este artículo algunos de sus aprendizajes; capaces de ofrecer miradas de esperanza para el futuro de las ciudades a través de seis microrrelatos blandengues que cuentan lo que pasó en esta plaza.

1."Yo tampoco sé vivir, estoy improvisando"[6]

Entre todos aquellos que lo habitamos y transformamos día a día, ninguno sabíamos hacer El Campo de la Cebada. Se diseñó desde la consciencia del "no saber hacer", pero desde la certeza de que "se puede aprender a hacer con ayuda". Nació inspirándose en otras prácticas más consolidadas como 'Esta es una plaza' o la Tabacalera de Lavapiés. Exploró los modelos de gestión abiertos y la cultura Open-Source, para construir comunidad de manera más inclusiva y resiliente. Dedicó tiempo a documentar y a abrir sus propios aprendizajes para que circularan y afectaran a otros espacios y experiencias. Se pensó a sí misma desde la experimentación urbana como un laboratorio de prácticas y prototipos con posibilidad de fracasar.

2. Parentescos raros[7]

La Cebada nos ayudó a identificar que los futuros de esperanza emergen de facilitar los parentescos raros, los comunes bastardos, los proyectos híbridos y los contextos mestizos en los que se juntan los que normalmente no tienen tanto que ver. La Cebada producía innovación cuando tendía puentes entre mundos muy separados. Por eso, cuando sus representantes se sentaban a negociar con los técnicos municipales no lo hacían desde la reclamación, sino como una invitación a pensar. Alumbrando cosas imposibles, pero tendiendo la mano para aprender a hacerlas posibles juntos[8].

3. Habitar el conflicto[9]

La Cebada nació del conflicto, de una sucesión de ellos. Pero no intentando eliminarlos. Sino habitándolos, poniéndolos encima de la mesa, alimentando la discusión desde el hacer. La historia de El Campo de Cebada podría ser en realidad la crónica de todos los conflictos que la atravesaron y de cómo se habitaron. Muchos de estos conflictos llevaron a la plaza a situaciones casi insostenibles, pero también surgieron alianzas imprevisibles y soluciones inéditas que mostraban otras maneras más resilientes de gestionar la ciudad. Uno de sus ejemplos es la implicación de algunos vecinos molestos con el ruido al convertirse en los técnicos vecinales que hacían las pruebas de sonido y el control de volumen en los eventos.

4. Infraestructuras emergentes

El Campo de Cebada también trabajó algunas partes menos blandas. Microinfraestructuras diseñadas de manera colaborativa que expandían las formas de habitar una plaza. Infraestructuras eléctricas, iluminación regulable y enchufes públicos. Almacenamiento, que permitió disponer de herramientas compartidas. Agua, para facilitar la limpieza y traer biodiversidad.

FIG 02. Conjunto de gradas elaboradas por varios colectivos. / Set of bleachers made by various groups. [María Carmona.]

Mobiliario resiliente, para que la configuración de la plaza pudiera adaptarse a cada momento. Infraestructuras de saneamiento como el 'Solopisnocaca', un prototipo de baño que facilitara su limpieza y gestión. Diseños a medida, que introducían en el espacio público situaciones habituales de los ámbitos domésticos, y que conformaron también manuales de diseño abierto.

5. Operación Herminio

Desde la escasez se descubrió la abundancia. La materialidad de El Campo de Cebada se construía con muy pocos recursos. La circularidad material no se practicó sólo como objetivo ecológico, sino como exigencia vital. El primer auditorio de la cebada se construyó recuperando las tablas de encofrado utilizadas en la obra del malogrado Centro Internacional de Convenciones de Madrid (CICCM) de Emilio Tuñón, Luis Moreno Mansilla y Matilde Peralta. Con este entrenamiento se contribuyó a construir protocolos que acabaron siendo prácticas generalizadas en toda la ciudad. Algunos de los bancos más duraderos fueron posibles mediante la Operación Herminio, con la que gracias a un trabajador municipal de uno de los almacenes de mobiliario (Herminio) se han podido recuperar y reutilizar todas las maderas de bancos sustituidos de Madrid.

6. Huertopía[10]

La cebada no solo estaba habitada por seres humanos, también estaba habitada por especies vegetales y animales que intentaban complejizar la biodiversidad de este vacío de hormigón. El Campo de Cebada trabajó incansablemente en imaginar una gestión del agua accesible, en introducir suelos orgánicos en el espacio, en posibilitar un jardín y un huerto, en atraer polinizadores o en inventar un pequeño bosque en macetas. Puso los cuidados en el centro del diseño de la plaza y sobre todo trajo esperanza al cambiar su imaginario. El Campo de Cebada formó parte de la Red de Huertos Urbanos de Madrid que contribuyó a crear el Programa Municipal de huerto Urbanos Comunitarios, coordinado por el Área de Medio Ambiente y Movilidad, uno de los proyectos urbanos más transformadores. Hoy ya son más de 50 huertos en esa red en todos los distritos de la capital.

Años después, El Campo de Cebada sigue resonando. Su legado demuestra que la ciudad no se diseña exclusivamente con grandes infraestructuras, sino que de manera más eficiente se puede transformar con gran impacto a través de las arquitecturas blandengues.

10. Fernández Casadevante 'Kois', José Luis, *Huertopías. Ecourbanismo, cooperación social y agricultura*, Capitán Swing, Madrid, 2025.

"I, however, have always detested the softy man [...] My friend, a man should never be softy [...]".

José Luis Cantero, 'El Fary', in an interview for Spanish Radio and Television broadcast [Radio Televisión Española] in 1984.

FIG 03. El auditorio de las cien sillas diferentes. / The auditorium of a hundred different seats. [Ana Salom (*La Cebada*, ed. Zuloark).]

ENG In 2015, Cyril Dion and Mélanie Laurent directed the documentary *Demain* after reading a *Nature* article warning of ecological collapse. Tired of catastrophic narratives, they presented a hopeful future through initiatives from around the world that exemplify solutions to the 21st century's environmental and social challenges. Proposals on food, energy, economy, education, and governance demonstrated that looking at the present allows us to imagine the future.

That same year, in Madrid, another document illuminated hopeful futures for rethinking the city. *Los Madriles*,[1] an atlas of neighborhood initiatives, revealed an immense network of urban transformation projects. What began as a platform to map emerging initiatives became a learning manual for envisioning desirable futures.

Los Madriles mapped a soft city, one not shaped by hierarchical power but by the strength of weakness.[2] Not through urban plans and major infrastructure, but by valuing the softer layers.[3] A city assembled through minor[4] architectural projects, capable of reconfiguring the uses and perceptions of spaces. Soft architectures like La Central Térmica de Orcasitas, Entrepatios, or the Albergue de San Fermín contributed to reshaping the entire city through reimagined management and governance models and a focus on care.

One of the landmarks highlighted by *Los Madriles* was located right in the city center: a soft plaza managed by citizens called El Campo de Cebada. In contrast to traditional designs based solely on solid materiality, rigid planning, and centralized decision-making, El Campo de Cebada developed through soft tools: collective management, flexible planning, material circularity, social or affective agreements, and emerging collaborations.

The project was born in 2010, occupying the concrete hole generated by the dismantling of the public sports center of La Latina and the economic crisis of 2008. That economic crisis and the controversies that arose from it were the triggers for the project. Ordinary people do extraordinary things in the face of crisis; the sense of community and the ability to improvise emerge when government structures disappear, giving way to another type of urban parliament in which cooperation and creativity flourish.[5]

Today, sometime after the end of the project, we revisit in this article some of the lessons learned that can offer glimpses of hope for the future of cities through six micro-stories that tell the story of what happened in this urban space.

1. AA. VV., *Los Madriles*, 2015. Online: https://losmadriles.org/
2. Fernández-Savater, Amador, *La Fuerza de los débiles. El 15M en el laberinto español. Un ensayo sobre la eficacia política*, Akal, Madrid, 2021.
3. Chinchilla, Izaskun, *La ciudad de los cuidados*, Catarata, Madrid, 2020.
4. Stoner, Jill, *Toward a Minor Architecture*, The MIT Press, Cambridge (MA.), 2012.
5. Solnit, Rebecca, *A Paradise Built in Hell. The Extraordinary Communities that Arise in Disaster*, Viking Penguin, New York, 2009.

1. "I don't know how to live either, I'm improvising"[6]

None of us who lived and transformed El Campo de Cebada day by day knew how to make it happen. It was designed from an awareness of "not knowing how to do," yet with the certainty that "you can learn to do it with help." It was born inspired by other more consolidated practices such as 'Esta es una plaza' or Tabacalera de Lavapiés. It explored open management models and Open-Source culture, to build community in a more inclusive and resilient way. Time was dedicated to documenting and sharing its own learnings, allowing them to circulate and influence other spaces and experiences. It envisioned itself as an urban experimentation lab—testing practices and prototypes, embracing the possibility of failure.

2. Strange Relations[7]

La Cebada taught us that hopeful futures emerge from fostering rare kinships, bastard commons, hybrid projects, and crossbred contexts where people who normally have little in common come together. La Cebada sparked innovation when it built bridges between distant worlds. For this reason, when its representatives sat down to negotiate with municipal technicians, they did not approach it as a complaint but as an invitation to think together. They illuminated seemingly impossible ideas while extending a hand to learn how to make them possible together.[8]

3. Inhabit the Conflict[9]

La Cebada was born out of conflict, a succession of them. But rather than trying to eliminate conflicts, it embraced them, bringing them to the surface and fostering discussion through action. The story of El Campo de Cebada could be seen as a chronicle of all the conflicts that crossed its path and how they were embraced. Many of these conflicts pushed the plaza to the brink of unsustainability, but they also led to unexpected alliances and unprecedented solutions, revealing more resilient ways of managing the city. One example is how some neighbors, initially annoyed by noise, became neighborhood technicians responsible for sound testing and volume control during events.

4. Emerging infrastructures

El Campo de Cebada also addressed fewer soft aspects. Collaboratively designed micro-infrastructures expanded how the square could be inhabited. Electrical systems, adjustable lighting, and public power outlets were installed. Storage facilities made shared tools accessible. Water systems facilitated cleaning and brought biodiversity. Resilient furniture allows flexible configurations to suit each moment. Sanitation infrastructures like the 'Solopisnocaca' prototyped a toilet that made cleaning and management easier. Custom designs introduced domestic practices into public space, forming open design manuals in the process.

FIG 04. Proceso de construcción. / Construction process. [Zuloark.]

5. Herminio Operation

From scarcity, abundance was discovered. The materiality of El Campo de Cebada emerged with very limited resources. Material circularity was not only pursued as an ecological goal, but as a vital necessity. The first Auditorium of La Cebada was built by recovering formwork boards used in the spoiled Madrid International Convention Center [Centro Internacional de Convenciones de Madrid (CICCM)] project by Emilio Tuñón, Luis Moreno Mansilla and Matilde Peralta. This practice laid the foundation for protocols that eventually became widespread practices across the city. Some of the most durable benches resulted from Operation Herminio thanks to a municipal worker (Herminio) who recovered and reused wood from replaced benches throughout Madrid.

6. Huertopía[10]

El Campo de Cebada was not just inhabited by humans; it was also home to plant and animal species working to enrich the biodiversity of this concrete urban void. El Campo de Cebada tirelessly envisioned accessible water management, introduced organic soils into space, enabled a garden and orchard, attracted pollinators, and even created a small forest in pots. Care was placed at the heart of the spatial design, bringing hope by transforming its imaginary. It became part of the Madrid Urban Orchard Network, which helped establish the Municipal Program of Urban Community Orchards [Programa Municipal de huerto Urbanos Comunitarios] coordinated by the Environment and Mobility Area [Área de Medio Ambiente y Movilidad], one of the city's most transformative urban projects. Today, over 50 gardens are part of this network spread across all districts of the capital.

Years later, El Campo de Cebada continues to resonate. Its legacy demonstrates that cities are not only shaped by large infrastructures but can also be profoundly transformed with great impact through soft architectures.

[TRANSLATION BY THE AUTHOR.]

6. Excerpt from the song "Vivir para contarlo," by Violadores del verso (2006).
7. Haraway, Donna J., *Staying with the Trouble. Making Kin in the Chthulucene*, Duke University Press, Durham, 2016.
8. In this sense, experiences such as Campo de Cebada and other citizen-led initiatives have helped update the design and management tools of Madrid's municipal administration, starting with many of its technical staff and gradually reaching political layers.
9. Fernández-Savater, Amador y García, Marcos, *Habitar el conflicto. Mutaciones en el espacio público*, Bartlebooth, 2021.
10. Fernández Casadevante 'Kois', José Luis, *Huertopías. Ecourbanismo, cooperación social y agricultura*, Capitán Swing, Madrid, 2025.

FIG 05. Jardín vecinal de La Cebada. / La Cebada's neighborhood garden. [Zuloark.]

ESP Beyond-the-family Kin es una plataforma para empoderar la vejez. Contrarrestando el creciente aislamiento de las personas mayores o su internamiento en formas de residencia institucionalizada, el proyecto alberga diversas formas de cuidado intergeneracional no necesariamente limitadas a las proporcionadas dentro de la familia nuclear, y facilita estrategias tecnológicas y financieras que apoyan la vida de sus ocupantes.

Ubicado al final de una hilera de viviendas adosadas en las afueras de Madrid, el proyecto combina diversas formas de residencia en cada una de sus tres plantas, con diferentes grados de autonomía e interdependencia entre ellas. Si bien ninguna de ellas responde claramente a las necesidades de la familia hegemónica, juntos facilitan nuevas formas parentesco. El proyecto transforma los ideales de la casa familiar: lejos de entenderla como una unidad especial y social autónoma y estable, reconoce las relaciones cambiantes de dependencia entre sus habitantes y sus entornos sociales y materiales. El proyecto celebra vínculos y afiliaciones abiertas y maleables—rechazado la nostalgia por formas de socialización heredadas a la vez que cuestiona el aislamiento contemporáneo de las poblaciones mayores.

Una serie de estrategias formales y tecnológicas favorecen la eficiencia energética y la calidad ambiental del proyecto. Concebidas como enfoques superpuestos, estas estrategias también están tan comprometidas con el bienestar de sus ocupantes como con la preservación de los derechos de las generaciones futuras.

[DESCRIPCIÓN DE LOS AUTORES.]

FIG 01. Escena interior del proyecto. / Interior scene of the project.

BEYOND-THE-FAMILY KIN

MADRID, 2023

Ignacio G. Galán + OF Architects

FIG 02. Fotografía del acceso desde la calle. / Photograph of the access from the street. [Imagen Subliminal (Miguel de Guzman + Rocio Romero Rivas)]

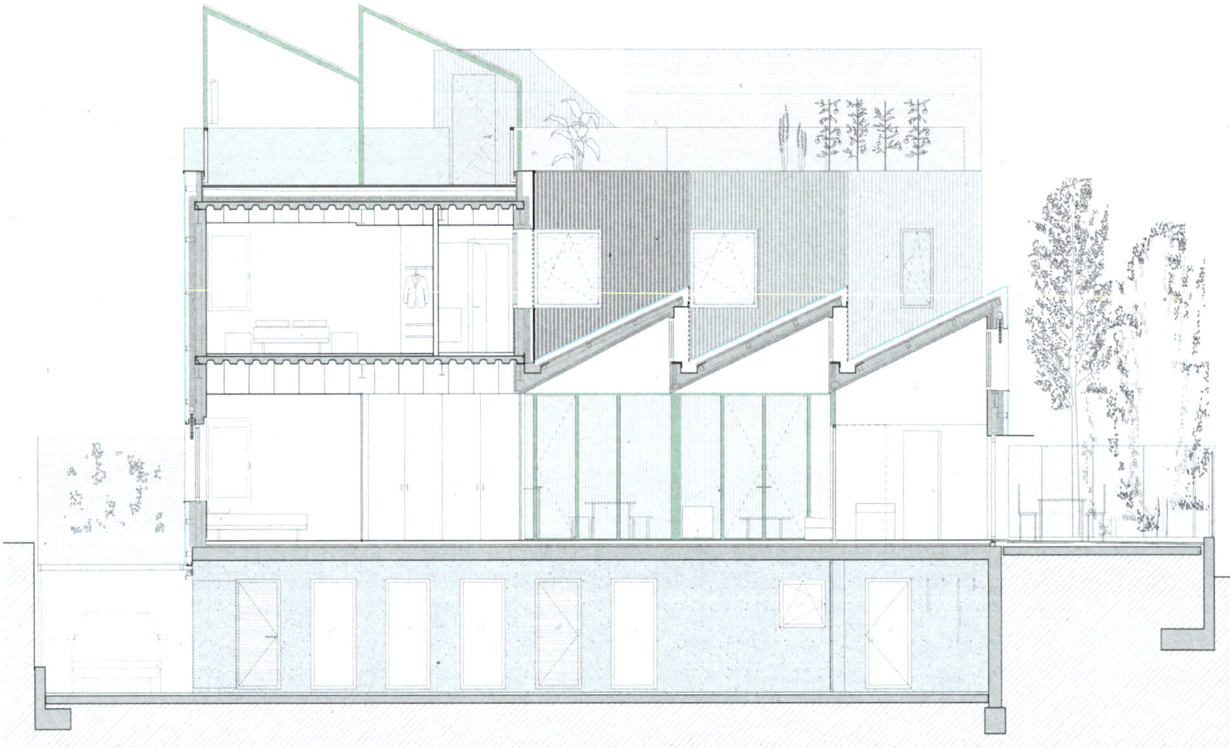

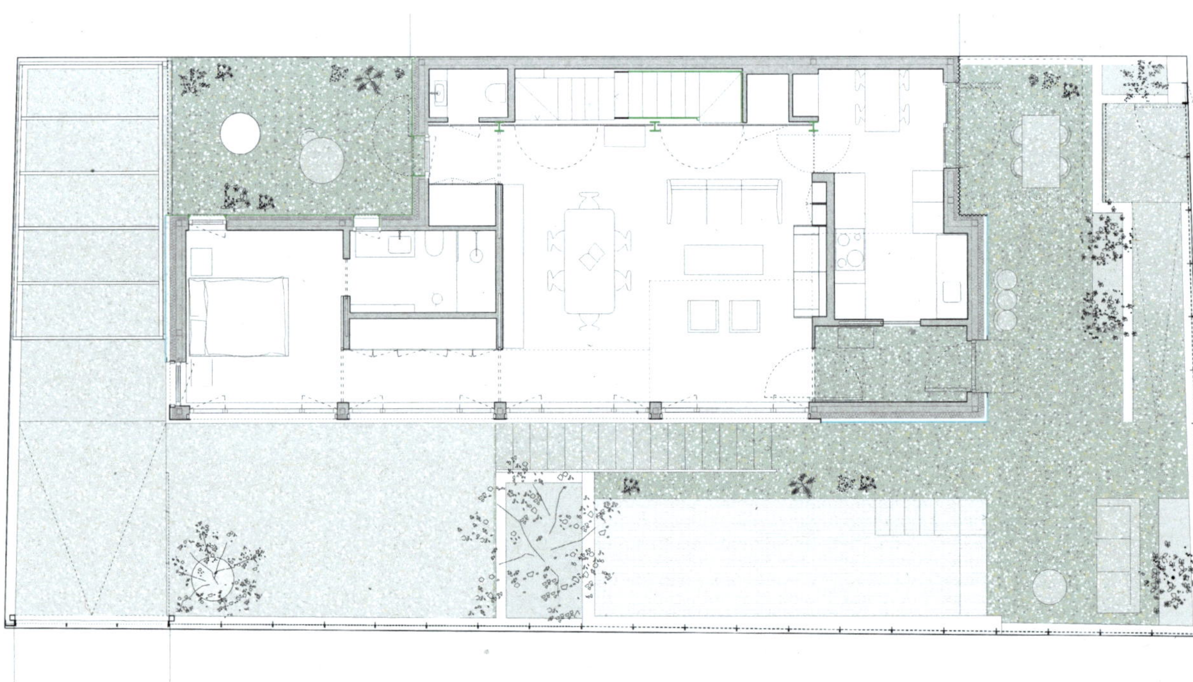

FIG 03-04. Sección longitudinal y planta de acceso. / Longitudinal section and acces plan.

FIG 05. Fotografía de la terraza. / Photography of the terrace. [Imagen Subliminal (Miguel de Guzman + Rocio Romero Rivas).]

FIG 06. Fotografía del espacio interior principal. / Photography of the main interior space. [Imagen Subliminal (Miguel de Guzman + Rocio Romero Rivas).]

ENG Beyond-the-family Kin is a platform for empowering aging. It operates within a network of infrastructures shaping a renewed social movement for aging in place. Countering the increasing isolation of older residents or their subjection to institutionalized forms of residence, the project hosts diverse forms of care across generations beyond the nuclear family both within and outside the house and furnishes technological and financial strategies supporting the life of its occupants.

Located at the end of a row of single-family houses in the outskirts of the city, the project combines diverse living arrangements in each of its three floors, with different degrees of autonomy and interdependence between them. While none of them neatly responds to the needs of the hegemonic family, together they facilitate kinship-in-the-making. Beyond-the-family Kin counters constructed notions of the family house as an autonomous and stable social unit while acknowledging the relations of dependency between the inhabitants and their social and material environments. Neither nostalgic of old forms of sociality nor submitting to the contemporary isolation of aging populations, the project celebrates open and malleable linkages and affiliations.

A number of interconnected formal and technological strategies favor the energy efficiency and environmental quality of the project. Conceived as overlapping approaches to empowering the life of its aging occupants, these strategies are additionally committed to preserving the rights of future generations.

[DESCRIPTION AND TRANSLATION BY THE AUTHORS.]

Vivir en la residencia de los dioses

Living in the Mansions of the Gods

Jorge Dioni López

El 24 de junio de 1967, la ciudadana suiza Maria Steiner, de 56 años, aterrizó en el aeropuerto de Palma de Mallorca junto a su esposo Roger. Su intención era visitar a su hijo, que pasaba largas temporadas en la isla. Al bajar del avión, se encontró con algo que no esperaba: un grupo de autoridades, un equipo de televisión, una pequeña nube de fotógrafos, varias azafatas con regalos y un joven con un ramo de flores. Era la turista un millón de ese año. El hito se lograba trece días antes que el año anterior En el 63, la cifra se había conseguido en octubre. Casi sesenta años después, es probable que hayamos llegado a esa cifra durante el mes de enero.

ESP España recibió 94 millones de viajeros extranjeros en 2024, una buena porción de los 1.400 millones de turistas que se movieron en todo el mundo. Si hay un terreno en el que las empresas españolas destacan globalmente, es el turismo y las grandes cadenas españolas (RIU, Barceló, Meliá, NH, Iberostar, Hotusa, Palladium, Piñero, Paradores, Sercotel y Silken) superaron los 18.000 millones de ingresos en 2024, un 10% más. Las tres primeras están entre las mayores hoteleras del mundo. El sector, un 13% del PIB, es una de las razones por las que España se ha convertido en el motor económico de Europa y el objetivo para este año es llegar al turista 100 millones. O no. «España no debe aspirar a los 100 millones de visitantes. No es sostenible, ni recomendable». No son palabras de un grupo ecologista ni de una plataforma por la vivienda. Habla Gabriel Escarrer, CEO del grupo Meliá.

Cuando el matrimonio Steiner aterrizó en España, el país estaba en la segunda gran ola turística. La primera había sido la que enganchaba con el eco del Grand Tour: viajeros del norte de Europa visitaban un país exótico, lleno de cármenes, toreros y bandoleros en el que aún podía verse al buen salvaje roussoniano. En *España, bellezas y contrastes*, publicado en 1958, la alemana Margot Schwarz escribe: «El pueblo español es el único patrimonio visible que ha quedado de la era prehistórica». A esa idealización de la pobreza, de la gente bruta, pero noble que es feliz con poco, se añadió una imagen exterior que desarrollaba el mito de Carmen: sol, playa, toros y guitarra. Fiesta. El matrimonio Steiner sabía lo que iba a encontrar. A partir del plan de estabilización de 1959, el turismo se convirtió en un sector clave para el régimen franquista: proporcionaba divisas, legitimación y un desarrollo económico centrado en la depredación del territorio que creó un potente sector turístico-inmobiliario.

Es la época de los polos turísticos. Los visitantes se agrupaban en lugares concretos, alejados de las ciudades, donde aún se concentraban los otros sectores económicos: Marbella, Torremolinos, la Manga, Torrevieja, Benidorm, Salou o Maspalomas. Sucedía también en las islas. Los visitantes disfrutaban de un país donde todo era más barato gracias, por ejemplo, a la precariedad laboral. Esa gente bruta, pero noble, era feliz con poco. Además, lo que ganaba durante la temporada en Lloret de Mar era bastante más que lo que podía conseguir trabajando las tierras familiares en Cuenca. Una guía de viajes alemana lo explica con claridad: uno de los atractivos de España es que se pueden tener criados e imaginar la vida de nuestros abuelos.

FIG 01. Dos turistas en la plaza de Mayor de Madrid. / Two tourists in Madrid's Plaza Mayor. [Ayuntamiento de Madrid.]

A finales de los 60, el periodista Eliseo Bayo ya alertaba sobre la especulación inmobiliaria en Baleares y cómo el modelo propiciaba la decadencia de la actividad industrial o el abandono escolar. No importaba. El modelo proveía una actividad económica que sostenía el modelo social basado en la desigualdad y, además, proporcionaba legitimidad exterior a la dictadura, algo que hoy hacen las monarquías del Golfo Pérsico. ¿Cómo va a ser esto una dictadura si se juega un Mundial y la gente parece tan contenta?

La nueva industria es gustar

Mientras en España se desarrollaba el invento del turismo, el modelo basado en la producción y el consumo masivo comenzaba a dar señales de agotamiento. En Estados Unidos, las viejas ciudades industriales comenzaban a girar hacia los servicios: Baltimore, Pittsburgh, Boston o Nueva York dejaban de hacer cosas para convertirse en el producto que había que poner el mercado. La ciudad dejaba de ser un lugar para vivir y producir para ser un nodo en el flujo global de personas, información o capital. Las fábricas fueron sustituidas por centros de convenciones, auditorios, museos, centros comerciales, hoteles, acuarios o estadios deportivos, donde ya no jugaban equipos que representaban a ese lugar, sino que se desarrollaban espectáculos con empresas globales de entretenimiento. Universidades y hospitales también podían ser focos de atracción. También podían monetizarse.

La ciudad cambia de función para ser productiva. No aloja una comunidad, sino una estructura económica. Sus habitantes pueden aprovechar el momento si son propietarios o quedar excluidos si no lo son. El libro donde mejor se explica el cambio de uso es *La residencia de los dioses*, de Goscinny y Uderzo. En él, César quiere convertir la aldea de Asterix es un *suburbium*, construyendo un gran polo turístico alrededor. No lo consigue, pero los inquilinos del único edificio que se levanta logran cambiar la aldea. En poco tiempo, suben los precios de los comercios que se centran en los productos que desean: pescado y armas. Los habitantes de la aldea no pueden comprarlos. Ya no es su ciudad.

La tercera ola turística combina esa nueva orientación de la ciudad con el sistema de polos turísticos. Podríamos decir que, a través de un plan urbanístico lento e invisible, Torremolinos se acopla en Málaga o Salou se encaja en Barcelona. El modelo aporta una actividad económica creciente que crea un modelo social desigual: los turistas o los nómadas digitales y los que les hacen la cama, les sirven la comida, les enseñan la ciudad o les atienden en unos comercios donde ellos no pueden comprar. Las administraciones ven en este sector económico su salvación y se lanzan a una competición enloquecida para atraer a los visitantes con cualquier elemento. Es lo que el periodista Vicent Molins llama la ciudad *clickbait*.

A la oferta de sol, cañas y fiesta, se añaden museos, festivales, entrega de premios o competiciones deportivas cuyo balance económico ya se sabe que es nefasto. No importa. Lo importante es estar en el mapa. La identidad de una ciudad ya no surge de su población, sino que se busca en el reconocimiento exterior. «La nueva industria de Asturias es gustar» tituló un periódico de Gijón. El éxito de las fiestas populares es el número de visitantes y las ciudades buscan simplificarse en marcas: el silicon valley europeo, la capital de la trufa o la que tiene más luces de Navidad. Los habitantes quedan como parte del escenario. Tienen que ser simpáticos y, si pueden, formar parte de esa mano de obra precaria que es feliz con poco. Incluso, si ya no puede vivir en su ciudad.

Una hucha de ladrillos

Madrid tiene claro que ese es su modelo económico: la atracción de personas y capitales. La mercantilización de la ciudad tiene varios elementos cuya acción combinada produce un cambio social y cultural. Como en la aldea de Asterix, viene gente de fuera y con mucho dinero. La ciudad se convierte en un producto que no todos los residentes pueden comprar. No podemos vivir en la residencia de los dioses. El más visible es el turismo. Madrid recibió 8,82 millones de turistas internacionales en 2024, con 16.117 millones de gasto, un 21% más que el año anterior. Es una cifra que rompe la tendencia histórica de la capital, habitual receptora de turismo nacional.

Cuando una ciudad opta por acoger un polo turístico acepta sufrir un plan urbanístico invisible que cambia los usos y las personas. Además de los edificios que se convierten en hoteles, Madrid acoge 21.239 pisos turísticos según Inside Airbnb, de los que sólo un porcentaje muy pequeño tiene licencia. Los turistas se mueven de otra manera, tienen otras necesidades y la ciudad se adapta. El centro de la ciudad, el lugar simbólico que crea comunidad, deja de pertenecer a los ciudadanos y se convierte en un parque temático en el que no es que cambien las personas que residen allí, sino que no vive nadie. Es un cascarón. La hostelería gana espacio a otras actividades comerciales básicas y los servicios públicos, como sanidad, educación o cuidados, se vuelven innecesarios porque no hay ciudadanos que los usen.

El turismo es el problema más visible porque nos crea la sensación de que todo está lleno, pero no es el único. Madrid también ha optado por la atracción de capitales para la inversión inmobiliaria y, en los últimos años, ha escalado hasta el segundo puesto en la lista de ciudades más atractivas, según el informe elaborado por PWC y Urban Land Institute. Hay élites económicas de todo el mundo que se establecen de forma provisional o permanente en la ciudad, ya que la Unión Europea es probablemente el lugar más estable del mundo. Esto crea una demanda de pisos de alto nivel que se complementa con establecimientos de hostelería y comercio también de lujo. A este grupo se le añaden nómadas digitales o estudiantes de universidades privadas, un sector que también se ha disparado estos años.

Por último, el capital que sólo busca la inversión como activo financiero o como valor refugio. El sector inmobiliario se ha convertido en el más atractivo debido a la rentabilidad sostenida de los últimos años, ya que puede decir que no hay ningún otro producto en el mercado que ofrezca revalorizaciones de un 20% anual. En la capital, los pisos rozaron en diciembre de 2024 los 5.000€ por metro cuadrado por primera vez en la historia. Esta situación provoca un problema de acceso a la vivienda en los que no son propietarios, pero beneficia de forma evidente a los que sí lo son. Otras ciudades españolas y europeas, como Barcelona, Ámsterdam o París, han tratado de desarrollar políticas enfocadas a controlar los precios y evitar una burbuja, como prohibir la compra si no es para habitar o el limitar el precio de los alquileres. No es el caso de Madrid, cuya apuesta por la atracción de personas y capitales es firme.

El desplazamiento de residentes de los barrios céntricos anima el crecimiento de la ciudad. La capital tiene previsto construir más de 200.000 viviendas nuevas. Los puntos clave son el proyecto Madrid Nuevo Norte, la Operación Campamento y, sobre todo, la estrategia del Sureste, que incluye áreas como Valdecarros, Berrocales, Los Ahijones, Los Cerros y El Cañaveral. Dentro del modelo económico, el objetivo no es el acceso a la vivienda, sino la actividad económica del sector privado. Como en el caso de los servicios públicos, la función social desaparece o se diluye y, por ejemplo, las promotoras privadas ofrecen vivienda social de mala calidad arquitectónica y no se busca el desarrollo de un parque público de calidad. El objetivo es la actividad económica privada e incluso el suelo público se usa como un elemento más de la especulación.

En abril de 2024, Canarias fue la primera comunidad en lanzar un mensaje: hay un límite. Otras ciudades, como Málaga, Valencia o Barcelona se unieron. Madrid acogió en octubre una gran manifestación por el derecho a la vivienda. Aunque ha habido tímidos intentos legislativos, la cuestión sigue ahí y no es fácil de solucionar. El sector inmobiliario es nuestra forma de ahorro y transmisión patrimonial. Es nuestra hucha y nadie quiere romperla.

On 24th June 1967, 56-year-old Swiss citizen Maria Steiner touched down in Palma de Mallorca airport alongside her husband, Roger, to visit her son, who would spend long stints on the island. As she got off the plane, she was faced with an unexpected sight: a group of officials, a television crew, a smattering of photographers, numerous air hostesses bearing gifts and a youngster with a bunch of flowers. She was the millionth visitor of the year. The milestone had been reached 13 days quicker than in the previous year, and in 1963 this feat wouldn't be accomplished until October. Almost 60 years later, we probably hit this number during the month of January.

ENG Spain welcomed some 94 million foreign visitors in 2024, a significant percentage of the 1.4 billion who travelled worldwide last year. If there's a field in which Spanish companies stand out on the global stage, it's tourism, and the country's large hotel chains (RIU, Barceló, Meliá, NH, Iberostar, Hotusa, Palladium, Piñero, Paradores, Sercotel and Silken) raked in 18 billion euros in profits in 2024, a 10% increase over the previous year. The first three find themselves among the top hotel chains in the entire world. The sector, which makes up 13% of the GDP, is one of the reasons why Spain has become the driving force behind European economic growth. This year's goal is to reach 100 million tourists. Or perhaps not. "Spain shouldn't aim for 100 million visitors. It's not sustainable, nor is it recommended." These are not the words of an environmental group or fair housing campaigners. These are the words of Gabriel Escarrer, CEO of the Meliá Group.

When the Steiners arrived in Spain, the country was in the midst of its second wave of tourism. The first pulled in visitors from northern Europe with the promise of an exotic country, the land of Carmen, bullfighters and bandits in which one could still find Rousseau's noble savage. In *España, bellezas y contrastes* ["Spain, Beauty and Contrast"], published in 1958, German author Margot Schwartz writes: "The Spanish people are the only heritage that remains from prehistoric times." This idea of poverty and of a brutish-yet-noble people that is happy with little was further amplified by the myth promoted overseas by *Carmen*: sun, beaches and guitars. Party. So, Steiner and her husband knew exactly what to expect when they arrived.

Following the introduction of the Stabilisation Plan in 1959, tourism turned into a key sector for the Franco dictatorship, bringing in foreign money, legitimisation and economic development centred around the exploitation of the land, bolstered by strong tourism and property sectors.

It was during this time that tourist destinations were first established. Visitors would gather in specific places, far from the cities, that were still home to other industries: Marbella, Torremolinos, La Manga, Torrevieja, Benidorm, Salou and Maspalomas. The same occurred on the islands. Tourists could have fun in a country where everything was cheaper, thanks in large part to precarious employment. This brutish-yet-noble people was happy with little. What's more, Spaniards could earn significantly more in a single season in Lloret de Mar than they would working their family's land back in Cuenca. As a German travel guide clearly put it, one of the main appeals of Spain was that you could have servants and imagine just how our ancestors lived.

At the end of the 60s, journalist Eliseo Bayo began raising the alarm with regards the real estate speculation that was already taking place in the Balearic Islands, warning that the model only further spurred on industrial decline and a rise in early school dropout rates. It didn't matter. It provided an economic activity that helped sustain a social model that was based on inequality and that gave foreign legitimacy to the dictatorship, a kind of whitewashing that we see all too frequently nowadays in the Gulf states. It can't be much of a dictatorship if they're hosting the World Cup and everyone seems happy, can it?

FIG 02. Fotografía del CTBA desde el barrio de Tetuán. / Photograph of the CTBA from the Tetuán neighborhood. [Ángela Losa.]

The new pleasure industry

While tourism was on the rise in Spain, the production- and mass consumption-based model was showing signs of fatigue. In the United Station, the old industrial cities were now beginning to shift towards services: Baltimore, Pittsburgh, Boston and New York had stopped producing things and were themselves becoming the product. The city was no longer a place to live and produce; it evolved into a hub for the global flow of people, information and capital. Factories were replaced by convention centres, auditors, museums, shopping centres, hotels, aquariums and sport stadiums, where the teams no longer represented the city itself but instead put on a show for global entertainment companies. Universities and hospitals also turned into focal points. They could also be monetised.

The city's functions changed in order for it to remain productive. Now it doesn't house communities, but instead an economic structure. City dwellers can seize this opportunity if they are homeowners, while they are excluded if they aren't. The work that best explains this change is *The Mansions of the Gods* by Goscinny and Uderzo. In it, Julius Caesar wishes to turn Asterix's village into a *suburbium* by building a large Roman colony alongside it. He is unsuccessful; however, the residents of the only building that was erected are able to change the village. They quickly increase prices in the shops, which now only sell the products they want: fish and weapons, which the villagers themselves can't afford to buy. It is no longer their village.

The third tourism wave combines this new idea of cities with that of tourist destinations. It's safe to say that thanks to slow and almost invisible urban planning, Torremolinos is now connected to Malaga, while Salou is just as much part of Barcelona. This model produces a growing economic activity that further promotes an unequal social model: on the one hand we have tourists and digital nomads, and on the other are those that make their beds, serve them food, show them around the city or serve them in a store where they themselves can't afford to shop. Public authorities view this industry as their salvation and fiercely compete with one another, using anything they can to attract more visitors. This is what the journalist Vicent Molins calls the 'clickbait city'.

In addition to the sun, beer and parties advertised, they also offer museums and host festivals, awards ceremonies and sporting events, which are lucky to break even. But that doesn't matter. At least it places the city on the map. Nowadays, a city's identity doesn't emanate from its inhabitants, but from its reputation among foreigners. "The New Industry of Asturias Is Pleasure" claimed a newspaper headline in Gijón. The success of local festivities is measured by the number of visitors, and cities are looking to turn their identity into a brand: the European Silicon Valley, the truffle capital of the world, the place with the most Christmas lights... The inhabitants are just part of the scenery. They must be friendly and, if possible, form part of this precarious workforce that is happy with little. Even if they can no longer live in their city.

A brick piggy bank

There is no doubt what Madrid's economic model is: attracting people and capital. The commodification of the city is a result of several aspects that converge to provoke social and cultural change. Just like in Asterix's village, people come from elsewhere, with a blank cheque in hand. The city is now a product that its residents are unable to buy. We can't live in the mansions of the Gods. The most visible of these aspects is tourism. In 2024, Madrid welcomed 8.82 million international tourists who spent 16.1 billion euros, 21% more than the previous year. This figure reveals that the Spanish capital's traditional role as a destination for domestic tourists has been turned on its head.

When a city allows itself to become a tourist destination, it gives the green light for an unnoticeable urban plan which alters the way it is used and the people who live there. In addition to the buildings that are turned into hotels, according to Inside Airbnb, Madrid is home to 21,239 tourist apartments, a tiny percentage of which are licensed. Tourists move around the city differently and have different needs, and the city must adapt to them. The city centre, a symbolic area that helps build community, no longer belongs to its citizens; it is transformed into a theme park and the people who live are not just substituted by others; they are completely banished, leaving it nothing more than a shell. Hospitality establishments take the place of other basic commercial services, and public services, such as healthcare and education, are rendered useless since there is nobody left to use them.

Tourism is the most visible because it creates the sensation that everything is full. However, it is not the only culprit. Madrid has also opted to attract capital to invest in real estate, and in recent years it has soared to second on the list of most attractive cities in this regard, according to the report published by PwC and the Urban Land Institute. Economic elites from all over the world settle in the city, whether temporarily or permanently, as the European Union is probably the most stable place on Earth. This creates demand for upmarket apartments as well as fine dining establishments and places to buy luxury goods. To this group we can also add digital nomads and students at private universities, another sector that has grown exponentially in the last few years.

Finally, we have capital that is invested only to be kept as a financial asset or safe haven asset. The real estate sector is the biggest recipient of such investments given the steady profits it has generated in recent times, as it's safe to say that there is no other product on the market whose value increases by 20% in annual revaluations. In December 2024, apartments in Madrid broke the dubious milestone of €5,000 per square metre for the very first time. This hinders access to affordable housing for those who are not homeowners, but it evidently benefits those who already are. Other Spanish and European cities, including Barcelona, Amsterdam and Paris, have made attempts to develop policies focused on controlling prices and avoiding a bubble, with measures including prohibitions on purchasing properties if they are not going to be used to live in and capping rent prices. This is not the case in Madrid, however, which remains steadfast in its pursuit of people and capital.

By displacing residents from the city's central neighbourhoods, the urban area continues to grow: some 200,000 new homes have been planned in the capital. Some of the new hotspots for growth are the Madrid Nuevo Norte project, Operación Campamento and, most notably, the south-east of the city, which covers areas such as Valdecarros, Berrocales, Los Ahijones, Los Cerros and El Cañaveral. The objective of this new economic model is not to facilitate access to housing, but rather to ensure the profitability of the private sector. As can be seen with public services, social aspects are also being neglected or completely forgotten; for example, private construction companies offer low-quality social housing and disregard the need for decent public parks. The goal, therefore, is for private business and even public land to be used as yet another asset for speculation.

In April 2024, the Canary Islands was the first of Spain's autonomous communities to voice a clear message: there is a limit. And since then, cities including Malaga, Valencia and Barcelona have joined the resistance. In October, a multitudinous protest reclaiming the right to housing washed through the streets of Madrid. Despite lukewarm attempts to pass adequate laws, the issue still stands, and it's not one that has a simple solution. The real estate sector is our way of saving and passing on our assets to future generations. It's our piggy bank, and no one wants to break it.

ESP Ante la emergencia por intervenir en la Cañada Real, la Comunidad y el Ayuntamiento de Madrid se unen y redactan un pliego de condiciones, sin apenas cláusulas sociales, para la contratación conjunta del suministro, montaje y redacción de documentos técnicos necesarios para la implantación de una estructura dotacional no permanente. El concurso queda desierto en dos ocasiones. Nos presentamos a la tercera, con la experiencia y la ilusión de involucrar y cuidar al mayor número de usuarios directos o indirectos.

La metodología empieza por acercarse a los centros educativos del entorno que afecta a tres municipios, donde se encuentran la gran mayoría de los menores vecinos de la Cañada Real. Se visitó a las familias del sector 5, donde se ubica el proyecto. Invitamos a participar a las entidades sociales y asociación de vecinos. Decidimos colaborar con los vecinos que se encuentran en el centro penitenciario de Soto del Real, donde al igual que en otros espacios, se prefabrican forjados, paredes, cerchas, paneles de cubiertas y cajones ventanas que a continuación serán ensamblados en el recinto de obra oficial. Por todo ello, el cartel de obra pone: "Permitido el paso a toda persona ajena a la obra". Se construyen 5 espacios : 3 talleres de 30m2, 1 espacio comunitario de 45m2 y 90m2 de oficinas y baños autosuficientes, se edificó un 25% más con el mismo presupuesto.

Participaron más de 1200 personas, entre ellas unos 600 menores, 17 entidades sociales, 1 centro penitenciario, 3 universidades y otros muchos voluntarios.

[DESCRIPCIÓN DE LOS AUTORES.]

FIG 01. Fotografía del cartel de acceso a obra. / Photography of the construction site accsess sign ("access permited to everyone not related to the works") [Recetas Urbanas.]

FIG 02. Fotografía de la construcción de la segunda planta. / Photograph of the second store construction. [Juan Gabriel Pelegrina.]

PROYECTO

CENTRO SOCIOCOMUNITARIO CAÑADA REAL GALIANA

MADRID, 2018-19

Recetas Urbanas

FIG 03. Fotografía del acceso principal. / Photography of the main entrance [Recetas Urbanas.]

ENG Faced with the urgency to intervene in Cañada Real, the Regional Government of Madrid and the Madrid City Council joined forces and drafted a set of tender conditions—with hardly any social clauses—for the joint contracting of the supply, assembly, and preparation of technical documents required for the implementation of a non-permanent facility structure. The tender failed to attract bids twice. We submitted a bid for the third attempt, bringing our experience and enthusiasm to involve and care for as many direct and indirect users as possible.

The methodology began by engaging with schools in the surrounding area, which spans three municipalities and is home to the vast majority of the minors living in Cañada Real. Families from Sector 5, where the project is located, were visited. We invited social organizations and neighborhood associations to participate. We also decided to collaborate with residents at the Soto del Real prison, where—just as in other spaces—floor slabs, walls, trusses, roof panels, and window frames were prefabricated before being assembled at the official construction site. For this reason, the construction site sign read: "Unauthorized personnel permitted to enter." Five spaces were built: three $30m^2$ workshops, one $45m^2$ community space, and $90m^2$ of offices and self-sufficient bathrooms. Ultimately, 25% more was built with the same budget.

Over 1,200 people participated, including around 600 minors, 17 social organizations, 1 prison, 3 universities, and many other volunteers.

[DESCRIPTION AND TRANSLATION BY THE AUTHORS.]

FIG 04. Fotografía del proceso de construcción. / Photograph of the construction process. [Juan Gabriel Pelegrina.]

Montaje de los cajones de **CUBIERTA**

Movemos los dos pilares auxiliares de 5 m con los polipastos al siguiente vano. Colocamos las diagonales y apoyamos el cajón de cubierta. Subimos repitiendo los mismos pasos.

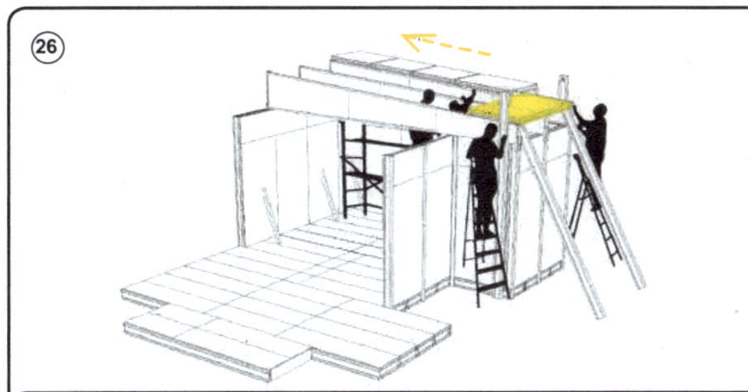

Arriba, entre varias personas, apoyamos, arrastramos hasta su posición y FIJAMOS.

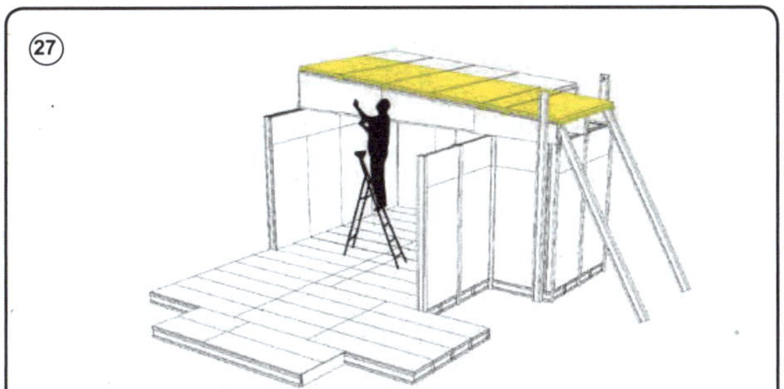

Repetimos el mismo procedimiento con todos los cajones. Fijamos y verificamos.

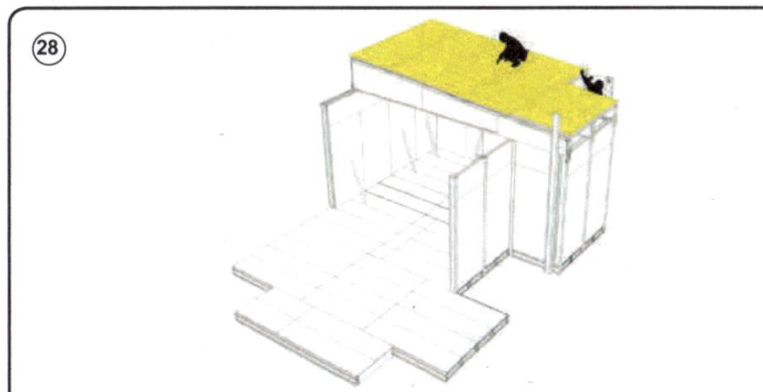

Asegurando la seguridad de las personas trabajadoras, nos subiremos a la cubierta y colocaremos el aislante. Fijamos.

Montaje de los cajones de **CUBIERTA**

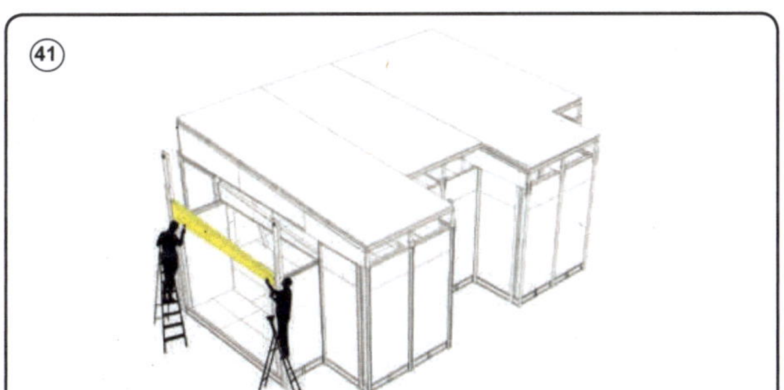

Elevamos y fijamos la otra cercha pequeña. Con polipastos, como en las anteiores.

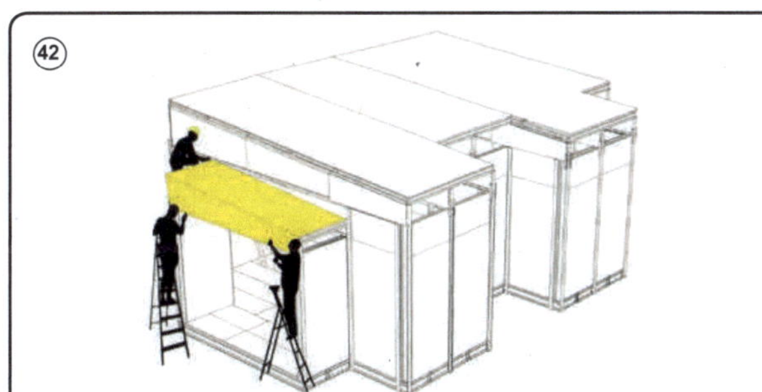

Ejecutamos la cubierta: subida de cajones, aislante e impermeable.

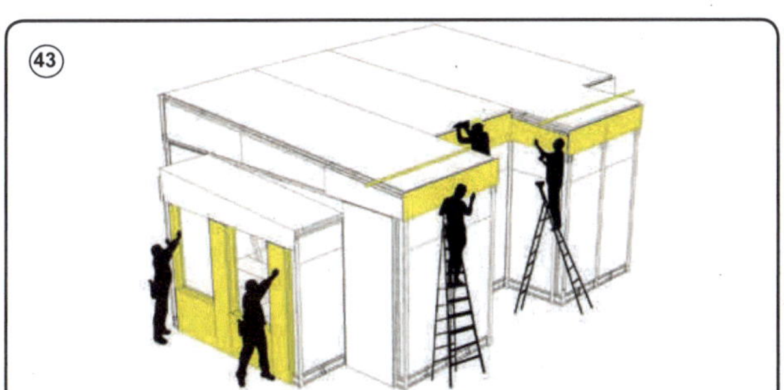

Diseñamos y montamos la pared de ventana y tapamos los huecos con cajones insitu. De interior a exterior: OSB, lana de roca, XPS, OSB y VIROC. Iremos poco a poco colocando los litsones.

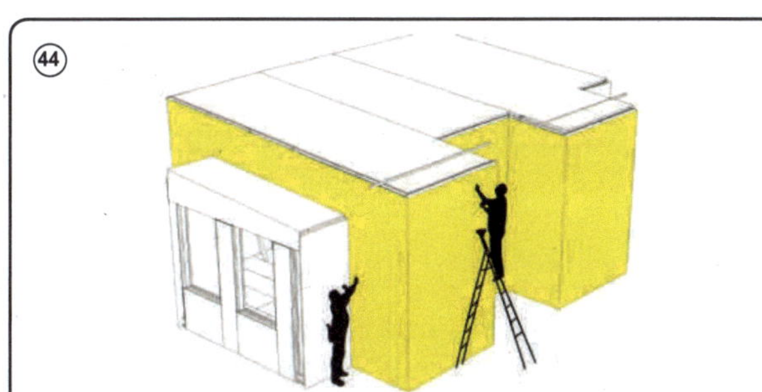

Colocamos la lámina impermeable en toda la superficie de las paredes.

FIG 05. Fichas de instrucciones de construcción de la cubierta. / Instructions for the construction of the roof.

Stay woke to woke!

'CAFÉ HOUELLEBECQ', IV

Iñaki Ábalos y Eduardo Prieto

En la cuarta entrega de la serie 'Café Houellebecq', dedicada a explorar las paradojas de la 'arquitectura *woke*', Iñaki Ábalos y Eduardo Prieto advierten de los riesgos de caer en la simplificación buenista de los complejos problemas sociales, climáticos y urbanos que debe encarar la arquitectura hoy.

ESP **[Eduardo Prieto]:** El término *woke* proviene del *stay woke*, el "mantente despierto" ante los problemas de desigualdad racial e inclusión. En origen, era un eslogan de resistencia, pero hoy tiene todos los visos de ser una ideología, y la pregunta es si deberíamos reformularlo de otra forma, como un *stay woke to woke*, es decir, mantener los ojos abiertos también ante lo *woke*...

[Iñaki Ábalos]: Es cierto que la denuncia de la ideología *woke* se ha convertido en seña de posturas políticamente muy dudosas, pero no es menos cierto que, aplicado a la arquitectura, lo *woke* está dando pie a una ética dudosa: amanerada, blanda, cursi, que contribuye a camuflar los problemas reales bajo una estética de ilustración casi infantil. Las superficies amables, los árboles, las flechas bioclimáticas, los entornos pequeños y cuquis, los tonos verdes y pastel... prometen una felicidad ingenua que contradice la complejidad con la que tiene que tratar la arquitectura hoy. Una complejidad que casi siempre es gris y tiene que ver con la gran escala y las metrópolis.

[EP]: Hablas de la afinidad de lo *woke* por lo pequeño, y me pregunto si no estará directamente relacionada con la pequeñez creciente, de la profesión de arquitecto. Los arquitectos tenemos que desempeñar papeles tan reducidos, estamos en realidad tan al margen de los ámbitos donde se toman las decisiones económicas y sociales, que buscamos compensar nuestra insignificancia con una especia de hipertrofia de discursos buenistas tan ambiciosos como a la postre ineficaces. Lo *woke* es tal vez la manifestación contemporánea de esta impotencia. Tiene que ver con la mala conciencia moderna por el papel del arquitecto en la sociedad en cuanto colaborador necesario del sistema, pero se sostiene sobre todo en el miedo a que el arquitecto se convierta en una figura prescindible.

[IA]: Cuando hablamos de 'inclusión' social en la arquitectura o a través de la arquitectura, ¿no deberíamos preguntarnos si lo que habría que 'incluir' primero es la propia figura del arquitecto? Los arquitectos estamos siendo fagocitados por un sistema sostenido en falsas garantías, que exige cantidades ingentes de respuestas administrativas y de responsabilidad a las que atienden con muchas dificultades los estudios pequeños y medios, que son los que han hecho tradicionalmente buena arquitectura en España. No tiene sentido la ambición *woke* de convertir a los arquitectos en una especie de salvadores de la sociedad, cuando los propios arquitectos apenas son capaces de salvarse a sí mismos, debido a este creciente delirio normativo. Sería interesante investigar el porcentaje de arquitectos que están teniendo problemas legales debido a esta exagerada asunción de responsabilidades...

[EP]: Estamos en una crisis de la que no podrán sacarnos solo las buenas intenciones...

[IA]: Y que genera un desconcierto que lleva a colocar en el foco discursos muy simplistas. Valga el ejemplo de la proliferación de proyectos, publicaciones y exposiciones de argumento buenista que no hacen sino atender al ego de los arquitectos y desviar la atención de los problemas esenciales. Problemas que pasan en primer lugar porque el papel del arquitecto sea digno para él mismo y, por tanto, útil para la sociedad. La actuación real del arquitecto sobre la sociedad depende del problema que no estamos sabiendo encarar, la honestidad profesional, es decir, la ética de conocer nuestras limitaciones, rebajar nuestras ínfulas. No somos protagonistas únicos de la acción social.

[EP]: No lo somos, pero el 'wokismo' sostiene el espejismo de que podemos seguir siéndolo. En esto se asemeja mucho a la vieja ingeniería social, que las nuevas sensibilidades tanto critican. La *woke* sería una ingeniería social amable, blanda, cálida, pero ingeniería social, a fin de cuentas, pues confía en que el arquitecto, con su trabajo, puede tener un efecto profundo sobre problemas de una complejidad que en realidad no puede abarcar.

[IA]: Me pregunto si no hay mucha presunción en esto y sobre todo un desconocimiento preocupante de las limitaciones —y de los potenciales— de nuestra profesión.

[EP]: Y, además, cuando el arquitecto convalida el discurso buenista del ingeniero social, en el fondo se echa encima una doble carga, que es también una doble condena: por un lado, asume unas tareas que no puede cumplir; y por el otro adquiere implícitamente una responsabilidad social que no debería asumir él solo. Ha ocurrido lo mismo con la sostenibilidad: cuando los arquitectos aceptan la tesis de que el 30% de las emisiones se derivan de la construcción, aceptan con ello su responsabilidad pasada y futura desde una mala conciencia que olvida que el mundo de la construcción no es solo la arquitectura, sino sobre todo el sistema material, económico, logístico, técnico y político del que esta depende y que no está en manos de los arquitectos cambiar. De igual modo, cuando asumimos, sin reflexionar mucho, el discurso de la arquitectura como medicina social, tendemos a pensar que depende de un problema de diseño, cuando en rigor es el resultado de un sistema de gran complejidad en el que el diseño es una parte pequeña. Resulta difícil salirse de este círculo vicioso que dota al arquitecto de una relevancia que en realidad no tiene al mismo tiempo que lo carga de responsabilidades que no tendría por qué asumir. De manera que, cuando la intervención fracasa, lo que fracasa es el proyecto, el arquitecto, y no el político o el fondo de inversión del que depende el problema. Hay mucho de impotencia en esta responsabilidad asumida de una manera tan, literalmente, gratuita.

[IA]: Es peligroso aceptar la responsabilidad a la ligera, pero esto es solo el resultado de dibujar, de proyectar, a la ligera, y en esto deberíamos mirar con ojos muy críticos a las maneras en que estamos formando a los arquitectos. Si el 'wokismo' prolifera es porque ha crecido en un ecosistema de manierismos ciegos, de empanadas mentales, en el que, más que con conocimiento, trabajamos con información a la que se le da forma con discursos y recetas simplistas. El reto sería volver al "*Que sais-je*?" de Montaigne, es decir, preguntarnos qué sabemos o qué tenemos que saber los arquitectos. Y esto pasa por recuperar una formación más objetiva y racional, más técnica en el sentido más humanístico del término, que nos permita denunciar el recetismo y la ingenuidad de la arquitectura *woke*. Solo el conocimiento puede devolvernos la autoridad para tratar, en toda su complejidad, los problemas contemporáneos.

[EP]: Es cierto: lo *woke* depende en buena medida de simplificaciones, de la reducción de problemas complejos a partes elementales que se pueden atender con recetas. Y esto resulta en una paradoja muy reveladora: el hecho de que el discurso buenista ha asumido la idea clásica del neoliberalismo de que no hay sociedades, o complejidad social, sino individuos o átomos que es muy difícil poner de acuerdo. En el 'wokismo', no se trata de buscar un nuevo relato compartido, sino de poner en concierto relatos o micorrelatos ya constituidos y que resultan inconmensurables entre sí. Se renuncia a planos comunes de debate, al ámbito compartido de la "buena vida" que nos concierne a todos. Y, si ya no es posible definir ese plano, todo se convierte en un proceso de diálogos o, como se dice ahora, de 'negociaciones' entre sensibilidades e identidades cada vez más fragmentadas. El resultado no es solo la inoperancia, sino la obsesión que tiene lo *woke* por lo micro. Una obsesión que reconduce el problema hacia la arquitectura, cuya escala —la de la pequeña comunidad de identidades— se considera propicia para negociar los conflictos. Al discurso *woke* le interesa tanto la arquitectura porque esta trata con las identidades pequeñas, las materializa, las justifica. Y esto es inquietante, por mucho que parezca 'empoderar' a nuestra profesión.

[IA]: Otra manera de decirlo es que el buenismo no acepta la necesidad de pensar la ciudad desde lo común en su sentido más amplio, pues pensar de arriba abajo es hoy anatema. Pero las ciudades siguen necesitando el pensamiento de la gran escala: el de los grandes proyectos de vivienda social, el de las grandes infraestructuras. Es ahí donde se da la verdadera inclusión: la inclusión de todos. ¿Hasta qué punto tiene sentido la receta de la "ciudad de quince minutos" cuando la tendencia general es que las urbes sigan creciendo y la población se agrupe en grandes metrópolis? Los 'minutos' o 'cuidados' parecen expresiones que solo tienen sentido en un marco implícito de privilegio: el de aquellos que viven en bellas, eficaces y consolidadas ciudades históricas. Pero ¿qué pasa con el resto? ¿En las ciudades de África o la India, donde el progreso real consiste en tener una vivienda digna o en contar con una red de infraestructuras que permita instalar inodoros? Las ciudades reales no se hacen con recetas, ni con actuaciones fragmentadas, ni con juegos de lenguaje... Lo preocupante es que la perspectiva buenista y simplificadora se ha implantado con fuerza en las Escuelas de Arquitectura, donde los alumnos se les exige ser salvadores del mundo por medio de fórmulas inoperantes y de ideologías que se dan por sentadas pese a ser efímeras, volátiles. La aparente actitud crítica esconde una inquietante actitud acrítica de partida: se merodea por los temas y se evita estudiar escalas que no encajen con los dogmas de partida, y con los tiempos (medios y largos plazos) que exige enfrentarse a los problemas reales. El reto hoy es volver a la realidad.

In the fourth episode of the 'Café Houellebecq' series, devoted to exploring the paradoxes of 'woke architecture', Iñaki Ábalos and Eduardo Prieto caution us about the risks of falling into do-gooder oversimplification of complex social, climatic and urban problems that today's architecture needs to face.

ENG **[Eduardo Prieto]:** The term 'woke' comes from 'stay woke' with regard to racial inequality and inclusion problems. Its origins lie in a slogan of resistance, but today it has almost become an ideology. The question though, is should we reformulate it in another way, such as 'woke to woke', in other words, keeping our eyes open to everything woke...

[Iñaki Ábalos]: It is true that the denouncement of woke ideology has become a hallmark of some very politically questionable postures, but it is no less true that when applied to architecture, woke is leading to doubtful ethics: manneristic, soft, corny, which contribute to concealing the real problems behind what could almost be described as having the aesthetics of a child's drawing. Friendly surfaces, trees, bioclimatic arrows, small, cosy environments, green and pastel shades... All promise a state of naïve happiness that contradicts the complexity that architecture requires today. That complexity almost always inhabits a grey area, and is related to seeing the bigger picture and the metropolises.

[EP]: You're talking about woke's fondness for small, and I wonder if it is perhaps directly related to the increasing underrating of the architectural profession. As architects, we have to carry out such small roles, we are so far removed from the places where financial and social decisions are made, that we try to set off our insignificance with a type of hypertrophy of do-gooder discourses that are as ambitious as they are ineffective. Wokeness is perhaps the contemporary embodiment of that powerlessness. It has a lot to do with the modern guilty conscience of the role of architects in society, as a necessary collaborator in the system, but one that is built on the fear that architects will eventually become dispensable.

[IA]: When we talk about social 'inclusion' in or through architecture, should we not really be asking if the first thing that should be 'included' is the architect him/herself. Architects are engulfed by a system built on false guarantees, that require an endless number of administrative answers and responsibility, which small and medium sized studios struggle to meet, and it is precisely those studios which have traditionally been responsible for good architecture in Spain. The ambition of wokeness is to make architects a type of saviours of society makes no sense, when architects are barely able to save themselves due to that growing frenzy of regulations. It would be interesting to find out what percentage of architects are undergoing legal problems due to that overblown assumption of responsibilities.

[EP]: We find ourselves immersed in a crisis in which good intentions alone will not be enough to get us out of...

[IA]: And that creates a lot of uncertainty, which leads to turning the spotlight on very simplistic discourses. Take the proliferation of projects, publications and exhibitions with do-gooder arguments for example, that only serve to boost the ego of architects and draw attention away from the essential problems. The problems arise firstly because architects must feel they play a dignified role, both for themselves and for society. The role of architects in society depends on a problem that we are refusing to face, that of professional honesty, in other words, the ethics of recognising our limitations, toning down our self-glorification. We are not the only ones who play a leading role in social action.

[EP]: No, we aren't, but wokeism supports the illusion that we can carry on doing so. In that regard, it is very similar to the old-school social engineering, that the new sensibilities so harshly criticise. Wokeness would be friendly, soft, warm social engineering, but social engineering just the same, since it trusts that work architects can have a profound effect through their own problems involving a complexity that they are unable to tackle.

[IA]: I wonder if there is not a lot of arrogance in that, and particularly a worrying degree of ignorance as to the limitations —and potentials for that matter— of our profession.

[EP]: Moreover, when architects endorse the do-gooder discourse of social engineers, they are actually taking on an even bigger two-fold load, which is dual conviction: on the one hand they take on tasks they are unable to accomplish, and on the other, they implicitly acquire a social responsibility that they should not have to fulfil alone. The same thing has happened with sustainability: when architects accept the theory that 30% of emissions are from construction, they accept their past and future responsibility through a guilty conscience that ignores the fact that construction is not just architecture, but above all everything involved in the material, financial, logistic, technical and political system on which it depends, and which is not within architects' power to change. Likewise, when we take on board the discourse of architecture as social medicine, without reflecting too deeply on the matter, we tend to think that it all depends on the design problem, when it is actually the result of a hugely complex system, in which design is only a small part. It is hard to break out of this vicious circle conferring architects a relevance that they do not actually have, while at the same time burdening them with responsibilities that they should not really have to bear. Therefore, when action fails, the project itself is a failure, the architect has failed rather than the politician or the investment fund on which the problem depends. There is a lot of powerlessness in that responsibility that is taken on so literally gratuitously.

[IA]: Casually taking on responsibility is a dangerous thing, but that is simply the result of flippantly drawing and planning, and that is precisely where we need to direct a very critical look at the way we are training architects. If wokeism is spreading, it is because an ecosystem of blind mannerism has grown, one of brain fog, in which rather than working with knowledge, we are working with information which is given shape through simplistic discourses and recipes. The challenge would be returning to Montaigne's "*Que sais-je?*", in other words, asking ourselves what we know or what architects should know. And that means recovering objective, rational training, more technique in the most humanistic sense of the word, which allows us to denounce the recipes and naivety of woke architecture. Only knowledge can bring back the authority to deal with contemporary problems in all their complexity.

[EP]: That's right. Wokeness to a large extent depends on simplifications, reducing complex problems to elementary parts that can be dealt with through recipes. That leads to a very revealing paradox: the fact that the do-gooder discourse has taken on the classical idea of neoliberalism, that there are no societies or social complexity, but rather individuals or atoms, making it very hard for agreements to be reached. Wokeism is not about seeking a new, shared narrative, but bringing previously established narratives and micro-narratives together that are individually unfathomable. Common debate planes are renounced, the shared space of the "good life" that concerns us all. So, if it is no longer possible to define that plane, everything else is reduced to a process of dialogue, or what is now referred to as 'negotiations' between increasingly fragmented sensibilities and identities. The result is not only ineffectiveness, but rather a wokist obsession with everything micro. That obsession that shifts the problem to architecture, whose scale —that of a small community of identities— is considered an appropriate space where conflicts can be negotiated. The woke discourse is so interested in architecture because it deals with small identities, materialising and justifying them. And that is what is worrying, however much it appears to 'empower' our profession.

[IA]: Another way of expressing this is that do-gooders do not accept the need to think of cities from a communal point of view, in the broadest sense, since a top-down approach is an anathema today. Cities still need to be thought out on a large scale though: on the scale of large social housing projects and infrastructures. That is where true inclusion lies: including everyone. To what extent does the "fifteen-minute city" make sense when the general trend is for cities to continue growing and the population to come together in the big metropolises? 'Minutes' or 'care' are apparently expressions that only make sense in a framework of privilege: those who live in beautiful, effective, consolidated historical cities. But what happens to the rest? What about African or Indian cities where real progress consists of having a dignified home, or an infrastructure that allows toilets to be fitted? Real cities cannot be built on recipes or fragmented action, nor on turns of phrase... What is concerning though is that the simplifying, do-gooder perspective has garnered strength in Architecture Schools, where students are required to be the saviours of the world through inoperative formulae and ideologies that are taken for granted despite being short-lived and volatile. The apparently critical attitude hides a worrying acritical baseline attitude: it skirts around subjects and avoids studying scales that do not fit in with the baseline dogma, and times (mid and long term) that require real problems to be addressed. The challenge today is to find a way to return to reality.

FIG 01. Axonometría general de la propuesta. / General axonometric drawing of the proposal.

ESP El área de Els Rajolars, en el municipio de Oliva (Valencia), es un antiguo complejo industrial de fábricas ladrilleras de casi 17 hectáreas, que entre los años 40 y 70 del siglo XX llegó a ser uno de los principales centros de producción de la región. Como herencia de este pasado, el ámbito conserva aún gran parte de las construcciones industriales originales, como las imponentes chimeneas de ladrillo, los enormes hornos de cocción de tecnología Hoffman o las naves secadero, cuyas celosías están construidas con las propias piezas cerámicas que se fabricaban en las naves.

Actualmente, la mayoría de estas construcciones se encuentran en estado de abandono y muchas de ellas están en riesgo inminente de ruina. Tan solo una de las fábricas conserva aún la producción cerámica original, utilizando los mismos métodos tradicionales de hace más de medio siglo.

El Plan Director de Desarrollo Urbanístico de Els Rajolars d'Oliva, es un documento estratégico que plantea las bases para abordar la regeneración urbana de este área, estableciendo una estrategia global que permita abordar de manera sincronizada todos los aspectos implicados en el ámbito. Para ello, el documento se plantea a través de tres líneas estratégicas principales:

La primera de ellas, Els Rajolars Productivo y Social, es la línea estratégica que vertebra todas las propuestas relativas al medio funcional, centrándose en dos objetivos: potenciar la actividad económica del municipio, introduciendo usos terciarios basados en la vocación del territorio, y fomentar la cohesión social, proponiendo equipamientos públicos que suplan las carencias de los barrios colindantes y nuevos tipos residenciales que respondan a las necesidades actuales.

PROYECTO

PLAN DIRECTOR ELS RAJOLARS D'OLIVA

Terrario

OLIVA, VALENCIA, 2022-23

FIG 02. Render de la propuesta vista de calle. / Street view rendering of the prosal.

FIG 03. Metodología participada. / Participatory methodology.

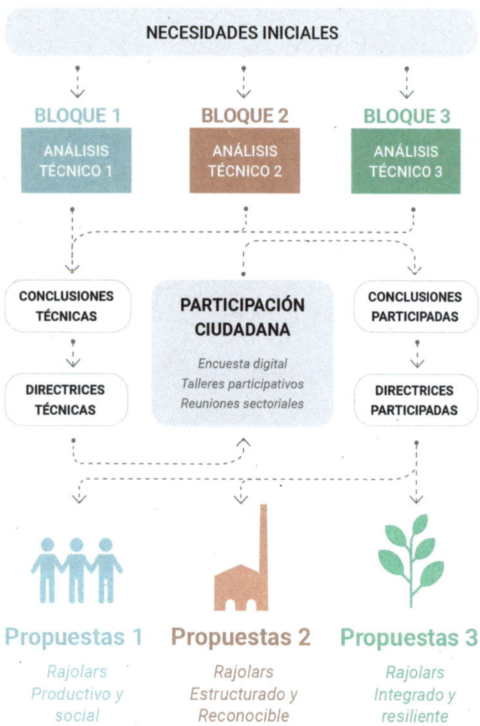

La segunda línea estratégica es El Rajolars Estructurado y Reconocible, donde se establecen las propuestas relacionadas con el con el medio construido. En este caso, los objetivos serán ordenar el ámbito a través de una nueva morfología urbana clara y legible que dote al barrio de la necesaria calidad espacial y, por otro lado, potenciar la identidad cultural de la zona mediante la conservación, rehabilitación e integración en la morfología urbana de las preexistencias históricas, proponiendo la catalogación patrimonial de todos los elementos de los distintos conjuntos fabriles.

Por último, se abordan las propuestas relativas al medio físico y natural a través de la línea estratégica Els Rajolars Integrado y Resiliente, cuyos objetivos principales serán la integración del área en la infraestructura verde de la ciudad, diseñando una red de espacios públicos que garanticen la continuidad del medio rural que rodea al ámbito, y asegurar la necesaria resilencia frente a riesgos naturales, en especial frente al riesgo de inundación y frente a los problemas de escorrentía superficial que afectan al ámbito, implantando distintos elementos de drenaje urbano sostenible que permitan a su vez recuperar parte del agua de lluvia para destinarla al riego y a la limpieza urbana.

Todo este contenido se desarrolla mediante una metodología en la que se combinan criterios técnicos con participación ciudadana, a través de la talleres vecinales y encuestas públicas cuyo resultado permitió incorporar la opinión y necesidades de los vecinos del municipio en las propuestas definitivas.

[DESCRIPCIÓN DE LOS AUTORES.]

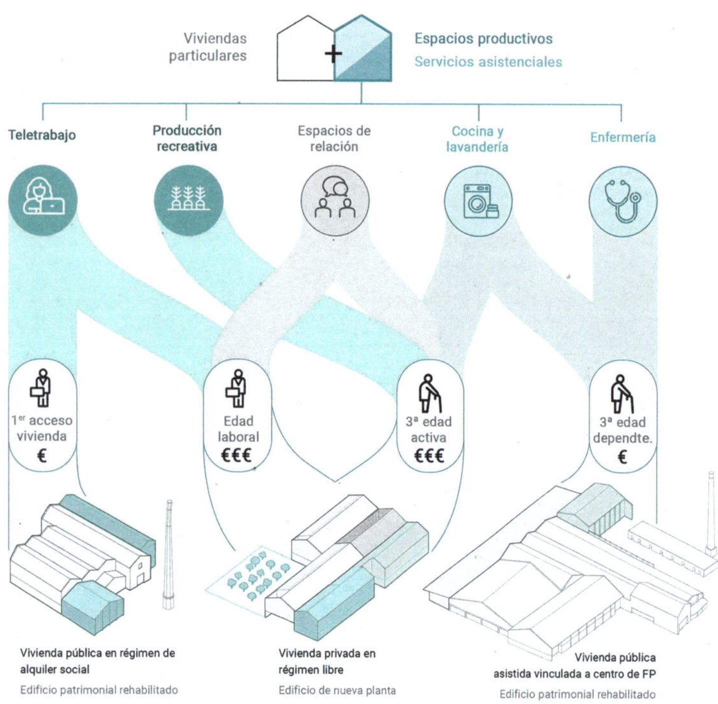

FIG 04. Estrategias Els Rajolars Productivo y Social: Vivienda productiva y asistida / Els Rajolars Productive and Social Strategies: Productive and assisted housing

ENG The Els Rajolars area, in the municipality of Oliva (Valencia), is a former industrial complex of brick factories spanning nearly 17 hectares. Between the 1940s and 1970s, it became one of the main production centers in the region. As a legacy of this past, the area still preserves much of its original industrial structures, including the imposing brick chimneys, the massive Hoffman technology kilns, and the drying warehouses, whose latticework is made from the very ceramic pieces once produced there.

Currently, most of these structures are abandoned, with many at imminent risk of collapse. Only one factory still maintains its original ceramic production, using the same traditional methods as more than half a century ago.

The Master Plan for Urban Development of Els Rajolars d'Oliva is a strategic document that lays the foundation for the urban regeneration of this area. It establishes a comprehensive strategy to address all aspects involved in a coordinated manner. The plan is structured around three main strategic lines:

The first, Els Rajolars Productive and Social, focuses on all functional aspects. It aims to boost the municipality's economic activity by introducing tertiary uses aligned with the area's historical vocation and fostering social cohesion by proposing public facilities to address the needs of surrounding neighborhoods and new residential models that meet current demands.

The second strategic line, Els Rajolars Structured and Recognizable, includes proposals related to the built environment. The objectives here are to organize the area with a new, clear, and legible urban morphology that provides the necessary spatial quality to the neighborhood. Additionally, it seeks to strengthen the area's cultural identity by conserving, rehabilitating, and integrating historical structures into the urban fabric, including the heritage designation of all elements within the various factory complexes.

Finally, the third strategic line, Els Rajolars Integrated and Resilient, addresses proposals related to the physical and natural environment. Its main objectives are to integrate the area into the city's green infrastructure by designing a network of public spaces that ensure continuity with the surrounding rural environment and to enhance resilience against natural risks—especially flooding and surface runoff issues. This will be achieved by implementing various sustainable urban drainage elements that also allow for the recovery of rainwater for irrigation and urban cleaning purposes.

This entire framework is developed through a methodology that combines technical criteria with citizen participation. Neighborhood workshops and public surveys have helped incorporate residents' opinions and needs into the final proposals.

[DESCRIPTION BY THE AUTHORS, TRANSLATION BY *ARQUITECTURA*.]

FIG 05. Vista render de la zona de vivienda pública asistida. / Rendering view of the assisted public housing area.

FIG 01. Halo. Fotografía del patio. / Photograph of the patio. [Maru Serrano.]

ESP Elements for Industrial Recovery es un proyecto marco, que aglutina diversas intervenciones en la trama urbana de Madrid, cuya estrategia es la protección del patrimonio industrial de la ciudad a través de fórmulas de uso y ocupación que permitan prolongar su vida y evitar su derribo.

Las fotografías y planos de esta serie aquí representados corresponden a 5 intervenciones en naves industriales en desuso en los barrios de Puente de Vallecas, Usera y Carabanchel, finalizadas todas ellas entre los años 2022 y 2024.

[DESCRIPCIÓN DE LOS AUTORES.]

ELEMENTS FOR INDUSTRIAL RECOVERY

Burr

MADRID, 2018 - EN PROGRESO / *IN PROGRESS*

FIG 02. Blasón. Fotografía de la escalera. / Photograph of the stairs. [Maru Serrano.]

FIG 03-04. Fotografías de visitas a naves. /
Photographs of visits to warehouses. [Burr.]

FIG 05. Diagramas de los patios de interés. / Diagrams of the courtyards of interest. [Burr.]

ENG Elements for Industrial Recovery is a framework project that brings together various interventions within the urban fabric of Madrid. Its strategy centers on the protection of the city's industrial heritage through new forms of use and occupation that extend the lifespan of these sites and prevent their demolition.

The photographs and drawings in this series depict five interventions carried out in disused industrial buildings located in the districts of Puente de Vallecas, Usera, and Carabanchel, all completed between 2022 and 2024.

[DESCRIPTION BY THE AUTORS, TRANSLATION BY *ARQUITECTURA*.]

FIG 06. Eulalia. Fotografía del acceso a dormitorio y baño. / Photography of the access to the bedroom and bathroom. [Luis Díaz Díaz.]

FIG 07. MRT. Fotografía de la sucesión de espacios. / Photography of the succession of spaces. [Maru Serrano.]

FIG 08. Eulalia. Planta de estado reformado. / Renovated state floor plan.

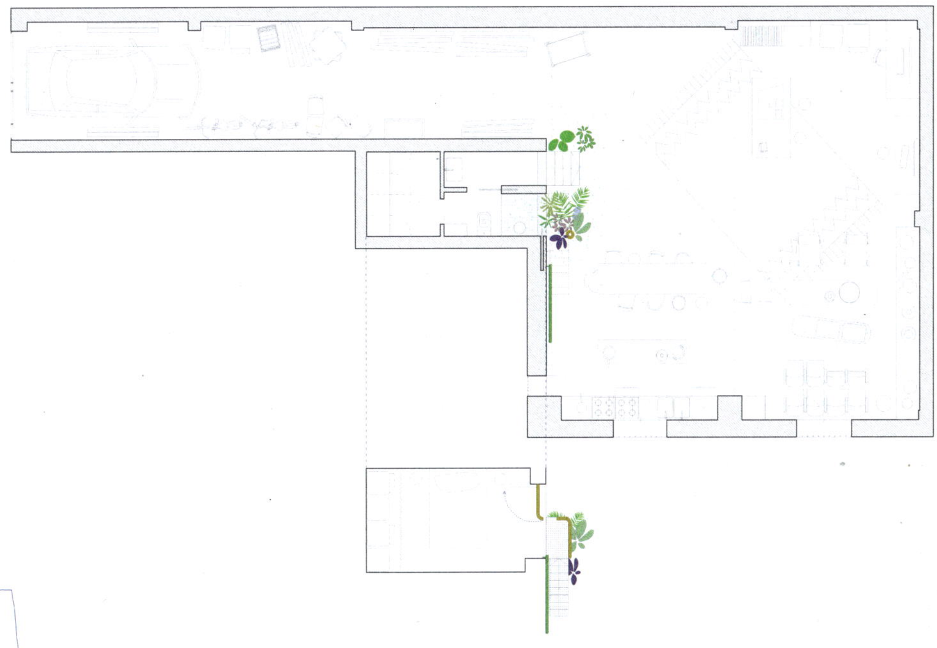

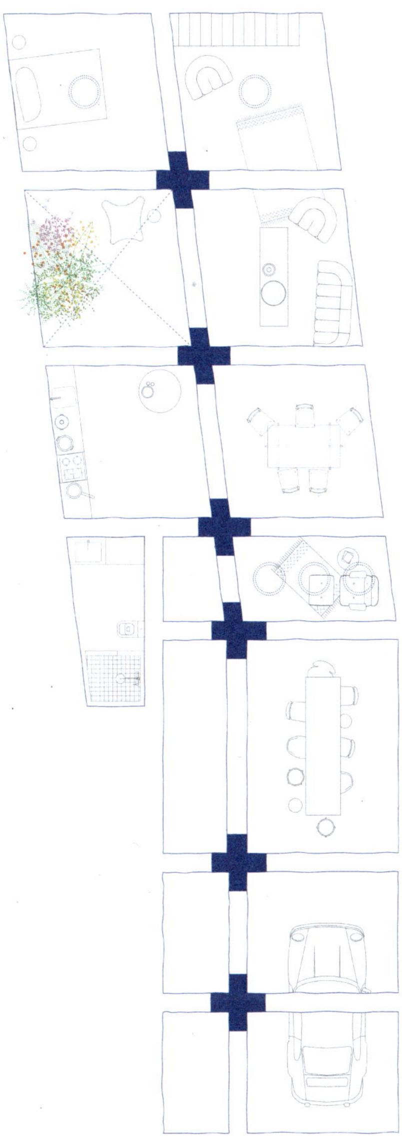

FIG 07. MRT. Planta de estado reformado. / Renovated state floor plan.

Alternativas habitacionales ante la crisis de vivienda: la responsabilidad del sector de la construcción

Housing alternatives in the face of the housing crisis: the responsibility of the construction sector

Iñaki Alonso

En las últimas décadas, la vivienda ha perdido su función social para convertirse en un refugio financiero. Existen, sin embargo, alternativas habitacionales que son colaborativas, eficientes y que pueden ser, voluntad mediante, asequibles. Cuando hablamos de voluntad nos referimos a la voluntad de las administraciones públicas, claro. Con la (no tan) actual crisis de vivienda, nos hemos cansado de leer y escuchar un dato demoledor: en España, el porcentaje de vivienda pública es ínfimo, sólo un 2,5% del total a finales de 2024, un 3,3% según las últimas informaciones del Ministerio de Vivienda y Agenda Urbana del gobierno de España (MIVAU). Además, el sistema de vivienda pública español ha estado orientado a asegurar las ganancias privadas mediante su sistemática liberalización. La poca vivienda pública fue pública hasta que dejó de serlo.

ESP Derecho de uso: una alternativa más allá de la especulación

Compartimos el dudoso honor de ser el país con menos parque de vivienda pública con Colombia, Portugal, Israel o Estonia. Las comparaciones son odiosas. En Países Bajos este porcentaje es del 30%, en Austria del 24% y en Dinamarca del 20%. Precisamente, la mitad del parque público en Dinamarca, un 10% de las viviendas totales, se enmarca en el régimen del derecho de uso, una de esas alternativas habitacionales asequibles a las que aludimos. Se trata de un modelo de propiedad colectiva a caballo entre el alquiler y la propiedad.

Este es el modelo que seguimos en Entrepatios Las Carolinas (Usera, Madrid), un edificio que diseñamos en sAtt Triple Balance. Las viviendas llevan funcionando desde 2020, demostrando que este sistema funciona. **[Fig. 1]** Para construir el edificio se constituye una cooperativa, algo que se hace en otras muchas promociones al uso, pero con la particularidad de que esta se convierte luego en el vehículo de la gestión del edificio. Así, la cooperativa es la propietaria del edificio y cada uno de los miembros de esta posee el derecho de uso de 'su' vivienda. Las viviendas no se pueden vender, por lo que se sitúan al margen de la especulación inmobiliaria, y se paga una cuota mensual (préstamo del banco y gastos de comunidad) que está bastante por debajo del precio de alquiler.

El derecho de uso empodera a las personas. Y no solo por la estabilidad y seguridad económica que implica, sino por el sentimiento de comunidad que genera. Las personas que viven bajo este sistema viven en comunidades cohesionadas y participan de una cultura de cuidados que, desgraciadamente, se ha ido perdiendo. Además, es una opción de convivencia idónea para aquellas personas que sufren de soledad no deseada, una de las pandemias del siglo XXI según la Organización Mundial de la Salud (OMS). El modelo de derecho de uso no es para todo el mundo, pero dada la situación crítica en la que nos encontramos, sí debería tenerse en cuenta a nivel público.

Por fin, después de años de aparentes prédicas en el desierto, las administraciones han caído en la cuenta de que modelos como el derecho de uso pueden ser aplicados en nuestro territorio. El 18 de febrero, la Comisión del Congreso aprobó una Proposición No de Ley que insta al gobierno a movilizar recursos públicos para el fomento de cooperativas de vivienda en derecho de uso, en lo que parece un paso más hacia el reconocimiento total de este modelo como una alternativa habitacional dentro de las políticas estatales. Una victoria que esperamos que vaya más allá de lo simbólico. De hecho, en el territorio español ya existen instituciones públicas que están fomentando el derecho de uso. Es el caso del gobierno de Navarra, por ejemplo, que ya está implementando políticas para la promoción de este modelo, o del gobierno vasco, que ya ha cedido suelos a cooperativas en cesión de uso como Bizikide en San Sebastián.

Si hablamos de lo estrictamente arquitectónico, en este tipo de proyectos es de vital importancia el diseño del espacio entre la entrada del edificio y la puerta de las viviendas privadas. Todo este espacio, que en otros proyectos tiene una importancia residual, en un edificio de vivienda colaborativa se convierte en un lugar de posibles encuentros, donde lo doméstico puede salir de lo privado y conquistar lo común. Las corralas vuelven en el siglo XXI como espacios de socialización. La circulación exterior recupera todo su sentido. El diseño de las diferentes intimidades entre lo privado y lo común adquiere un carácter primordial.

El ahorro también es asequibilidad

Aunque parezca paradójico, la asequibilidad no está solo en el acceso o no a la vivienda. También es importante que el funcionamiento de los edificios sea eficiente desde el punto de vista energético para que los usuarios no tengan que gastarse sus ahorros en climatizar su hogar. Las prioridades están cambiando. La arquitectura del siglo XX, la que podía acceder a una energía barata, no tenía los problemas que tenemos en el siglo XXI: los costes de la energía y el cambio climático.

En este sentido, primero en sAtt Triple Balance como arquitectos y ahora en Distrito Natural como promotores, llevamos años diseñando y desarrollando proyectos partiendo de estándares bioclimáticos y pasivos —a veces, con sello Passivhaus; otras veces, sin él— que aseguran una altísima eficiencia energética y ayudan a minimizar los impactos medioambientales de los edificios. Todo ello, unido al autoabastecimiento energético a través de placas fotovoltaicas, hace que las facturas de los vecinos de nuestros edificios sean muy bajas: teniendo en cuenta la experiencia de Entrepatios, calculamos un total de entre 20 y 50 euros mensuales. Estas estrategias han de incorporarse al diseño arquitectónico de calidad.

Pirita, Tomás Bretón y Talco, las tres promociones de vivienda ecológica que tenemos en marcha en Madrid, se están comercializando a precio de mercado —en algún caso por debajo—, habiendo aplicado numerosas medidas de minimización de huella ecológica y de eficiencia energética (construcción en madera contralaminada, total electrificación, materiales naturales, reciclados y reciclables, hormigones bajos en carbono en la cimentación, etcétera.). Es decir, hemos hecho un esfuerzo consciente para que estas medidas no afectaran al precio final. Sin embargo, sabemos que mucha gente no puede permitirse acceder a la compra de una vivienda en ciudades como Madrid, en la que los precios son, en muchos casos, prohibitivos. Vivimos día a día esa disonancia y sabemos que hay que buscar soluciones.

Tradicionalmente, además de escaso en número, el parque de vivienda pública español ha sido cualitativamente deficiente. ¿Por qué no implementar medidas de eficiencia energética y descarbonización en la vivienda pública y/o asequible que se haga a partir de ahora? Más allá de los nuevos marcos normativos que nos van a obligar a acometer esta renovación a no mucho tardar, ha llegado el momento de transformar el sistema de vivienda pública en lo cuantitativo y en lo cualitativo. Tenemos la gran oportunidad de mejorar la calidad de vida de mucha gente e incluso de redefinir el modelo industrial.

Es evidente que, para llevar a cabo esta transformación, las instituciones y administraciones públicas tienen que dar un paso al frente; sin embargo, desde el sector de la arquitectura y la construcción, responsable del 36% de las emisiones de gases de efecto invernadero a la atmósfera, también tenemos margen de mejora y maniobra.

Hace unos meses, Distrito Natural y Provivienda firmamos un acuerdo de colaboración que es un buen ejemplo de cómo organizaciones y empresas pueden cooperar en pro de la asequibilidad. Provivienda es una organización sin ánimo de lucro que trabaja para garantizar el acceso a una vivienda digna. Con este acuerdo, trabajaremos conjuntamente para desarrollar promociones de vivienda social asequible y/o pública, tanto en compra como en alquiler, en las que incorporaremos criterios medioambientales y de eficiencia energética. Creemos que la arquitectura 'sostenible' no puede ser patrimonio exclusivo de unos pocos y este movimiento se orienta a disminuir esa brecha. Estos marcos colaborativos nos permiten aplicar de manera efectiva nuestro modelo Triple Balance. Porque lo ambiental es importante, al igual que las dimensiones sociales y económicas de todos los proyectos, y no siempre es posible mantener este complejo equilibrio.

La crisis de vivienda a la que nos enfrentamos exige repensar profundamente el papel del sector de la arquitectura en la configuración de nuestras ciudades y en la garantía del derecho a una vivienda digna. La colaboración entre administraciones públicas, organizaciones sociales y actores privados puede marcar la diferencia para avanzar hacia un modelo habitacional más justo, sostenible y accesible. Apostar por el derecho de uso, la eficiencia energética y la descarbonización no solo mejora la calidad de vida de las personas, sino que también permite al sector contribuir activamente a la lucha contra la emergencia climática. Ahora, más que nunca, es el momento de diseñar no solo edificios, sino comunidades y futuros más equitativos.

FIG 1. Cooperativa Entrepatios-Las Carolinas (Usera, Madrid), diagrama de usos y termodinámico. / Cooperative Housing Entrepatios-Las Carolinas, functional program a thermodynamics diagram. [sAtt.]

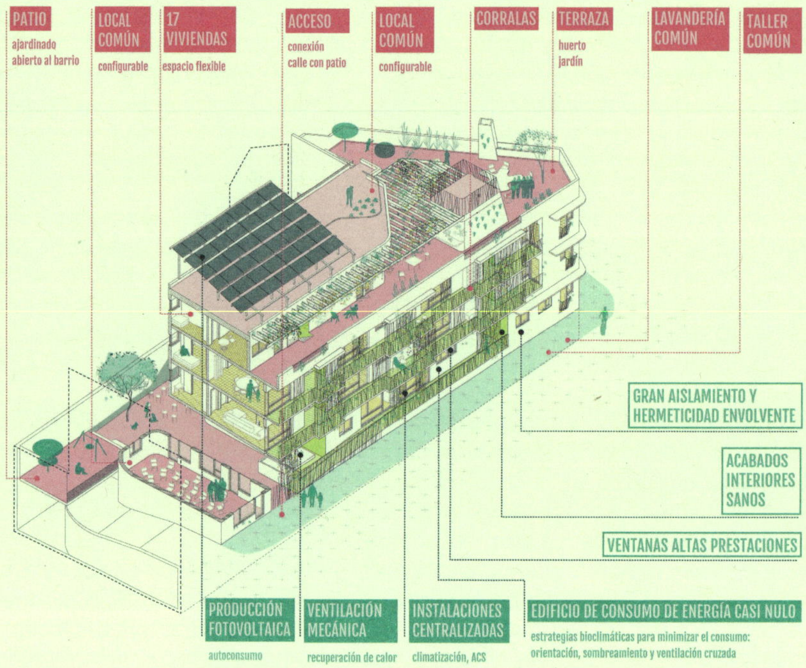

In recent decades, housing has lost its social function to become a financial refuge. There are, however, housing alternatives that are collaborative, efficient and that can be, if desired, affordable. When we talk about will, we are referring to the will of public administration, of course. With the (not so) current housing crisis, we have grown tired of reading and hearing devastating data: in Spain, the percentage of public housing is minute, only 2.5% of the total at the end of 2024, 3.3% according to the latest information from the Ministry of Housing and Urban Agenda of the Spanish Government [Ministerio de la Vivienda y Agenda Urbana (MIVAU)]. Furthermore, the Spanish public housing system has aimed to ensure private profits through its systematic liberalization. The minuscule public housing stock was public until it became private.

ENG Right of use: an alternative beyond speculation

We share the dubious honor of being the country with the least public housing stock together with Colombia, Portugal, Israel or Estonia. Comparisons are regretful. In the Netherlands this percentage is 30%, in Austria 24% and in Denmark 20%. Precisely, half of the public stock in Denmark, 10% of the total homes, is part of the right of use regime, one of those affordable housing alternatives to which we refer here. It is a collective property model halfway between rental and ownership.

This is the model we follow in Entrepatios Las Carolinas (Usera, Madrid), a building we designed at sAtt Triple Balance. The homes have been operating since 2020, demonstrating that this system works. **[Fig. 1]** To construct the building, a cooperative is established, something that is done in many other developments in use, but in this case with the particularity that this cooperative later becomes the vehicle for the management of the building. Thus, the cooperative is the owner of the building and each of its members has the right to use 'their' home. The homes cannot be sold, so they are outside real estate speculation, and a monthly fee is paid (bank loan and community fees) that is well below the rental price.

The Right of Use (RUO) empowers people. And not only because of the stability and economic security it implies, but also because of the feeling of community it generates. People who live under this system live in cohesive communities and participate in a culture of care that, unfortunately, has been lost. In addition, it is a convenient coexistence option for those people who suffer from loneliness, one of the pandemics of the 21st century according to the World Health Organization (WHO). The Right of Use (RUO) model is not for everyone but given the critical situation in which we find ourselves, it should be taken into account at a public level.

Finally, after years of apparent preaching in the wilderness, administrations have realized that models such as the right of use can be applied in our territory. On February 18, the Congressional Commission [Comisión del Congreso] approved a Non-LegislativeProposal [Proposición No de Ley] that urges the government to mobilize public resources to develop right-of-use housing cooperatives, in what looks a more step forward towards the full recognition of this model as a housing alternative within state policies. A victory that we hope goes beyond the symbolic. In fact, in the Spanish territory there are already public institutions that are promoting the right of use. This is the case of the government of Navarra, for example, which is already implementing policies to promote this model, or the Basque government, which has begun transferring land to cooperatives in rights of use such as the Bizikide housing scheme in San Sebastián.

If we talk strictly about architecture, in these projects the design of the space between the entrance to the building and the door of the houses is of vital importance. All this space, which in other projects is considered unimportant, in a collaborative housing building becomes a place of potential encounters, a crucial space where the domestic can abandon the privacy of the house and conquer the common. The 'corralas' return in the 21st century as spaces for socialization. Exterior circulation regains all its meaning. The design of the thresholds between the private and the common recovers its relevant role.

Savings are also affordability

Although it may seem paradoxical, affordability is not only about access to housing. It is also important to consider the energy efficiency of the building, which prevents users from spending their savings on air conditioning. Priorities are now changing. The architecture of the 20th century, which could access cheap energy, did not have the problems that we have in the 21st century: high energy costs and climate change.

In this regard, first at sAtt Triple Balance as architects and now at Distrito Natural as developers, we have been designing and developing projects for years based on bioclimatic and passive standards —on some occasions with the Passivhaus certification, but in others without it— which ensure very high energy efficiency standards, and which help minimize the environmental impacts of buildings. All of this, together with the energy self-sufficiency acquired with photovoltaic panels, means that the energy bills of our residents are very low. Considering the experience of Entrepatios, we calculate our residents pay between 20 and 50 euros per month. These strategies must be considered high-quality architectural design.

Pirita, Tomás Bretón and Talco, the three ecological housing developments that we have underway in Madrid, are being sold at market-price —in some cases below—, having applied numerous architectural measures to minimize the ecological footprint and energy efficiency (construction in cross-laminated wood, total electrification, use of natural, recycled and recyclable materials, foundations in low-carbon concrete, etc.). As a result, we have made a conscious effort to prevent these measures from affecting the final price. However, we know that many people cannot afford to buy a home in cities like Madrid, where prices are, in many cases, terribly high. We experience this problem every single day, assuming that solutions must be sought.

Traditionally, the Spanish public housing stock has not only been scarce but also qualitatively poor. In this scenario, why not implement energy-efficient and decarbonization measures in public and/or affordable housing from now on? Beyond the new regulatory frameworks that will enforce these measures soon, the time has come to transform the public housing system quantitatively and qualitatively. We have a great opportunity to improve the quality of life of many people and even redefine the industrial model.

It is evident that, to carry out this transformation, public institutions and administrations must take a step forward. However, in the architecture and construction industries — responsible for 36% greenhouse emissions— there is also room for improvement.

A few months ago, Distrito Natural and Provivienda signed a collaboration agreement that is a good example of how organizations and companies can cooperate for affordability. Provivienda is a non-profit organization that works to guarantee access to affordable housing. This agreement aims to develop affordable private or public social housing, build-to-selling or build-to-rent, in which we will incorporate environmental and energy-efficiency criteria. We believe that 'sustainable' architecture cannot be used for a few and should therefore aim at reducing this gap. These collaborative frameworks allow us to effectively apply our Triple-Balance model. Not only is the environment important, but there are also social and economic dimensions for any project, and it is not always easy to have this complex balance.

The housing crisis we face requires us to rethink the role architectural industry plays in the configuration of our cities, and in the right to access to decent housing. Collaboration between public administrations, social organizations and private agents can make a difference in moving towards a fairer, sustainable and more accessible housing model. Committing to the Right of Use (ROU) policies, energy-efficiency and decarbonization not only improves people's quality of life but also allows the industry to actively contribute to the fight against climate change. Now, more than ever, it is high time to design not only buildings, but also more equitable communities and futures.

[TRANSLATION BY *ARQUITECTURA*.]

FIG 01. Mapamundi de artesanía utilizada en la colección. / Map of crafts present in the collection.

Collection:	PET Lamp
Piece name:	PET Lamp
Year:	2011-ongoing
Dimensions:	(aprox)
Materials:	PET Bottles Different weaving techniques

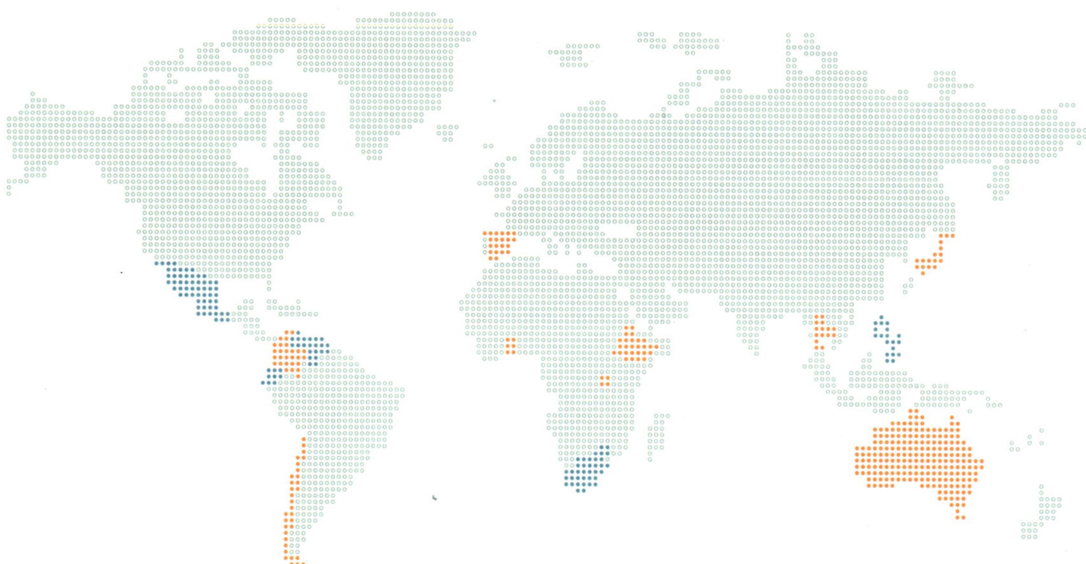

ESP En 2011, Álvaro Catalán de Ocón participó en un proyecto centrado en la reutilización de botellas de plástico PET como una forma de abordar el problema de los residuos plásticos que estaba ocurriendo en la Amazonía colombiana.

Como diseñador industrial, su punto de partida fue enfocarse en la profunda contradicción que se esconde detrás de cada botella PET: un producto con una vida útil muy corta que tarda décadas en descomponerse.

Álvaro replanteó el papel de la botella de plástico al fusionar técnicas locales de tejido con iluminación industrial. En este momento, PET Lamp es un proyecto consolidado en diferentes comunidades de artesanos en todo el mundo, lo que permite que la tradición y la cosmogonía de la cultura local se reflejen en el producto final.

PET Lamp comenzó como un proyecto de concienciación, fuertemente vinculado a la reutilización de botellas PET. Con el tiempo, también se convirtió en un estudio antropológico de diferentes tradiciones indígenas de tejido, destacando el papel que el conocimiento artesanal puede desempeñar en la cultura local y acentuando la preservación del conocimiento y la tradición artesanal.

El proyecto PET Lamp se fundó inicialmente en 2012 a través de una colaboración con artesanos de la región del Cauca que habían sido desplazados por la guerra de guerrillas en Colombia. Las pantallas de lámparas creadas por estos artesanos reflejan el carácter comunitario y el simbolismo de su cultura, demostrando la viabilidad del proyecto.

[DESCRIPCIÓN DEL AUTOR.]

PET LAMP

Alvaro Catalán de Ocón

FIG 02. Fotografías de la colección PET Lamp. / Photographs from the PET Lamp collection. [ACdO.]

FIG 03. Fotografía del proceso de tejido. / Photograph of the weaving process. [ACdO.]

ENG In 2011, Alvaro Catalan de Ocon took part in a project focused on the reuse of PET plastic bottles as a way of addressing the plastic waste issue that was happening in the Colombian Amazon.

As an industrial designer, his starting point was focusing on the deep contradiction that is hidden behind each PET bottle: a product with a very short lifespan that takes decades to decompose.

Alvaro reconsidered the role of the plastic bottle by merging local weaving techniques with industrial lighting. At this moment, PET Lamp is a consolidated project in different communities of artisans worldwide, which enables tradition and local culture cosmogony to be reflected on the final product.

The PET Lamp started as an awareness project, strongly linked to the PET bottle reuse. Over time it also unfolded as an anthropological study of different indigenous weaving traditions, underlining the role that craft knowledge can play in local culture, and accentuating preservation of craft knowledge and tradition.

The PET Lamp project was initially founded in 2012 through a collaboration with artisans from the Cauca region that had been displaced by the guerrilla war in Colombia. The lampshades created by these artisans reflect the community character and their culture symbolism, proving the viability of the project.

[DESCRIPTION BY THE AUTHOR, TRANSLATION BY *ARQUITECTURA*.]

FIG 04. Fotografía del proceso de tejido. / Photograph of the weaving process. [ACdO.]

Segundo número de la revista académica 'Textos de *Arquitectura*'

Llamada a contribuciones para el segundo número de la revista académica 'Textos de *Arquitectura*' titulado: "Arquitectura e inclusión. Del cuerpo normativo al espacio compartido".

ESP Con el advenimiento de la posmodernidad, la arquitectura pasó décadas enfrascada en cuestiones excesivamente disciplinares, centrándose en una búsqueda formal desprovista de contenido social que acabó por confirmar la primacía de la teoría frente a la historia. Su presunta imposibilidad para disponer de un programa político y social, tal y como anunció Manfredo Tafuri en su libro *Progetto e utopia: architettura e sviluppo capitalistico* (1973), dio paso a una cultura arquitectónica que anteponía la autonomía del espacio a las contingencias políticas y sociales, abandonando toda crítica histórica. Desde los años setenta y hasta finales de siglo, se sucedieron una serie de discursos narrativos —desde la neovanguardia y el deconstructivismo, hasta el 'Star Sytem'— que conformaron la máxima expresión de una exploración formal alejada de cualquier intento por construir una sociedad más inclusiva a través de la arquitectura.

La llegada de la crisis financiera en el año 2008 terminó por confirmar un viraje profundo en el discurso arquitectónico, que hasta entonces se había mantenido alejado de las necesidades de la sociedad.[1] Esa fecha marca el inicio de un renovado interés de la arquitectura y del urbanismo por la sostenibilidad y la justicia social. De manera parecida a la teoría del constructivismo social, se ha asumido que la arquitectura no es una disciplina ajena de las prácticas sociales y culturales, sino que se origina en el seno de la sociedad y, por tanto, debe responder a ella. De este modo, la arquitectura evoluciona conforme lo hace la sociedad —su origen es natural y cualitativo (a través del dominio del fuego)— pero su razón de ser es social.

Tras el primer número dedicado a Territorio y a Clima, presentamos la llamada a contribuciones del segundo número de la revista académica **'Textos de *Arquitectura*'** titulado **"Arquitectura e inclusión. Del cuerpo normativo al espacio compartido".**

De acuerdo con la segunda de las tres directrices de la New European Bauhaus (sostenibilidad, inclusión y belleza), este nuevo número abordará aquellas cuestiones directamente relacionadas con lo social (inclusión). Para la Organización de las Naciones Unidas, la inclusión social es el proceso que garantiza que todas las personas, independientemente de su origen, capacidades, género, edad o cualquier otra característica, tengan la oportunidad de participar plenamente en la sociedad. Esto implica no solo el acceso a servicios básicos como la educación, la salud y el empleo, sino, también, la eliminación de barreras que puedan excluir a ciertos grupos. Así, se trata de crear un entorno donde todos los ciudadanos se sientan valorados y puedan contribuir al bienestar común. Así pues, **¿de qué manera puede la arquitectura contribuir a hacer un entorno más inclusivo? ¿De qué herramientas dispone el arquitecto del siglo XXI para hacer frente a estos retos? ¿Cuál ha sido el papel que, históricamente, ha desarrollado la disciplina —y sus profesionales— en lo que a la inclusión social se refiere? ¿Existe una historia social de la arquitectura?**

Instrucciones completas para autores y directrices de envío a través del siguiente enlace: https://www.coam.org/es/fundacion/biblioteca/revista-arquitectura-100-anios/arquitectura-etapa-2023-2026/textos-arquitectura

1. Ya por entonces se había reafirmado la absorción de la disciplinariedad por parte de un proyecto crítico que asumió la condición de la arquitectura como hecho cultural y, también, su distintiva autonomía. Véase: Somol, Robert y Whiting, Sarah, "Notes around the Doppler Effect and Other Moods of Modernism", *Perspecta* n. 33, 'Mining Autonomy' (2002), págs. 72-77.

Second issue of the academic journal 'Textos de *Arquitectura*'

Call for Papers for the second issue of the academic journal 'Textos de *Arquitectura*', titled "Architecture and Inclusion. From Normative Body to Common Space."

ENG With the arrival of postmodernity, architecture spent decades excessively immersed in disciplinary issues. It focused on a formal search devoid of social content, which ultimately confirmed the primacy of theory over history. It's supposed inability to develop a political and social program, as Manfredo Tafuri announced in his book *Progetto e utopia: architettura e sviluppo capitalistico* (1973), gave way to an architectural culture that prioritized the autonomy of space over political and social contingencies, abandoning all historical critique. From the seventies until the end of the century, a series of narrative discourses followed —ranging from neo-avant-garde and deconstructivism to the star system— that represented the peak of formal exploration, far removed from any attempt to build a more inclusive society through architecture.

The arrival of the 2008 financial crisis ultimately confirmed a profound shift in architectural discourse, which until then had remained detached from society's needs. That date marks the beginning of a renewed interest in sustainability and social justice within architecture and urbanism. Similarly, to the social constructivism theory, it is nowadays assumed that architecture is not an isolated discipline disconnected from social and cultural practices but rather originates within society and must respond to it. Architecture evolves as society does —its origin is natural and qualitative (through the mastery of fire)— but its *raison d'être* is social.

Following the first issue dedicated to Territory and Climate, we present the call for papers for the second issue of the academic journal **'Textos de *Arquitectura*'** titled **"Architecture and Inclusion. From the Normative Body to Shared Space."**

In line with the second of the three guidelines of the New European Bauhaus (Sustainability, Inclusion, and Beauty), this new issue will address themes directly related to the social (inclusion). For the United Nations, social inclusion is the process that guarantees that all people, regardless of their background, abilities, gender, age, or any other characteristic, could fully participate in society. This involves not only access to basic services such as education, health, and employment but also the removal of barriers that may exclude certain groups. Thus, it aims to create an environment where all citizens feel valued and can contribute to the common well-being. In this regard, **how can architecture contribute to creating a more inclusive environment? What tools does the 21st-century architect have at his disposal to address these challenges? What role has the discipline —and its professionals— historically played in social inclusion? Is there a Social History of Architecture?**

Complete Instructions for Authors and Sumbimission Guidelines to be found on the link : https://www.coam.org/es/fundacion/biblioteca/revista-arquitectura-100-anios/arquitectura-etapa-2023-2026/textos-arquitectura

[TRANSLATION BY *ARQUITECTURA*]

1. By then, the absorption of disciplinary boundaries had already been reaffirmed by a critical project which embraced architecture as a cultural phenomenon and recognized its distinctive autonomy. See: Somol, Robert and Whiting, Sarah, "Notes around the Doppler Effect and Other Moods of Modernism," *Perspecta* n. 33, 'Mining Autonomy', 2002, pages 72-77.

Bios

Tatjana Schneider

COEDITORA INVITADA INTERNACIONAL

INTERNATIONAL GUEST CO-EDITOR

ESP Tatjana Schneider es investigadora, escritora, pedagoga y directora del Instituto de Historia y Teoría de la Arquitectura y la Ciudad (GTAS) del Departamento de Arquitectura de la Universidad Técnica de Braunschweig. En relación con el colapso climático, las concurrentes y entrelazadas transformaciones históricas y el aumento de las desigualdades socioespaciales, su trabajo se ocupa de estudios de casos que exigen y promueven principios del bien común y se resisten a las producciones violentas —explotadoras, especulativas y excluyentes— del espacio. Como coautora o coeditora, ha publicado libros como *Flexible Housing* (2007), *Agency. Working With Uncertain Architectures* (2009), *Spatial Agency. Other ways of Doing Architecture* (2011, 2016), *Living the city. Of Cities, People and Stories* (2020) y *Making Futures* (2022). *Architecture is Climate* —su nuevo libro publicado con el colectivo de investigación MOULD— se publicará a finales de este año. Schneider trabaja actualmente en una serie de proyectos de investigación centrados en los cambios sistémicos que deben acompañar a las formas y prácticas reimaginadas de la arquitectura, entre los que destaca OpenCultures. En 2021, se presentó como candidata a la alcaldía de la ciudad donde vive: Braunschweig. Tatjana estudio arquitectura en Alemania y Escocia, recibiendo su doctorado por la Universidad de Strathclyde en Glasgow 2006. Entre 2004 y 2018 fue profesora en la Escuela de Arquitectura de la Universidad de Sheffield. www.gtas-braunschweig.de / www.architectureisclimate.net

ENG Tatjana Schneider is a scholar, writer, educator, and director of the Institute for History and Theory of Architecture and the City (GTAS) at the Department of Architecture, Technische Universität Braunschweig. In the face of climate breakdown, concomitant and intertwined epochal transformations, and increasing socio-spatial inequalities, her work is concerned with case studies that demand and promote principles of the common good and resist violent —exploitative, speculative and exclusionary— productions of space. As (co-)author or (co-)editor, she has published books such as *Flexible Housing* (2007), *Agency. Working With Uncertain Architectures* (2009), *Spatial Agency. Other Ways of Doing Architecture* (2011, 2016), *Living the City. Of Cities, People and Stories* (2020) and *Making Futures* (2022). *Architecture is Climate* —her new book published with the research collective MOULD— will be published with dpr later this year. Tatjana is currently working on a series of research projects that focus on the systemic changes that need to accompany reimagined forms and practices of architecture, most notably OpenCultures. In 2021, she ran for mayor of the city where she lives: Braunschweig. Tatjana studied architecture in Germany and Scotland, receiving her PhD from the University of Strathclyde in Glasgow in 2006. From 2004 to 2018 she was a professor at the School of Architecture at the University of Sheffield. www.gtas-braunschweig.de / www.architectureisclimate.net

Enrique Espinosa

COEDITOR INVITADO LOCAL

LOCAL GUEST CO-EDITOR

ESP Enrique Espinosa es arquitecto (2009) y doctor en arquitectura (2024), profesor asociado en la Escuela Técnica Superior de Arquitectura (ETSAM) de la Universidad Politécnica de Madrid (UPM) desde 2015 en Colaboratorio y Trans, y en la Universidad de Alicante (UA) desde 2022. Es cofundador del colectivo PKMN architectures (2006-2016) y fundador de Eeestudio (desde 2016). Su práctica e investigación, desarrolladas en redes abiertas, giran en torno a procesos de aprendizaje y producción colaborativa, arquitecturas menores, domesticidad, espacio público y participación ciudadana. Como miembro de PKMN recibió el Premio Arquia Próxima 2014, desarrolló obras de participación ciudadana como 'Toledo Crea Toledo' o 'Cáceres Crea Cáceres', y construyó obras publicadas y premiadas como 'Teruelzilla' (nominada Mies Awards 2013) o 'All I Own House' (seleccionada para el Pabellón de España de la XV Bienal de Arquitectura de Venecia 2016, galardonado con el León de Oro). Como director de Eeestudio ha desarrollado obras reconocidas como 'The Young Old House' (junto a Lys Villalba), 'Furniture Urban Alphabets' o 'Educan. Escuela para perros, humanos y otras especies' (junto a Lys Villalba; Premio Matcoam Innovación 2021, nominada Mies Awards 2022, seleccionada Premios FAD 2021, premiada en Premios Mapei de Arquitectura Sostenible 2021). Su práctica ha sido reconocida en más de 30 exposiciones (MoMA, MAXXI, COAM, Matadero Madrid, Storefront for Art & Architecture NYC o CCCB), más de 100 publicaciones en prensa especializada (*Mark, Abitare, Plot, Summa, Bauwelt, Arquitectura Viva, A10, Arquine* o *L'Architecture d'Aujour d'hui*) y más de 30 premios.

ENG Enrique Espinosa is an architect (2009) and PhD in Architecture (2024), Adjunct Professor at Escuela Técnica Superior de Arquitectura (ETSAM), Universidad Politécnica de Madrid (UPM), since 2015 (Colaboratorio and Trans) and at Universidad de Alicante since 2022. He is a co-founder of the PKMN architectures collective (2006-2016) and founder of Eeestudio (since 2016). His practice and research, developed within open networks, revolve around collaborative learning and production processes, small architectures, domesticity, public space, and citizen participation. As a member of PKMN, he received the 2014 Arquia Próxima Award, developed citizen participation projects such as 'Toledo Crea Toledo' and 'Cáceres Crea Cáceres,' and built published and award-winning works such as 'Teruelzilla' (nominated for the 2013 Mies Awards) and 'All I Own House' (selected for the Spanish Pavilion at the 15th Venice Architecture Biennale in 2016, which won a Golden Lion). As principal of Eeestudio, he has developed renowned works such as 'The Young Old House' (with Lys Villalba), 'Furniture Urban Alphabets,' and 'Educan. School for dogs, humans, and other species' (with Lys Villalba; winner of the 2021 Matcoam Innovation Award, nominated for the 2022 Mies Awards, selected for the 2021 FAD Awards, and awarded at the 2021 Mapei Sustainable Architecture Awards). His practice has been recognized through more than 30 exhibitions (MoMA, MAXXI, COAM, Matadero Madrid, Storefront for Art & Architecture NYC, and CCCB), more than 100 publications in specialized print media (*Mark, Abitare, Plot, Summa, Bauwelt, Arquitectura Viva, A10, Arquine,* and *L'Architecture d'Aujour d'hui*), and more than 30 awards.

Ángela Losa

FOTÓGRAFA INVITADA

GUEST PHOTOGRAPHER

ESP Ángela Losa (Donostia, 1987) es licenciada en Bellas artes (especialización en artes plásticas) por la Universidad de Castilla-La Mancha. Tras mudarse a Berlín con la beca Leonardo da Vinci, realizó algunos talleres de edición de fanzines y de técnicas reprográficas, comenzando sus proyectos fotográficos y de edición en papel. En 2014 se trasladó a Madrid para estudiar el European Master of Fine Art Photography en el Instituto Europeo di Design (IED), tras concedérsele la beca anual. Tuvo a docentes como Martin Parr, Elger Esser, Joan Fontcuberta, entre otros, y realizó su propio proyecto tutorizado por el fotógrafo Ricardo Cases. Al finalizar, entró a formar parte del equipo de Blank Paper, escuela en la que trabajó durante dos años y donde se formó junto con Fosi Vegue, Óscar Monzón o Antonio Xoubanova. Ha participado en exposiciones colectivas con proyectos propios de autoedición como "#1" en el espacio Vesselroomproject (Berlin) o DIWO "Do it with others" en Centro Centro Cibeles y en el museo Oteiza, comisariada por Juan Pablo Huércanos, entre otras. Ha expuesto "Hoy" individualmente junto al colectivo de comisarios "Indisciplinadas". El proyecto "Lan- des" ha formado parte de la exposición colectiva "En lo salvaje", comisariada por Semíramis Gonzalez y realizada en el Centro de Artes de Alcobendas. "Proyecto wifi" en sala amadis y en el festival me gustas, "pixelad_" en LCE. Además de los proyectos personales, ha trabajado como fotógrafa desde 2017 años documentando eventos, escénicas, exposiciones en distintas instituciones de arte y arquitectura como La Casa Encendida o la Fundación Arquia (Madrid). También ha trabajado en el equipo de fotografía del SSIFF. www.angelalosa.com

ENG Ángela Losa (Donostia, 1987) holds a degree in Fine Arts (specializing in visual arts) from the University of Castilla-La Mancha. After moving to Berlin with a Leonardo da Vinci scholarship, she took several workshops on fanzine editing and reprographic techniques, launching her photography and paper publishing projects. In 2014, she moved to Madrid to study for the European Master of Fine Art Photography at the Istituto Europeo di Design (IED), after being awarded the annual scholarship. She worked with teachers such as Martin Parr, Elger Esser, and Joan Fontcuberta, among others, and carried out her own project supervised by photographer Ricardo Cases. Upon graduation, she joined the team at Blank Paper, a school where she worked for two years and where she trained alongside Fosi Vegue, Óscar Monzón, and Antonio Xoubanova. She has participated in group exhibitions with her own self-publishing projects, such as "#1" at Vesselroomproject (Berlin) and DIWO "Do it with others" at Centro Centro Cibeles and the Oteiza Museum, curated by Juan Pablo Huércanos, among others. She has exhibited "Hoy" individually with the curatorial collective "Indisciplinadas." The "Landes" project was part of the group exhibition "En lo salvaje," curated by Semíramis Gonzalez and held at the Centro de Artes de Alcobendas. "Proyecto wifi" at Sala Amadis and at the Me GustaS festival, "pixelad_" at LCE. In addition to her personal projects, she has worked as a photographer since 2017, documenting events, performances, and exhibitions at various art and architecture institutions such as La Casa Encendida and the Arquia Foundation (Madrid). She has also worked on the SSIFF photography team. www.angelalosa.com

Iñaki Ábalos

Iñaki Ábalos es arquitecto, catedrático de Proyectos Arquitectónicos en la Escuela Técnica Superior de Arquitectura (ETSAM) de la Universidad Politécnica de Madrid (UPM) y fundador de la oficina Ábalos+Sentkiewicz AS+ desde 2006 y de Ábalos&Herreros entre 1984 y 2006. Ha sido director del Departamento de Arquitectura de la Graduate School of Design de la Universidad de Harvard (2013-2016), además de profesor en las universidades de Columbia, Architectural Association, Princeton o Cornell, entre otras. Su obra ha sido ampliamente divulgada en revistas y monográficos, siendo los últimos *Ensayos sobre Termodinámica, Arquitectura y Belleza* (Actar, 2015) y *Nuevo Primitivismo* (Arquine, 2021). Su último libro, titulado *Absolute Beginners*, ha sido publicado por Park Books (2022).

Iñaki Ábalos is an architect and Chaired Professor of Architectural Design at ETSAM (Escuela Técnica Superior de Arquitectura, Universidad Politécnica de Madrid, UPM). Founder and Principal of Ábalos+Sentkiewicz AS+ since 2006 and of Ábalos&Herreros (from 1984 to 2006). From 2013 to 2016, Ábalos served as Chair of the Department of Architecture at the Graduate School of Design, Harvard University. He has also taught, amongst others, at Columbia University, Architectural Association, Princeton or Cornell. His projects have been widely published in magazines and monographs of which the last ones have been *Essays on Thermodynamics, Architecture and Beauty* (Actar, 2015) and *New Primitivism* (Arquine, 2021). His last book, titled *Absolute Beginners*, has been published by Park Books (2022).

Iñaki Alonso

Iñaki Alonso es arquitecto urbanista por la Escuela Superior de Arquitectura de Madrid (ETSAM) de la Universidad Politécnica de Madrid (UPM) desde 1998. Es fundador y consejero delegado de sAtt Triple Balance, primer estudio de arquitectura certificado Bcorp en España, y fundador y director de la promotora de impacto Distrito Natural, dedicada al desarrollo de proyectos de vivienda ecológica y colaborativa. Cuenta con veinte años dedicados a la investigación, desarrollo y emprendimiento de proyectos de arquitectura sostenible centrados en la innovación social y ambiental, ejemplificados en proyectos internacionalmente reconocidos como Entrepatios Las Carolinas, el primer 'cohousing' ecosocial en derecho de uso en Madrid.

Iñaki Alonso is an urban architect from ETSAM (Escuela Superior de Arquitectura de Madrid, Universidad Politécnica de Madrid, UPM) since 1998. He is founder and CEO of sAtt Triple Balance, the first Bcorp certified architecture studio in Spain, and founder and director of Distrito Natural, dedicated to the development of ecological and collaborative housing projects. He has dedicated twenty years to research, development and entrepreneurship of sustainable architecture projects focused on social and environmental innovation, exemplified in internationally recognized projects such as Entrepatios Las Carolinas, the first eco-social cohousing under the right of use modality in Madrid.

Andrés Cánovas

Andrés Cánovas es doctor arquitecto por la Escuela Técnica Superior de Arquitectura (ETSAM) de la Universidad Politécnica de Madrid (UPM), donde es profesor titular de Proyectos Arquitectónicos. Ha desarrollado su docencia en más de sesenta universidades en todo el mundo. Asociado con Atxu Amann y Nicolás Maruri han recibido setenta premios en concursos de ideas y cerca de ochenta en premios profesionales entre los que destacan el premio Alfonso X, el premio Luis Moreno Mansilla, el premio Santiago Amón, el premio Asprima, el premio Umnicor, el premio CSCAE, el premio COAM, el Premio de la Comunidad de Madrid y el del Ayuntamiento de Madrid, el premio MatCOAM, el premio de La Comunidad de Murcia y el Premio Nacional de Conservación de Patrimonio. Han participado en las bienales de Venecia, en la bienal iberoamericana y en la bienal española. Su obra ha sido ampliamente difundida en más de trescientas publicaciones.

Andrés Cánovas holds a PhD in architecture from ETSAM (Escuela Técnica Superior de Arquitectura, Universidad Politécnica de Madrid, UPM), where he is Full Professor of Architectural Design. He has taught at more than sixty universities around the world. Together with Atxu Amann and Nicolás Maruri, they have received seventy prizes in ideas competitions and nearly eighty professional awards, including the Alfonso X prize, the Luis Moreno Mansilla prize, the Santiago Amón prize, the Asprima prize, the Umnicor prize, the CSCAE prize, the COAM prize, the Madrid Community prize, the Madrid City Council prize, the Matcoam prize, the Murcia Community prize and the National Heritage Conservation prize. They have participated in the Venice Biennial, the Ibero-American Biennial and the Spanish Biennial. Their work has been widely disseminated in more than three hundred publications.

Jorge Dioni López

Jorge Dioni López nació en Benavente (Zamora) en 1974. Es licenciado en periodismo por la Universitat Autònoma de Barcelona y su carrera profesional abarca diarios (*Sport, Marca* y *Metro*), radio (SER, RNE y Ràdio Gràcia), revistas (*GQ* y *El estado mental*) y comunicación institucional (Asociación de Clubes de Baloncesto, Alcatel-Lucent y Nokia). También, ha realizado tareas de corrección y edición para diversas instituciones y empresas. En la actualidad, imparte talleres de lectura y escritura en Escuela de escritores (Madrid), realiza tareas de comunicación corporativa para la agencia Dobleh y colabora con *La Marea*, *El País* o *Vanity Fair*, donde escribe sobre ópera. Su primer libro, *La España de las piscinas* (2021, Arpa), recibió el premio libro del año por el Gremio de Libreros de Madrid. En 2023, publicó *El malestar de las ciudades* (Arpa) y, en 2024, su primer poemario *La ciudad del otro* (Lastura). Su tercer ensayo, *Pornocracia* (Arpa), salió a la venta el pasado mes de marzo.

Jorge Dioni López was born in Benavente (Zamora) in 1974. He holds a degree in journalism from the Universitat Autònoma de Barcelona and his professional career includes newspapers (*Sport*, *Marca* and *Metro*), radio (SER, RNE and Ràdio Gràcia), magazines (*GQ* and *El estado mental*) and institutional communication (Asociación de Clubes de Baloncesto, Alcatel-Lucent and Nokia). He has also worked as a proofreader and editor for various institutions and companies. He currently teaches reading and writing workshops at the Escuela de escritores (Madrid), works in corporate communications for the Dobleh agency and collaborates with *La Marea*, *El País* and *Vanity Fair*, where he writes about opera. His first book, *La España de las piscinas* (2021, Arpa), received the book of the year award from the Madrid Booksellers' Guild. In 2023, he published *El malestar de las ciudades* (Arpa) and, in 2024, his first collection of poems, *La ciudad del otro* (Lastura). His third essay, *Pornocracia* (Arpa), was published last March.

Carmen Espegel

Carmen Espegel es arquitecta y catedrática de Proyectos Arquitectónicos en la Escuela Técnica Superior de Arquitectura (ETSAM) de la Universidad Politécnica de Madrid (UPM). Su trayectoria se apoya en tres áreas complementarias: académica, investigación y profesional. A nivel académico ha impartido docencia en Canadá, Italia, Estados Unidos, Bélgica, Holanda, México, Brasil o Argentina. Su orientación en la investigación se centra en el campo de la vivienda y de la mujer en la arquitectura. Dirige el Grupo de Investigación Vivienda Colectiva (GIVCO). Ha escrito libros y numerosos artículos mostrando su pensamiento crítico, donde resaltan, *Housing Atlas Europe 20th Century* (2023), *Amaneceres Domésticos/ Domestic Dawns, Housetag: European Collective Housing 2000-2021* (2021), *Women Architects in the Modern Movement* (2018), *Collective Housing 1992-2015 Vol.II* (2016), *Vivienda Colectiva en España Siglo XX 1929-1992 Vol.I* (2013) y *Heroínas del espacio* (2008). En el ámbito profesional, dirige la firma espegel arquitectos, cuyas obras han sido reconocidas en diferentes ocasiones.

Carmen Espegel is an architect and Chaired Professor of Architectural Design at ETSAM (Escuela Técnica Superior de Arquitectura, Universidad Politécnica de Madrid, UPM). Her career is based on three complementary areas: academic, research and professional. At the academic level, he has taught in Canada, Italy, the United States, Belgium, Holland, Mexico, Brazil and Argentina. Her research focuses on the field of housing and women in architecture. She directs the Research Group Collective Housing (GIVCO). She has written books and numerous articles showing her critical thinking, including *Housing Atlas Europe 20th Century* (2023), *Amaneceres Domésticos/Domestic Dawns, Housetag: European Collective Housing 2000-2021* (2021), *Women Architects in the Modern Movement* (2018), *Collective Housing 1992-2015 Vol.II* (2016), *Vivienda Colectiva en España Siglo XX 1929-1992 Vol.I* (2013) and *Heroínas del espacio* (2008). In relation to practice, she is the principal of the firm espegel arquitectos, whose works have been recognized on different occasions.

María Auxiliadora Gálvez

María Auxiliadora Gálvez es arquitecta, doctora en arquitectura y paisajista. Entre 1998 y 2024 ha sido profesora en la *Escuela Politécnica Superior* (EPS) de la Universidad San Pablo C.E.U (Madrid) y, desde 2024, es profesora titular de Proyectos Arquitectónicos en la Escuela Técnica Superior de Arquitectura (ETSAM) de la Universidad Politécnica de Madrid (UPM). En paralelo, ha desarrollado docencia e investigación internacional en diversas instituciones de Europa y América. En 2003 fundó Gálvez+Wieczorek y, en 2016, la Plataforma de Somática aplicada a la Arquitectura y el Paisaje, donde se acometen proyectos e investigaciones urbanas, arquitectónicas, artísticas o del paisaje con base en la experiencia de los cuerpos diversos. Entre 2006 y 2010 ha sido coordinadora para Panamá dentro del Programa de Cooperación Internacional de Vivienda Social desarrollado por la Junta de Andalucía. Tres veces ganadora de Europan, su obra ha sido premiada internacionalmente y es, además, autora de los libros *Espacio Somático. Cuerpos Múltiples* (Ediciones Asimétricas, 2019) y *Descampados* (Edicoines Asimétricas, 2022).

María Auxiliadora Gálvez is an architect, PhD in architecture and landscape architect. From 1998 to 2024 she was a faculty member at the Escuela Politécnica Superior (EPS), Universidad San Pablo C.E.U. (Madrid) and, since 2024, she is Full Professor of Architectural Design at ETSAM (Escuela Técnica Superior de Arquitectura, Universidad Politécnica de Madrid, UPM). In parallel, she has developed international teaching and research in various institutions in Europe and America. In 2003 she founded Gálvez+Wieczorek and, in 2016, the Platform of Somatics for Architecture and Landscape, where she undertakes urban, architectural, artistic or landscape projects based on the experience of the multiple bodies. From 2006 to 2010 she was the coordinator for Panama within the International Cooperation Programme for Social Housing developed by the Junta de Andalucía. Three times winner of Europan, her work has been internationally awarded. She is the author of the books *Espacio Somático. Cuerpos Múltiples* (Ediciones Asimétrcias, 2019) and *Descampados* (Ediciones Asimétricas 2022).

Manuel Pascual García (Zuloark)

Manuel Pascual García es profesor asociado en la Escuela Técnica Superior de Arquitectura (ETSAM) de la Universidad Politécnica de Madrid (UPM), arquitecto y cofundador de Zuloark, una oficina distribuida de arquitectura, urbanismo y cultura, fundada en Madrid en 2001 y con presencia en Madrid, Berlín, A Coruña, Bolonia, Ámsterdam, Atenas y La Palma. Desde sus inicios, Zuloark desarrolla su práctica a través de un modelo colaborativo basado en el cuidado, la corresponsabilidad y la autoría compartida. Sus proyectos han sido reconocidos con galardones como el Golden Nica, el Premio de la Bienal Española de Arquitectura y Urbanismo, el Premio de la Bienal Colombiana de Arquitectura y Urbanismo o el Premio Arquia Próxima. En el marco de la consultoría de diseño estratégico Ultrazul, recibió el Holcim Awards 2023 Gold for Europe por su contribución al proyecto Infinito Delicias. El trabajo de Zuloark ha sido expuesto en instituciones culturales de referencia internacional como el MoMA de Nueva York, la Akademie der Künste de Berlín, la Trienal de Arquitectura de Lisboa, la Bienal de Venecia o Matadero Madrid. Paralelamente, ha participado en procesos pedagógicos y colaboraciones académicas en centros como la ETSAM, la Universidad de las Artes de Berlín, el Instituto Tecnológico y de Estudios Superiores de Monterrey, la Escuela Universitaria de Artes TAI o la Pontificia Universidad Javeriana de Bogotá.

Manuel Pascual García is an Adjunct Professor at ETSAM (Escuela Técnica Superior de Arquitectura, Universidad Politécnica de Madrid, UPM), architect and co-founder of Zuloark, a distributed architecture, urbanism and culture office, founded in Madrid in 2001 and with presence in Madrid, Berlin, A Coruña, Bologna, Amsterdam, Athens and La Palma. Since its beginnings, Zuloark has developed its practice through a collaborative model based on care, co-responsibility and shared authorship. Its projects have been recognized with awards such as the Golden Nica, the Spanish Architecture and Urbanism Biennial Award, the Colombian Architecture and Urbanism Biennial Award and the Arquia Próxima Award. As part of the Ultrazul strategic design consultancy, it received the Holcim Awards 2023 Gold for Europe for its contribution to the Infinito Delicias project. Zuloark's work has been exhibited in leading international cultural institutions such as the MoMA in New York, the Akademie der Künste in Berlin, the Lisbon Architecture Triennial, the Venice Biennale and Matadero Madrid. At the same time, he has participated in pedagogical processes and academic collaborations in universities such as the ETSAM, the University of the Arts in Berlin, the Instituto Tecnológico y de Estudios Superiores de Monterrey, the Escuela Universitaria de Artes TAI and the Pontificia Universidad Javeriana in Bogotá.

Eduardo Prieto

Eduardo Prieto es arquitecto y licenciado en Filosofía, además de DEA en Estética y Teoría de las Artes y Premio Extraordinario de Doctorado de la Universidad Politécnica de Madrid (UPM). Sus investigaciones, centradas en la relación entre arquitectura, pensamiento, técnica y medioambiente, han dado pie a libros como *Historia medioambiental de la arquitectura* (Cátedra, 2019, 2022) —la primera en su género—, *Los laberintos del aire* (Asimétricas, 2023) —un estudio sobre arquitectura y medioambiente en el Renacimiento—, *La vida de la materia* (Asimétricas, 2018) —una exploración del hilozoísmo en el arte y la arquitectura—, *La ley del reloj: arquitectura, máquinas y cultura moderna* (Cátedra, 2016) —una historia de la metáfora de la máquina desde los orígenes de la modernidad— y *La arquitectura de la ciudad global: redes, no-lugares, naturaleza* (Biblioteca Nueva, 2011) —una radiografía de la globalización—. Su último libro, titulado *Historia de la Historia de la Arquitectura*, ha sido publicado por Ediciones Asimétricas. Ejerce como profesor titular de Historia de la Arquitectura y el Urbanismo en la UPM y ha sido *visiting scholar* en la Universidad de Harvard. Compagina su labor docente e investigadora con la de crítico en publicaciones como *Arquitectura Viva*, *El Mundo* y *Revista de Libros*.

Eduardo Prieto is an architect who also pursued studies (MPhil) in Philosophy, including a Master in Advances Studies in Aesthetics and Art Theory. Extraordinary Doctorate Award ('Premio Extraordinario de Doctorado'), Universidad Politécnica de Madrid (UPM). His research, focusing on the relationship between architecture, thought, technique and the environment, has given rise to books such as *Historia medioambiental de la arquitectura* (2019, 2022) —the first of its kind—, *Los laberintos del aire* (2023) —a study of architecture and the environment in the Renaissance—, *La vida de la materia* (2018) — an exploration of hylozoism in art and architecture—, *La ley del reloj: arquitectura, máquinas y cultura moderna* (2016) —a history of the machine metaphor since the origins of modernity— and *La arquitectura de la ciudad global: redes, no-lugares, naturaleza* (2011) —a critical inquiry of globalization—. Prieto is Full Professor of Architectural History at the Escuela Técnica Superior de Arquitectura de Madrid (ETSAM, UPM) and has been a Visiting Scholar at Harvard University Graduate School of Design (GSD). His last book, titled *Historia de la Historia de la Arquitectura*, has been published by Ediciones Asimétricas (2024). He combines his teaching and research work with his role as critic in publications such as *Arquitectura Viva*, *El Mundo* and *Revista de Libros*.

Créditos

- CONCURSO PROYECTO SHARE FUENLABRABA/ FUENLABRADA SHARE COMPETITION

Localización/Location
Colegio Público San Esteban, calle de los Ángeles 13, Fuenlabrada, Madrid (España/Spain)

Cliente/Client
Ayuntamiento Fuenlabrada/Fuenlabrada City Council

Superficie construida/Building área
2050 m²

Fechas de proyecto/Design years
Concurso/Competition: enero/January 2025

- LAETITIA
(propuesta ganadora/winner)

Arquitectos/Architects
estudio__entresitio (entresitio slp)

Equipo/Design Team
María Hurtado de Mendoza, César Jimenez de Tejada; Álvaro Ruiz

Colaboradores/Collaborators
Nicola Di Maso, Laura Guignet, Carolina del Barrio, Ludovico Caravita; Borja Requena (arquitecto técnico)

- MODOS DE HABITAR
(mención honorífica/honorable mention)

Arquitectos/Architects
RUEDA PIZARRO Arquitectos

Equipo/Design Team
Óscar Rueda, María José Pizarro

Colaboradores coautores/Collaborators & Coauthors
MP ARQUITECTURA (Matías Michatek, Guido Petella, Laura Crespo); IR ARQUITECURA (Luciano Intile, Enrico Cavaglià, Francisco Escapil, Julia Cattani, Lucila Pistolesi)

- ECOTOWER

Localización/Location
Europa/Europe

Cliente/Client
Vantage Towers S.L.U.

Estado / Status
Proyecto completado, en proceso de concesión de la patente europea/Project completed, in the process of being granted the European Patent

Fechas de proyecto/Design years
2022-23

Arquitectos/Architects
Manuel Collado, Diego García-Setiénl

Equipo/Design Team
Ignacio Fuente, Francisco J. Torres, Irene Domínguez (arquitectos); Sofía Marciel (estudiante de arquitectura)

Colaboradores/Collaborators
Calter Ingeniería (cálculo de estructura); Lastra y Zorrilla (fabricación del prototipo); Óscar Alcaraz (consultoría ambiental); Enrique Azpilicueta (consultor técnico); Javier Tejera (consultor de montaje)

Fotografías/Photographs
Emilio Parra Doiztúa

Presupuesto/Budget
370.000 euros

Área construida/Building area
250 m²

- REFUGIO DE AVES Y MAMÍFEROS Y DEPÓSITO DE AGUA/BIRD AND MAMMAL REFUGE AND WATER RESERVOIR

Localización/Location
Boulevard Pierre Freiden, Kirchberg (Luxemburgo/Luxemburg)

Cliente/Client
Service Eaux, Ville de Luxembourg

Estado/Status
Construido/Built

Fechas de proyecto/Design years
2015 (concurso/competition), 2017-2019 (proyecto/design), 2019-2024 (construcción/construction)

Arquitectos/Architects
Temperaturas Extremas S.L.P.; Adelino Magalhaes (arquitecto asociado/partner)

Equipo/Design Team
Atxu Amann, Andrés Cánovas, Nicolás Maruri; Borja Aznar, Denis Facal, Joachim Kraft, Pablo Sigüenza (Temperaturas Extremas S.L.P.); Adelino Magalhaes

Colaboradores/Collaborators
Ballini Pitt Architectes (Dirección de Obra/Project Management); Jimmy Brunner Urbanistes (Urbanismo/Urbanism); Simon-Christiansen & Associés Ingénieurs-Conseils (Estructuras/Structures); BSC Ingénieurs-Conseils (Instalaciones/Building Solutions & Consulting); Luxplan Ingénieurs-Conseils (Hidrología/Hidrology); Biomonitor (Ecología y biodiversidad/Ecoloy & Biodivertsity); Secolux (Supervisión técnica/Technical Supervision); D3 Coordination (Seguridad y salud/Safety and Health at Work)

Constructor/Contractor
Galère Lux

Fotografías/Photographs
Miguel Fernández Galiano

Presupuesto/Budget
5,5 millones de euros.

Superficie construida/Building area
1580 m²

- MAD X MAD

Localización/Location
Madrid (España/Spain)

Cliente/Client
Ayuntamiento de Madrid/Madrid City Council

Estado/Status
Construido/Built

Fechas de proyecto y construcción/Design and construction years
Junio de 2018 - septiembre de 2019 / June 2018 - September 2019

Arquitectos/Architects
Elii [Oficina de Arquitectura]

Equipo/Design Team
Uriel Fogué, Eva Gil, Carlos Palacios; Lucía Fernández (coordinadora/coordinator)

Colaboradores/Collaborators
Raquel García, Ana López, Marta Vaquero (elii); Maral Kekejian (directora artísticaVeranos de la Villa, VdV); María Ordás (coordinadora artística VdV); Pedro Portellano, Maxi Gilbert, Javier Benedicto (Equipo Artístico VdV); Madrid Destino (equipo producción VdV)

Fotografías/Photographs
Estudio Perplejo (Lukasz Michalak)

Vídeo/Video
David Palomino, José María Durán (realización/production); Miguel Ezequiel Tomás, Aider Eder Palacios (operadores de cámara/cameras)

Presupuesto/Budget
5,5 millones de euros/million euros

Área intervención/Intervention area
69.202,73Ha.

- 218 VIVIENDAS EXPERIMENTALES EN EL POLÍGONO LA FRONTERA/218 EXPERIMENTAL DWELLINGS IN LA FRONTERA NEIGHBORHOOD

Localización/Location
Calles/Streets San Fernando, Navacerrada, Albéniz, 28850, Torrejón de Ardoz, Madrid (España/Spain)

Cliente/Client
Ministerio de la Vivienda/Spanish Housing Ministry, Instituto Nacional de la Vivienda (INV)/Spanish National Housing Institute

Estado/Status
Construido/Built

Fechas de proyecto y construcción/Design and construction years
Proyecto/Design (1973), Obra/Construction (1975-1977)

Arquitectos/Architects
Rafael Leoz, Fernán Bravo, Juan A. Boix, Ricardo Novaro, Juan M. Escudero

Colaboradores/Collaborators
Luis Pérez (Arquitecto Técnico/Quantity Surveyor)

- PASODOBLE

Localización/Location
Chemin des Pâquerettes 21-23-25-27-29, Lancy, Ginebra/Geneva, Suiza/Switzerland

Cliente/Client
Defi TCT, Sgipa, M. Fulliquet.

Estado/Status
Construido/Built

Fechas de proyecto y construcción/Design and construction years
2016-18 (proyecto/design), 2019-21 (construcción/construction)

Arquitectos/Architects
Nomos Architects

Equipo/Design Team
Lucas Camponovo, Paul Galindo, Ophélie Herranz, Katrien Vertenten; Massimo Bianco, Jean-Luc Chênes, Sébastien Correard, Marta Mato, Maxime Poirier, Héctor Rivera, Mariko Tsunooka

Colaboradores/Collaborators
SB Ingénierie (Ingeniería Civil/Civil Engineering); Bureau Willy Freitag (Ingeniería calefacción-ventilación/Heating & Ventilation Engineering); GM Etudes techniques d'électricité (Ingeniería eléctrica/Electrical Engineering); ARCHAC (Ingeniería acústica/Acoustic Engineering); Dinges Consulting (Ingeniería seguridad/Security Engineering), Truchet Jardinier SA (Paisajista/Landscape design); Buffet Boymond SA (Topógrafo/Topography); Bosson Pillet (Calefacción/Heating); Bouygues E&S InTec Suisse AS (Ventilación/Ventilation); NL Sanitaire (Sanitarios/Sanitary); Cometel (Electricidad/Electricity)

Constructor/Contractor
Marti Construction SA

Fotografías/Photographs
Paola Corsini

Presupuesto/Budget
30 Millones CHF/30 CHF millions

Área construida/Building area
6.133 m²

- BEYOND-THE-FAMILY KIN

Localización/Location
Madrid (España/Spain)

Cliente/Client
Privado/Private

Estado/Status
Construido/Built

Fechas de proyecto y construcción/Design and construction years
2018-21 (proyecto/design), 2021-23 (construcción/construction)

Arquitectos/Architects
Ignacio G. Galán + OZAETA-FIDALGO

Equipo/Design Team
Ignacio G. Galán, Alvaro M. Fidalgo, Arantza Ozaeta

Colaboradores/Collaborators
Ana Herreros, Natalia Molina, Paula Rodríguez, Pablo Saiz; Jorge Chico (Arquitecto Técnico/Quantity Surveyor); Mecanismo Ingeniería (Estructuras/Structures)

Constructor/Contractor
Ploesma Marsá

Fotografías/Photographs
Imagen Subliminal (Miguel de Guzmán + Rocío Romero Rivas)

Superficie construida/Building area
250 m²

- CENTRO SOCIOCOMUNITARIO CAÑADA REAL GALIANA/CAÑADA REAL GALIANA SOCIAL CENTER

Localización/Location
Cañada Real Galiana, carretera de Valdemingómez, 28031 Madrid (España/Spain)

Cliente/Client
Comunidad de Madrid, Ayuntamiento de Madrid/Community of Madrid, Madrid City Council

Estado/Status
Construido/Built

Fechas de proyecto y construcción/Design and construction years
2018 (concurso/competition), 2018 (proyecto/design), 2018-2019 (construcción/construction)

Arquitectos/Architects
Recetas Urbanas

Equipo/Design Team
Alice Attout, Santiago Cirugeda

Colaboradores / Collaborators
RH Estructuras, Ciudad Educativa Municipal Hipatia, Centro Penitenciario Soto del Real, ESDM (Escuela Superior de Diseño de Madrid), AECOM, Asociación La Luna, AMAL (Asociación de Mujeres Árabes Luchadoras), Centro de Artes Vivas - Naves Matadero

Constructor / Contractor
Construcción participativa liderada por Recetas Urbanas / Participatory construction led by Recetas Urbanas; Winter Summer Instalaciones SL (Instalación sanitaria/Sanitary facilities);
Emilio Calderón, Rachid Abdeslami Ben Omar (Instalación eléctrica/Electrical facilities); Aerogeneration SL (Clima/Climate)

Fotografías/Photographs
Recetas Urbanas, Juan Gabriel Pelegrina

Presupuesto/Budget
190.000 €

Superficie construida/Building area
300 m²

- PLAN DIRECTOR DE DESARROLLO URBANÍSTICO DE ELS RAJOLARS D'OLIVA/URBAN DEVELOPMENT MASTER PLAN OF ELS RAJOLARS D'OLIVA.

Localización / Location
Oliva, Valencia (España/Spain)

Cliente/Client
Ayuntamiento de Oliva/Oliva City Council

Estado/Status
Aprobado/Approved

Fechas de proyecto y construcción/Design and construction years
Redacción del Plan/Design Documents (Enero/January 2022 – Julio/July 2023)

Arquitectos/Architects
Terrario Arquitectura (Luis Bernardo, Ana Méndez, Ignacio Burgos)

Colaboradores/Collaborators
Quatre Caps

Fotografías/Photographs
Terrario, Milena Villalba, archivos personales de vecinos del municipio/personal files of the neighbors

Superficie construida/Building area
17Ha aprox.

- ELEMENTS FOR INDUSTRIAL RECOVERY (E.I.R.)

Localización / Location
Carabanchel, Usera, Vallecas (Madrid, España/Spain)

Cliente/Client
Varios/Several

Estado/Status
Construido y en Desarrollo/Built and in process

Fechas de proyecto y construcción/Design and construction years
Proyecto marco en desarrollo desde el año 2018/Framework program in development since 2018

Arquitectos/Architects
BURR (Elena Fuertes, Ramón Martínez, Álvaro Molins, Jorge Sobejano)

Equipo / Design Team
Matías Rico, Amanda Bouzada, Jesús Meseguer, Pablo Navas, Alba Aparicio, Natalia Molina, Guilermo Hernández, Marina Van der Linden.

Colaboradores/Collaborators
García de los Muros, TQE ingenieros.

Constructor/Contractor
Varios/Several

Fotografías/Photographs
Maru Serrano, Luis Díaz Díaz (parcialmente proyecto Eulalia/partially Eulalia Project).

Presupuesto/Budget
Variable

Superficie construida/Building area
Entre 150 y 350m² por intervención/Between 150 and 350m² per intervention

- PET LAMP

Localización / Location
Desde Madrid colaborando con distintas comunidades de tejedores de/ Madrid-based collaborating with different communities of weavers from Colombia, Chile, Etiopía, Tailandia, Japón, Ghana, Ruanda y Australia.

Cliente/Client
ACdO

Estado/Status
En marcha/Ongoing

Fechas de proyecto y construcción/Design and construction years
Desde/Since 2012

Diseñador / Designer
Alvaro Catalán de Ocón

Equipo / Design Team
Alvaro Catalán de Ocón, Sebastián Betanzo, Enrique Romero de la Llana (socios fundadores de PET Lamp/Associate Founders of PET Lamp)

Colaboradores / Collaborators
Edward Mudaheranwa, Alphonsine Mukeshimana, Euphasie Nikuze

Fotografías/Photographs
ACdO

Fuentes tipográficas

Typographic fonts

ESP Esta revista ha sido compuesta en 'Acumin', familia tipográfica de palo seco (*sans-seriff*) creada por el diseñador gráfico Robert Slimbach en 2015 para Adobe, y en 'Plantin', tipografía romana de origen renacentista diseñada por el también diseñador e ingeniero estadounidense Frank Hinman Pierpont en 1914 para la histórica casa británica Lanston Monotype Corporation Limited. Debido a su ascendencia sobre las llamadas tipografías grotescas decimonónicas (*Gothic* en América), la primera de ellas ofrece una gran versatilidad, dando como resultado una amplia variedad de formas propia de las tipografías grotescas actuales. Por su lado, la segunda de ellas, aportando gran legibilidad al adaptarse a los cambios impuestos por la composición mecanizada y la producción en masa —formulando a través del diseño gráfico las demandas revolucionarias del siglo anterior— tomó como referencia los diseños que el tipógrafo francés del siglo XVI Robert Granjon realizó para la mítica imprenta Plantin de Amberes, a la que debe su nombre.

ENG This magazine has been typeset in 'Acumin,' a *sans-serif* typeface created by graphic designer Robert Slimbach in 2015 for Adobe, and in 'Plantin', a Roman typeface of Renaissance origin designed by the American designer and engineer Frank Hinman Pierpont in 1914 for the historic British firm Lanston Monotype Corporation Limited. Due to its influence on the so-called nineteenth-century grotesque typefaces (known as *Gothic* in America), the former offers excellent versatility, resulting in a wide variety of forms typical of contemporary grotesque typefaces. On the other hand, the latter provides excellent legibility by adapting to the changes imposed by mechanized composition and mass production—formulating, through graphic design, the revolutionary demands of the previous century—taking as reference the designs that the sixteenth-century French typographer Robert Granjon created for the legendary Plantin press in Antwerp, from which it derives its name.

Agradecimientos

Acknowledgments

ESP El equipo editorial de la revista *Arquitectura* quiere agradecer a las siguiente personas, empresas e instituciones su ayuda y colaboración en la edición de este número: Ahmed Aboutaleb (exalcalde de Rotterdam y ex secretario de Estado de Asuntos Sociales y Empleo del Reino de Holanda); Josep María Borrell Bru (Àrea Metropolitana de Barcelona, AMB); Iñaqui Carnicero (Ministerio de Vivienda y Agenda Urbana del Gobierno de España, MIVAU); Isabel Calzas Hernández (Ayuntamiento de Madrid); herederos de Julio Cano Lasso (Estudio Cano Lasso) y, especialmente, Alfonso Cano Abarca; herederos de Rafael Leoz de la Fuente; Jesús López Díaz (Universidad Nacional de Educación a Distancia, UNED); Diego Lozano Pérez (Empresa Municipal de la Vivienda y Suelo del Ayuntamiento de Madrid, EMVS); Simona Rota (IE University School of Architecture & Design); Alberto Sanz Hernando y Catalina Vera Gómez (Servicio Histórico del Colegio Oficial de Arquitectos de Madrid, COAM); Álvaro Sevilla-Buitrago (Escuela Técnica Superior de Arquitectura de la Universidad Politécnica de Madrid, UPM); Margarita Suárez Menéndez (Archivo de Arquitectura de Biblioteca de la Escuela Técnica Superior de Arquitectura de la Universidad Politécnica de Madrid, UPM); Ivaylo Vladimirov (AZPML Architects). También, a Luka Modrić.

ENG The editorial team of *Arquitectura* magazine would like to thank the following individuals, companies and institutions for their help and collaboration in the publication of this issue: Ahmed Aboutaleb (former Dutch State Secretary for Social Affairs and Employment and former Mayor of Rotterdam); Josep María Borrell Bru (Àrea Metropolitana de Barcelona, AMB]; Iñaqui Carnicero (Ministerio de Vivienda y Agenda Urbana del Gobierno de España, MIVAU); Isabel Calzas Hernández (Ayuntamiento de Madrid); heirs of Julio Cano Lasso (Estudio Cano Lasso) and, specially, Alfonso Cano Abarca; heirs of Rafael Leoz de la Fuente; Jesús López Díaz (Universidad Nacional de Educación a Distancia, UNED); Diego Lozano Pérez (Empresa Municipal de la Vivienda y Suelo del Ayuntamiento de Madrid, EMVS); Simona Rota (IE University School of Architecture & Design); Alberto Sanz Hernando and Catalina Vera Gómez (Servicio Histórico del Colegio Oficial de Arquitectos de Madrid, COAM); Álvaro Sevilla-Buitrago (Escuela Técnica Superior de Arquitectura de la Universidad Politécnica de Madrid, UPM); Margarita Suarez Menéndez (Archivo de Arquitectura de Biblioteca de la Escuela Técnica Superior de Arquitectura de la Universidad Politécnica de Madrid, UPM); Ivaylo Vladimirov (AZPML Architects). Also, to Luka Modrić.

"Whenever and wherever societies have flourished and prospered rather than stagnated and decayed, creative and workable cities have been at the core of the phenomenon [...] decaying cities, declining economies, and mounting social troubles travel together. The combination is not coincidental [...]."

Jacobs, Jane, *Vital Little Plans: The Short Works of Jane Jacobs*,
Random House, New York, 2016, pág. 243

GALERIA DE
ARQUITECTURA
DE MADRID
COAM
COLEGIO
OFICIAL
ARQUITECTOS
DE MADRID
FUNDACIÓN
ARQUITECTURA
COAM

¿CONOCES MATCOAM?
MAT COAM
VISÍTANOS EN LA TERCERA PLANTA DEL COAM
Y DESCUBRE NUESTRO SHOWROOM
CON MÁS DE 700 m² Y CON
MÁS DE 100 EMPRESAS EXPOSITORAS
VISITAS A LA GALERÍA DE MATERIALES
PRIVADAS O EN GRUPO PARA PROFESIONALES Y PARA UNIVERSIDADES
ASESORÍA TÉCNICA EN MATERIALES Y SOLUCIONES CONSTRUCTIVAS
UN DIVERSO PANEL DE EXPERTOS EN DIFERENTES MATERIAS
ACTIVIDADES GRATUITAS DE FORMACIÓN, DIVULGACIÓN Y NETWORKING
EN DIFERENTES FORMATOS Y CON CARÁCTER MUY ESPECIALIZADO
INSCRIPCIÓN A TRAVÉS DE NUESTRA AGENDA
ESPACIOS DE TRABAJO EN LA GALERÍA DE MATERIALES
PARA REUNIONES, LUGAR DE TRABAJO O ESPACIO DE CONSULTA DE MATERIALES
Tarimatec
www.matcoam.coam.org
@matcoam

Oficina COAM
REHABILITACIÓN
SIREM
Rehabilitar con información de primera mano
Oficina de Rehabilitación y SIREM, soporte técnico
para tus expedientes de subvención
OR COAM
COAM
COLEGIO OFICIAL ARQUITECTOS DE MADRID
SIREM

Nuevo Gen360™
El ascensor que permite edificar con cubiertas planas
Gen360™
Ascensor Convencional
CON SALIENTE. NO APROVECHABLE
SIN SALIENTE. UN NUEVO ESPACIO EN TU EDIFICIO
Gen360™
COMPLETAMENTE REINVENTADO
¡Olvídese de salientes en las cubiertas!
Ya no es necesario el espacio de refugio en la parte alta del hueco, gracias a que en el Otis Gen360 el mantenimiento del ascensor se hace desde el interior de cabina.
OTIS
La solución digital de movilidad vertical
924 925 024
otis.com